Literaturverlag Norden Mark Reinhardt
Leverkusen

ARTES ET LITTERAE SEPTENTRIONALES

Kölner Studien
zur
Literatur-, Kunst- und Theaterwissenschaft

Herausgegeben
von
KNUT BRYNHILDSVOLL

Band 10

Literaturverlag Norden Mark Reinhardt
Leverkusen

PRÄSENTATIONEN
NORWEGISCHE GEGENWARTSAUTOREN

Mit Originalbeiträgen
von
Tor Åge Bringsværd
Kjartan Fløgstad
Jan Kjærstad

Herausgegeben
von
KNUT BRYNHILDSVOLL

MCMXC
Literaturverlag Norden Mark Reinhardt
Leverkusen

CIP-Titelaufnahme der Deutschen Bibliothek
Präsentationen: norwegische Gegenwartsautoren /
mit Orig.-Beitr. von Tor Åge Bringsværd ... Hrsg. von
Knut Brynhildsvoll. - 1.Aufl. - Leverkusen:
Literaturverl. Norden Reinhardt, 1990
 (Artes et litterae septentrionales; Bd.10)
 ISBN 3-927153-25-7 brosch.
 ISBN 3-927153-24-9 Gewebe
NE: Bringsværd, Tor Åge; Brynhildsvoll, Knut [Hrsg.]; GT

Gedruckt mit Unterstützung des Norwegischen Außenministeriums, Oslo.

Das Werk ist in allen seinen Teilen urheberrechtlich geschützt.
Jede Verwertung ist ohne Zustimmung des Verlages unzulässig.
Das gilt insbesondere für Vervielfältigungen,
Übersetzungen, Mikroverfilmungen und elektronische Textverarbeitung.

1.Auflage 1990
© 1990 Literaturverlag Norden Mark Reinhardt, Leverkusen
© der norwegischen Texte bei den Autoren
Gesamtherstellung: Hundt Druck GmbH, Köln

ISBN 3-927153-24-9

Inhalt

Vorwort 7

Tor Åge Bringsværd: Wer mit beiden Beinen auf der
Erde steht - steht still 9

Kaj Berseth Nilsen: Während wir auf das Unmögliche
warten 37

Kjartan Fløgstad: Der magnetische Wortpol 81

Ole Martin Høystad: Des Gelächters hoffnungsvolle
Befreiung. Kjartan Fløgstads
analogische Schreibweise 103

Jan Kjærstad: Freßgelage über dem Werk eines
Schriftstellers 139

Knut Brynhildsvoll: Die neo-manieristische ars combinatoria
des Jan Kjærstad. Am Beispiel des
Romans *Rand* 177

Hinweise zu den Autoren dieses Bandes 209

Vorwort

Dieser Band wendet sich an zwei Zielgruppen: zum einen an die kundige Fachwelt und den interessietren Laien, zum anderen an die literarische Öffentlichkeit im deutschsprachigen Raum, die anhand der hier versammelten Originalbeiträge von Autoren und Literaturwissenschaftlern eine einzigartige Möglichkeit hat, sich mit Erscheinungsformen der modernen norwegischen Literatur vertraut zu machen und Autoren kennenzulernen, die zu den wichtigsten ihrer Generation zählen. Es ist der sehnlichste Wunsch des Herausgebers, daß dieser Präsentationsband ein klein wenig dazu beitragen möge, den vorgestellten Autoren den Weg ins Bewußtsein gerade dieser Zielgruppe zu ebnen.

Der Dank des Herausgebers gilt all denen, die durch ihre geistige und materielle Unterstützung zur Verwirklichung dieses Buches ihren Beitrag geleistet haben, allen voran den beteiligten Autoren, die durch ihre spontane Bereitschaft zur Mitarbeit diesen Band erst ermöglicht haben, den norwegischen Kollegen, die sich kurzfristig bereit erklärten, Spezialstudien zum Werk der jeweiligen Autoren anzufertigen und nicht zuletzt auch den Übersetzern, die durch Hintanstellung anderer Verpflichtungen und ohne große finanzielle Anreize, allein aus Interesse an der Sache, die Beiträge ins Deutsche übersetzt haben. Der Dank des Herausgebers gilt weiterhin den norwegischen Verlagen der beteiligten Autoren, die im Rahmen ihrer Möglichkeiten das Projekt gefördert haben, dem Verleger dieses Bandes, ohne dessen Engagement und Risikobereitschaft dieses Buch nicht erschienen wäre und last but not least dem Norwegischen Außenministerium, das durch Bereitstellung entsprechender Mittel nicht unerheblich zur Minderung dieses Risikos beigetragen hat.

Köln, im September 1990　　　　　　　　　　*Knut Brynhildsvoll*

Tor Åge Bringsværd

Wer mit beiden Beinen auf der Erde steht - steht still

Ich habe einen sonderbaren Beruf. Fast 25 Jahre habe ich ausschließlich davon gelebt, Menschen durch Buchstaben zum Lachen oder zum Weinen zu bringen. Zuweilen ist es genug, jene auf ein Stück Papier niederzuschreiben und die Leute zu bitten, selbst zu lesen. Wenn es gewaltig viele Buchstaben sind, kann das ab und zu ein Roman genannt werden. Ein anderes Mal muß ich versuchen, einige Leute dazu zu veranlassen, das, was ich geschrieben habe, laut zu lesen. In solchen Fällen bitte ich diejenigen gerne, sich zu verkleiden und gleichzeitig Grimassen zu schneiden. Das wird dann Dramatik genannt. Und wenn man so richtig Glück hat, kann daraus ab und an Theater entstehen. So sonderbar ist das tatsächlich.

Um mit dem letzten zu beginnen... Wie wurde ich Dramatiker? Das fing an, als ich etwa vier Jahre alt war.
Mein erstes Theatererlebnis war nämlich eine riesige Weihnachtsmann-

Tor Åge Bringsværd

Maske mit silbern schimmerndem Bart.- Sie hing über meinem Bett von Mitte Dezember bis Ende Januar und war viel wirklicher als Jesus. Es ging an, mit ihr Gespräche zu führen. Meine Eltern standen auf der anderen Seite der Wand und antworteten mit heiserer Fistelstimme. Ich muß ein ziemlich gesprächiges Kind gewesen sein, denn sie waren gezwungen Schichtwechsel zu halten. Ab und zu, wenn ich merkte, daß der Weihnachtsmann plötzlich eine etwas veränderte Stimme hatte, antwortete er, er habe Halsschmerzen oder er sei erkältet. Mein Weihnachtsmann war oft erkältet. Aber das war eine Erklärung, die ich immer akzeptierte. Ich selbst war ja das, was wir ein "Bronchitis-Kind" nannten.

Das Magische und Unglaubliche an dieser Maske war die Tatsache, daß es sich nicht um eine gewöhnliche Maske handelte oder den ein oder anderen beliebigen Weihnachtsmann - es war der Weihnachtsmann mit großem W, es war der WEIHNACHTSMANN höchstpersönlich. *Er wohnte bei mir!* Er wohnte im Kamin. Er kam niemals am Weihnachtsabend zu Besuch - da hatte er ja natürlich genug anderes zu tun, der arme Teufel, da mußte er ja rundherum zu allen anderen Kindern in der Welt. Aber ICH war es, bei dem er wohnte!

Mein erstes Christbaumfest wurde aus diesem Grund ein katastrophales Erlebnis ... Es wimmelte von Kindern. Der Weihnachtsmann kam. Mit Äpfeln und Keksen in kleinen, grauen Tüten. Die meisten anderen Kinder in meinem Alter waren etwas zurückhaltend. Aber nicht so ich. Ich lief vor zu ihm. Fröhlich und vertrauensvoll. *Er aber kannte mich nicht!* Ich redete zu ihm, ich schüttelte ihn, rief, aber er litt ganz deutlich an einem nahezu vollständigen Gedächtnisschwund, erinnerte sich an nichts in der Welt, wußte nicht einmal, wo er wohnte.

Das war kein kleiner munterer Junge, der an diesem Abend zu Bett ging. Und der Maske an der Wand drehte ich demonstrativ den Rücken zu. "E...hmm," sagte der Weihnachtsmann. Ich aber wollte nichts hören. "Nein, nein," sagte der Weihnachtsmann. "Ich verstehe dich gut. Aber die

Situation war *auch für mich* nicht gerade angenehm!"
"Oh, na sowas? Du hast mich ja noch nicht einmal erkannt!"
"Selbstverständlich habe ich dich wiedererkannt," sprach der Weihnachtsmann.
"Aber -"
"Aber wie, glaubst du, hätten die anderen Kinder das auffassen sollen," sagte der Weihnachtsmann, "wenn ich gesagt hätte, daß ich hier bei dir wohne?"
Ich schüttelte den Kopf.
"Die hätten das schwer genommen," sagte der Weihnachtsmann ernst.
"Sie wären grenzenlos neidisch geworden. Sie wären traurig geworden..."
"Aber - "
"Ich bin ja auch *ihr* Weihnachtsmann! Ich kann keinen Unterschied machen! Daß ich hier bei dir wohne, muß ein Geheimnis bleiben, hörst du? Ein Geheimnis! Wenn wir uns anderenorts treffen, müssen wir tun, als ob nichts wäre ... alle beide."
Ich nickte froh. "Ich werde absolut nichts davon irgendwem erzählen," flüsterte ich. "Sei ganz sicher." Und ich gab der kalten Maske einen Klaps. Später - bei anderen Weihnachtsfesten - begnügte ich mich damit, dem Weihnachtsmann heimlich zuzublinzeln. Ab und zu blinzelte er zurück, ab und zu riß er die Augen auf und spielte den gewaltig Überraschten. Er war ein fantastischer Schauspieler.

Ich denke über diese Maske nach. Eigentlich ist das ziemlich unglaublich ... Ich akzeptierte sie wie ein lebendes Wesen - eine ganz alltägliche Pappmaske, bei der ich jedes Jahr mit von der Partie war, wenn sie aus der Kommodenschublade draußen auf dem Gang hervorgeholt wurde ... die ich selbst an die Wand hängte ... und mit der ich sofort zu reden begann. Ein lebloser Kopf ohne Körper ... Und überhaupt: wie konnte er seinen Kopf lose über meinem Bett hängen haben und *gleichzeitig* im Schornstein wohnen? Solche Fragen stellte ich nie. Ein Kind kann bisweilen einen unvergleichlichen Sinn für Diskretion haben ...

Tor Åge Bringsværd

Was verlieren wir eigentlich?
Und: wo und wann geschieht es, daß wir das verlieren?

Ich habe Lust, etwas über Phantasie und Märchen zu sagen. Und ich habe Lust, dabei kräftig zuzufassen. Ich glaube, Neugier und Phantasie sind die Eigenschaften, die uns vor Urzeiten veranlaßten, von den Bäumen herunterzusteigen, die uns zu Menschen machten. Die Phantasie ist die Mutter aller anderen guten Eigenschaften. Ohne Phantasie sind wir weder in der Lage uns selbst noch uns gegenseitig zu verstehen. Verlieren wir den Bezug zur Phantasie und dem Märchenhaften, fürchte ich, daß Mathematik und Engstirnigkeit uns alsbald in die Höhlen und auf die Bäume zurücktreiben werden. Wir brauchen das Märchen - nicht nur als ein unterhaltsames Spiel, sondern als eine Möglichkeit, Ideale und Lebensweisheit zu vermitteln. Ein direkter Weg zu Herz und Verstand. Denn es sind stets wir selbst, die wir uns treffen - verkleidet als Hexen und Prinzessinnen, Tiere und Dämonen.

Eine Erzählung aus dem alten Indien beginnt folgendermaßen:
Ein König hatte mehrere Söhne, die so schlapp und lustlos waren, daß sie weder etwas lernen konnten noch es wollten. Der König war tiefbetrübt. Da kam ein alter weiser Mann und bot seine Hilfe an. Jeden Abend - wenn die Tageshitze vorüber war, nahm er die Prinzen mit auf das flache Dach und erzählte ihnen Märchen. Und nachdem einige Zeit verstrichen war, hatten die Prinzen alles gelernt, was ein Mensch lernen kann.
In allen Ländern gibt es eine ungebrochene Märchentradition.

Es war nicht immer gleichermaßen leicht, sie in den Blick zu bekommen. Denn "Die-die-alles-am-besten-wissen" haben oft versucht, diesen Bereich der Literatur, der Malerei und des Theaters zu unterdrücken. Sie haben mit allen Riesenkanonen der Biedermannsvernunft dagegen geschossen. Sie nannten es: eine Flucht vor der Wirklichkeit.
So kann man Dinge auf den Kopf stellen.

Wer mit beiden Beinen auf der Erde steht - steht still

Denn gibt es etwas, wozu uns Märchen, Gleichnisse und phantasiereiche Bilder verhelfen können, so ist es wohl gerade dazu, die Wirklichkeit verstehen zu können. Solchermaßen, daß nicht alles in einen grauen Nebel von Logarithmentabellen, Streßkoffern und Pensionsansprüchen gehüllt bleibt.

Jede Zeit hat ihre Märchenerzähler.
Denn jede Zeit benötigt ihre eigenen Märchen.
Denn Märchen sind nicht nur es-war-einmal.
Märchen sind auch einmall-soll-es-vielleicht-werden.
Vor allem aber ist das Märchen hier-und-jetzt. Ungeachtet, ob die Handlung in eine ferne Vorzeit oder in eine vage Zukunft verlegt wird, sind immer wir selbst es, um die es geht.

Aber wenn es die Wirklichkeit ist, die ich beschreiben will - und darum geht es mir doch - warum wähle ich in der Regel das Märchen - warum wähle ich die Form des Fabulierens?
Warum schreibe ich solch sonderbare Bücher?
Warum schreibe ich nicht ein geradlinig alltägliches und realistisches Buch vom wirklichen Küchen-, Geschlechts- und Fabrikleben?
Weil ich den Realismus oft als manipulierend und autoritär empfinde. Er ist - auf dieselbe Art wie jede andere Literaturform - eine *Interpretation* der Wirklichkeit. Aber allzu oft gibt er sich aus, nicht nur eine Interpretation, sondern die Wirklichkeit selbst *zu sein* . Er beansprucht das Monopol , uns erzählen zu können, was unsere Wirklichkeit ist. Und da wird er gefährlich. Da wird er verschleiernd und verführerisch. Da wird der Realismus - im schlimmsten Fall - eine Flucht aus der Wirklichkeit ...
Für mich ist die Fabel / das Bild / das Gleichnis *wahrhaftiger* als jede Dokumentarschilderung.
Denn wenn die Wirklichkeit ein Wald ist, in dem wir uns verirrt haben - und das haben wir zur Genüge getan, die meisten von uns - so hilft es wenig, in die Hocke zu gehen und Detailstudien über Steine und Gras zu

Tor Åge Bringsværd

betreiben. Wahrscheinlich haben wir eine bessere Chance, uns zu orientieren, wenn wir einen höher gelegenen Punkt finden. Und das Märchen ist gerade solch ein Baum, an dem man in die Höhe klettern kann. Um eine Übersicht zu bekommen. Die großen Linien in der Landschaft zu sehen ...

Aber fürchte ich nicht, mißverstanden zu werden?
Sicher doch. Indes habe ich irgendwie zu akzeptieren gelernt, daß wir in einer Welt voller Mißverständnisse leben, und ungeachtet, was wir sagen oder wie wir es sagen, finden sich - an der ein oder anderen Stelle im Gesträuch - Menschen, die uns mißverstehen ... Nachdem sie diesen Artikel gelesen haben, werden wahrscheinlich 10% der Leser beschwören können, daß ich etwas völlig anderes geschrieben habe, als ich glaube geschrieben zu haben. Und das Gleichnis liegt absolut in der Gefahrenzone. Daß gerade es leicht mißverstanden wird, wissen wir doch alle aus dem Religionsunterricht in unserer Kindheit ...
Im Neuen Testament begegnen wir einem der wirklich *großen* Meister, wenn es um die Kunst geht, Gleichnisse zu erzählen. Und er wurde mißverstanden. Ein ums andere mal. Selbst seine Jünger, die ihn besser hätten kennen sollen, kamen ständig nach der Darbietung angeschlichen und baten ihn um *Erklärung* . Wir sehen Jesus erschöpft und verzweifelt seufzen: dies bedeutet *das* , dies ist gleich *dem* ... Ab und zu verliert er die Geduld und blafft sie an mit seinem: "Wer Ohren hat zu hören, der höre!" Oft endet es dann damit, daß er deprimiert und ganz aufgebracht sich zurückzieht, ganz für sich selbst, um zu beten ... Und dennoch fährt er fort, Gleichnisse zu gebrauchen! Wenn er von etwas Einfachem spricht, etwas Alltäglichem und Eindimensionalem, begnügt er sich mit einem eindeutigen "Klar-Text", aber so oft er etwas ausdrücken will, das ihm wirklich am Herzen liegt - da sehen wir, daß er zum Gleichnis und zur Fabel greift ...
Weil das Gleichnis das Wahrhaftigste und das am meisten Wirkliche ist, das wir haben.

Wer mit beiden Beinen auf der Erde steht - steht still

Eine der dümmsten Fragen, die man mir stellen kann, lautet in etwa: "Welche Person bist du in diesem Buch? Wer ist dein Sprachrohr?" In meinem Roman *Syvsoverskens dystre frokost* (1976)* versuchte ich eine Art Antwort zu geben. Das folgende Zitat kann als Abschweifung verstanden werden. Doch zuvor sollte ich darauf aufmerksam machen, daß alle, die hier beim Namen genannt werden - vielleicht abgesehen von Gott - Personen sind, die in der Haupthandlung des Romans auftreten.

"Und ich hatte einen merkwürdigen Traum. Ich träumte, daß meine Nachbarn mich für Frankenstein hielten.
"Wir haben dich zur Genüge betrachtet," sagten sie. "Wir haben dir hinreichend Aufmerksamkeit geschenkt. Wir wissen genug von dem, was du treibst. Wir haben genügend Lärm von deiner grausamen Maschine gehört."
"Aber das ist doch nur eine Schreibmaschine," sagte ich.
"Wir wissen, wer du bist."
Und sie liefen vor der Eingangstür zusammen und wollten herein. Einige hatten Harken, andere hatten Sensen, manche hatten Heckenscheren, etliche waren mit Rasenmähern bewaffnet, und eine alte Dame bedrohte mich mit einem Staubsauger.
Sie hatten mich beobachtet - sagten sie. Sie hatten gesehen, wie ich einem Menschen die Freundlichkeit stahl und einem anderen den Haß. Sie hatten bemerkt, daß einem dritten das Aussehen raubte und die Kindheit einem vierten, hatten Beweise, daß ich dem fünften die Karriere entrissen hatte und dem sechsten den ganzen Familienhintergrund - und kurz gesagt, daß ich kleine Charakterzüge stibitzte, wo immer sich mir die Gelegenheit bot.
Und sie wußten zur Genüge, was ich mit all dem vorhatte ... Du versuchst künstliches Leben zu schaffen, riefen sie. Künstliche Menschen! Unechtes Leben! Unwirkliche Personen!
Und sie hämmerten gegen die Tür, läuteten Sturm mit der Türglocke, zerschlugen die Küchenfenster und die Fenster der zweiten Etage und ballten die Fäuste im Takt.

Tor Åge Bringsværd

Nur Gott hat das Recht, Leben zu schaffen, sagte die Dame mit dem Staubsauger.
Ihr redet von *Papier* ! rief ich.
"Mörder!" schrieen sie.
Ich wollte erklären, doch der Lärm des Staubsaugers (und der vielen Rasenmäher) erstickte alles, was ich zu sagen versuchte.
Sie glaubten, ich sei Frankenstein!
Sie glaubten, ich plünderte und raubte Charaterzüge und Körperteile.
Ja, es wurde mir vorgeworfen, selbst die guten Erinnerungen an die Toten und deren guten Nachruhm zerstören zu wollen.
Ich hatte keine Chance.
Die Tür gab nach...
Die Wände barsten ...
Boden und Dach bekamen Risse ...
Plötzlich waren sie drinnen: ein grauer Schwarm von kalten Gesichtern.
"Wir töten ihn!" rief einer.
"Nein, warte!" brüllte ein anderer. "Wir zwingen ihn, uns alle seine Monster zu zeigen, alle die unglücklichen, hinfälligen Geschöpfe, so daß wir zuerst *sie* töten können - *danach* bringen wir *ihn* um, das Schwein!"
"Ihr mißversteht!" rief ich "Ihr mißversteht alle miteinander!"
"Oh nichts da," antworteten sie. "Wir mißverstehen nicht. Wir mißverstehen nichts!"
Und sie drängelten sich an mir vorbei in die Kellerstube.
Dort warteten Felix, Nigel, Vera, Fay, Hazel und alle die anderen.
Bleich und ruhig.
Ohne ein Wort.
Mit dem Rücken am Schreibtisch.
"Stop! schrie ich.
Aber sie hatten schon Streichhölzer herausgeholt.
"Versteht ihr nicht?" rief ich den Eindringlingen zu."Das alles bin doch

Wer mit beiden Beinen auf der Erde steht - steht still

ich. Ich habe nichts genommen. Ich habe niemandem etwas gestohlen. Das bin nur ich, alle zusammen. Sie sind, wie ich war, wie ich bin, wie ich werden will, wie ich *nicht* werden will, nicht bin und niemals gewesen bin, wie zu sein ich nicht wünsche, wie zu sein ich fürchte, wie zu werden ich träume. Felix bin ich. Harold Robbins bin ich. Virolainen und Vera bin ich. Hazel bin ich. Nigel Harris -"
"Hört nicht auf ihn," sagte die alte Dame mit dem Staubsauger. "Laßt uns in Gang kommen und die Sache zu Ende bringen."
Und sie steckten sie in Brand.
Zerschlugen die Schreibmaschine und warfen Fackeln auf den Schreibtisch.
Aber die Figuren wollten nicht Feuer fangen, wollten nicht brennen ...
Ich hingegen ... brannte wie der Teufel. Wie ein Wurzelstück und ein knisternder Stubbe.
Und schrie.
Schrie, bis die Katze mich wach leckte.

"Niemand bewegt sich auf einer graden Linie durch das Leben. Wir vergessen oft, an den Stationen zu halten, die uns vom Fahrplan angegeben worden sind. Mitunter laufen wir aus dem Geleise. Mitunter fahren wir in die Irre oder verschwinden in der Luft wie die Spreu im Wind. Bisweilen ziehen wir die unwahrscheinlichsten Reisen vor, ohne uns auch nur einen Zentimeter von der Stelle zu bewegen," schreibt Henry Miller in *The World of Sex*.

"Ich unterscheide nicht zwischen Wirklichkeit und Phantasie", sagt Julio Cortázar. "Wie ihnen sicher aufgefallen ist, entspringt in meinen Erzählungen das Phantastische immer aus dem Alltäglichen ... es ist das Hier und Jetzt, wo das Phantastische beginnt."

Und für mich selbst will ich gerne hinzufügen:
Dinge in der Reihenfolge wiederzugeben, in der sie geschehen oder geschehen sind, enthält eine völlige Kapitulation gegenüber den Zufäl-

ligkeiten. Wir leben unser Leben chronologisch. Das ist genug! Das ist hinreichend verwirrend! Dies mechanisch zu übernehmen, also eine chronologisch-epische Darstellungsform zu wählen, bedeutet eine Verneinung der Möglichkeiten, die in Feder und Papier schlummern.

Ich schreibe, weil ich neugierig bin und weil es so unglaublich viele Dinge gibt, die ich nicht verstehe. Schreiben ist ein Versuch, Boden unter die Füße zu bekommen - sich festzuhalten. Ich gehöre nämlich zu dem Menschentyp, der nicht genau weiß, was er meint, bevor er es ausgesprochen hat. Noch schlimmer: Ich weiß nicht so recht, ob ich dazu stehen kann, bevor ich versucht habe, es niederzuschreiben. Genau so ging es mir beim Aufsatzschreiben in der Schule. Die Aufgaben lauteten in der Regel "Für oder gegen dieses oder jenes". Aber ich wußte nie, ob ich für oder gegen etwas war, bevor ich die Feder aufs Papier gesetzt hatte. Meinungen und Standpunkt fand ich immer *unter dem Schreiben* . Die Gedanken müssen zuerst hinunter in den Arm und hinaus durch die Hand. Ich wuchs mit Märchen auf und mit Menschen, die immer Zeit hatten zum Erzählen, oftmals lange und merkwürdig fabulierte Geschichten, die in mehrere Episoden aufgeteilt werden mußten - mit spannenden Fortsetzungen am folgenden Tag oder Abend. Die Erwachsenen pflegten auch immer, sich gegenseitig ihre Träume der vergangenen Nacht zu erzählen ... Ich lebte mit Mutter und Vater, zwei Tanten, den Großeltern mütterlicherseits zusammen in einem Haus, dazu Vaters Eltern schräg gegenüber und Onkel und Tante ein wenig weiter die Straße hinunter. Wir wohnten beengt. Und wir hatten Außenklo. In unserer Familie (von Mutters Seite) gab es viele, die es liebten, sich zu verkleiden und Lügengeschichten zu erzählen. Es war ein Milieu, in dem die Erwachsenen Gesellschaftsspiele liebten und einander übertrafen mit Kartenkunststücken und allerlei sonderbaren Tricks und Kniffen. Es war daher nur natürlich, daß ich phantastische Erzählungen liebte. Und es war eine Offenbarung, als ich in der Bibliothek schrittweise von der Kinderabteilung in die der Erwachsenen vordrang und entdeckte, daß auch in "erwachsenen" Büchern Märchen vorkamen. Gabriel Scott, Ray Brad-

Wer mit beiden Beinen auf der Erde steht - steht still

bury, Pär Lagerkvist usw. Nach und nach wurde ich mir klar darüber, daß vieles von dem, was ich las, "science fiction" genannt wurde und daß es innerhalb dieser - sehr unterschätzten - literarischen Richtung viele Verfasser gab, die sich bewußt waren, daß sie eine uralte Fabuliertradition weiterführten, hinein in unsere eigene Zeit. Gleichsam elektrische Märchen...
Und er hatte versucht, ihnen von seiner Kindheit zu erzählen, erinnerte er sich (aber niemand hörte zu). "Woher ich komme," hatte er gesagt, "sagen wir nicht nur *furzen*, wir können auch sagen *farzen* oder *forzen* - es kommt ganz auf die Leute an. Ich hatte eine Großmutter, die in der ersten Etage wohnte. Sie und ihre Schwester hatten eine heimliche Absprache. Jedesmal, wenn eine von ihnen forzte (in unserer Familie hatten wir stets eine schlechte Verdauung), sah die andere ernst zu mir hin und sagte: "Das ist nur ein Motorrad unter der Anrichte". Oder: "Scht! was war das?" Und die erste: "Ich war überzeugt, deutlich ein Motorrad unter der Anrichte gehört zu haben?" Und dann lachten sie beide herzhaft.
Ich habe oft auf der Lauer gelegen, um einen flüchtigen Schimmer von diesem berühmten Motorrad sehen zu können, das ich mir aus dem ein oder anderen Grund mit Beiwagen vorstellte. Ich trieb meine Betrachtungen so weit voran, daß das Motorrad wahrscheinlich seine Garage und sein Versteck in einem noch nicht entdeckten Mauseloch habe. (Wir hatten reichlich Mäuse, und mein Vater pflegte Blechstücke - herausgeschnitten aus alten Konservendosen - vor die Mäuselöcher zu nageln, sooft wir eines entdeckten.)
Bei etwas genauerem Nachdenken bin ich zu der Auffassung gekommen, daß das Forzen meiner Großmutter eine größere Rolle für meine Persönlichkeitsentwicklung gehabt haben muß, als ich früher geahnt habe. Daß ich mich so heftig und augenblicklich in die Malereien Magrittes verliebt habe, kann kein Zufall gewesen sein. ES GIBT EIN MOTORRAD UNTER DER ANRICHTE! Ich kann es ebenso gut einsehen: die Forzerei meiner Großmutter hat mich schlichtweg einge-

Tor Åge Bringsværd

stimmt auf den Surrealismus und das Absurde. Wahrscheinlich hätte ich überhaupt nicht begonnen zu schreiben, wenn es nicht ihretwegen gewesen wäre ...
(*Syvsoverskens dystre frokost* , 1976)

Literatur kann im großen und ganzen in zwei Hauptgruppen eingeteilt werden - und zwar unabhängig von all dem, was wir uns gegenseitig über Epochen und Richtung beibringen: die *realistische* Literatur und die *phantastische* Literatur. (Vielleicht ist es richtiger, anstelle von realistisch das Wort "naturalistisch" zu verwenden? Ach, schnurzegal! Hauptsache, man versteht, worauf ich hinaus will ...) Wie viele unterschiedliche Schubladen die Sicherheitsnarkomanen des Kulturlebens in ihren Archiven und Kommoden haben, ist eine völlig andere Suppe. Im Gegensatz zum Gewohnten nehme ich jetzt nicht das Produkt/Buch zum Ausgangspunkt, sondern den Prozeß/die Methode. Es sind der Verfasser und seine Arbeitsweise, wovon ich rede. Und solange Menschen Worte geformt haben, können wir sehen, daß die realistische und die phantastische Richtung Seite an Seite gelebt haben. Realistische Literatur geht zurück auf Sagen und Geschichtsschreibung, Chroniken. Phantastische Literatur geht zurück auf Märchen und Mythologie. Durch die ganze Menschheitsgeschichte sind diese beiden Fäden parallel zueinander abgelaufen. Was sie voneinader unterscheidet, ist das Verhältnis des Verfassers zur Wirklichkeit - oder richtiger gesagt: sein Verhältnis zu einem akzeptierten Wirklichkeitsbild.

Das Charakteristische der realistischen Literatur ist es, daß sie sich exakt innerhalb der Grenzen dessen bewegt, was der Verfasser und seine Zeitgenossen für möglich und wahrscheinlich halten. Mit anderen Worten: die Grenzen werden durch die zur jeweiligen Zeit herrschende Wirklichkeitsauffassung gezogen. Es ist demzufolge nicht die Wirklichkeit selbst, die die Grenzen setzt - denn Wirklichkeit ist nicht definierbar, und unser Bild von ihr befindet sich in stetiger Veränderung

Wer mit beiden Beinen auf der Erde steht - steht still

- sondern es ist unser *Erleben von Wirklichkeit*, welches die Grenzen für die realistische Literatur setzt. Die in jeder Zeit herrschende, allgemeine Auffassung von Wirklichkeit. Wie fließend das ist, kann bestens auf folgende Weise verdeutlich werden: im Mittelalter wäre ein Buch, das die Erde als Kugel schilderte, für ein phantastisches Buch gehalten worden - ein Märchen. Das Realistische wäre in der Zeit selbstverständlich gewesen, die Erde als Scheibe zu schildern ...

Wir können uns unser Bild von der Wirklichkeit demnach als einen Ausschnitt vorstellen, der ständig wächst. Jedesmal, wenn dieser Ausschnitt größer wird, jedesmal, wenn der Mensch mehr von seiner Umwelt und sich selbst versteht, sooft die Grenzen verschoben werden - weitet sich auch der Tummelplatz für die realistische Literatur.

Die phantastische Literatur hat natürlich denselben Ausgangspunkt - die zeitgenössische Wirklichkeitsauffassung - *sie aber sprengt die Grenzen überall dort, wo es ihr dienlich erscheint*. Ein Autor weigert sich also, sich einsperren zu lassen - weder vom Kristallschalenhimmel des Mittelalters noch von der gegenwärtigen Relativitätstheorie. Ein solcher Verfasser verlangt nach einem freien Standpunkt.

Beispiel: In einer meiner ersten Erzählungen mußte ich einen Jungen schildern, der in einem Kirschgarten war und spielte, daß er ein Vogel sei. Realistische Literatur hätte viel Fleiß darauf verwandt zu beschreiben, wie der Junge herumlief und mit den Armen schlenkerte. Nichts dagegen - an und für sich. Aber anstatt dessen wählte ich den Weg, ihn einen Vogel *sein* zu lassen. Schilderte, wie er hoch über dem Garten flog - zusammen mit anderen Vögeln. Denn das war es doch, was der Junge eigentlich tat! Das ist die - wenn auch nicht realistische - so in jedem Fall wahrhaftige Beschreibung der Situation. Wir sehen also, welches Handicap die realistische Literatur faktisch hat: wenn sie etwas anderes sagen will, etwas Symbolisches, etwas Undefinierbares - wenn sie den Wunsch hat, unter die rein photographische *Oberfläche* zu dringen ...

Tor Åge Bringsværd

Wir haben von Mißverständnissen gesprochen. Wir sollten auch davon gesprochen haben, daß einzelne Menschen geradezu willentlich mißverstehen oder aus intellektueller Faulheit. Wäre dies kein Artikel, sondern ein Vortrag gewesen, so hätte es an dieser Stelle eine Unterbrechung aus der Zuhörerschaft gegeben. Irgend jemand aus dem Publikum - *ganz sicher* - hätte eine schlaffe Hand in die Höhe gereckt und etwa folgendes gefragt: "Aber *muß es* unbedingt nicht-realistisch sein? Warum ist es so wichtig für dich, daß du fortwährend das verfassen mußt, was du phantastisch nennst? Kannst du nicht auch ganz normal schreiben?" Und nach diesen geflügelten Worten schaut er triumphierend um sich, bevor er wieder in sich zusammensinkt. Was sollen wir wohl einem solchen Menschen antworten? Der überhaupt nicht aufpaßt und dem es völlig an der Fähigkeit zu fruchtbaren Gedankensprüngen mangelt. Wir können etwa folgendermaßen erwidern: "Nein, mein Freund. Das ist ganz richtig gesehen. Nichts *muß* unrealistisch sein. Ebenso wenig wie etwas es nötig hat, immer nur realistisch zu sein. Die Dinge müssen aufs Ganze gesehen das Recht haben zu sein, wie sie sind. Gerade so, wie sie Lust haben oder es ihnen paßt. Und *niemand* - ich wiederhole: niemand - wählt das Phantastische, um *fesch* zu sein. Man wählt es, weil es als *natürlich* erkannt wird. Eigentlich hängt das so zusammen: Ein Schriftsteller ist vergleichbar mit einem Schreiner. Der muß eine Menge Werkzeug zur Verfügung haben. Er hat Hammer, Hobel, Bohrer und Zange, Drillbohrer und Säge. All das gebraucht er, wenn er es für erforderlich hält oder er Lust dazu hat. Ein Schriftsteller, der sich weigert, das Märchenhafte und Phantastische in seinen Arbeiten zu verwenden, ein Autor, der meint, es gäbe kein "Recht", die Grenzen des Realistischen zu sprengen, ist mit dem Schreiner zu vergleichen, der sich selbst verbietet, die Säge zu gebrauchen. Da hängt sie. Mitten vor seiner Nase. Er aber kratzt sich feierlich am Hinterkopf. Alles andere ist erlaubt, sagt er zu sich selbst. Nur nicht der Gebrauch der Säge! Und ich sage: Das soll seine Sache sein. Das hat desungeachtet nichts mit der Qualität zu tun. Das kann eine ausgezeichnete und schmucke Schreiner-

Wer mit beiden Beinen auf der Erde steht - steht still

arbeit werden, selbst wenn er nur Hammer, Hobel, Bohrer, Zange und Drillbohrer verwendet. Aber ich selbst erlaube mir eben auch, die *Säge* zu benutzen! Sofern ich finde, daß es angebracht ist. Das bedeutet, daß in meinen Büchern der Kühlschrank besonders gut Flügel bekommen kann - oder er kann ein erotisches Verhältnis zur Deckenlampe anfangen. Sofern dies nach meinem Empfinden wäre. Nicht um "pfiffig" zu sein. Nicht, um nur mit einem "Einfall" herauszukommen. Sondern weil ich der Überzeugung bin, auf diese Art mehr aussagen zu können über uns selbst und die Welt, in der wir leben. Ich muß die Säge nicht unbedingt gebrauchen. Aber es gibt mir ein Gefühl vor Freude und Freiheit zu wissen, daß ich mich auch *ihrer* bedienen kann, sofern ich es will. Und so oft ich will ...
Aber einige Menschen sind schwer zu überzeugen.
Man findet selbstverständlich immer Leute, die glauben, daß H.C. Andersens Erzählung *Das häßliche Entlein* keinerlei literarische Qualitäten besitze - weil Andersen bekanntlich das zoologische Faktum übersieht, daß Enten nicht sprechen können.

Wie schreibe ich meine Bücher?
Ich lege alle alten Liebesbriefe, Tagebücher, Examenszeugnisse, Fotoalben, alle Zeitungsausschnitte mit meinen Buchankündigungen und Interviews, Kopien von alten Steuererklärungen - all das lege ich in einen großen Tonkrug und brenne es an. Anschließend lege ich mich nackt auf den Boden und nehme die Asche in die Hände. Zeichne einen grauen Umriß von mir selbst. Stehe auf. Photographiere den Umriß. Entwickle das Bild. Vergrößere auf DIN A 4-Format. Ich nehme einige Kopfhaare, Haare aus den Achselhöhlen, Haare von der Brust (nicht viel wegzuschaben dort), Schamhaare - und klebe sie auf den Umriß. Dorthin, wohin sie gehören. Ich schneide Nägel von Händen und Füßen. Klebe. Ich nehme Nasenschleim. Klebe fest. Ich schneide mir in den Finger. Schmiere Blut über das Blatt. Ich zeichne stilisierte Adern und Venen. Ich fülle eine kleine Plastiktüte mit Urin, eine mit Samenflüssigkeit und eine mit Kot. Hefte sie fest. Ich falte den Bogen, bis er einem Vogel gleicht.

Tor Åge Bringsværd

Mit Hile der der Schreibmaschine Modell Facit 1620 muß ich in den Wochen, die nun folgen, versuchen Leben und wundersame Träume in diesen Vogel hineinzublasen.

Und das Schwierigste von allem: ihm das Fliegen beizubringen.

Einen Käfig soll er niemals haben.

WIRD DAS DENNOCH EIN GESCHLOSSENS BUCH BLEIBEN?

Das kommt ganz darauf an, wie du es in der Hand hältst.

Aber im Ernst. Ich habe eine etwas ungewöhnliche Art zu arbeiten. Ich fertige z.B. niemals eine große Disposition. Eine Idee, ein Bild, eine Situation genügt. Denn ich will, daß ein Buch sich frei entwickeln soll. Und ich glaube, es ist dumm, "bei der Sache zu bleiben", wie man es nennt. Ich vertraue auf Assoziationen, Abschweifungen und Gedankensprünge. Ich glaube, wir müssen viel hellhöriger gegenüber solchen Dingen sein. Wenn ich mit einer Sache beschäftigt bin - und plötzlich an etwas völlig anderes denke ... *warum* kommt dieser Gedanke? Hat er vielleicht einen *verborgenen* Zusammenhang mit dem, womit ich gerade befaßt bin? Ich glaube die Zufälle sind unsere Freunde. Daher habe ich keine Angst, einer Assoziation nachzugehen. Oft kann ich in einer Sackgasse landen - da muß man nur umkehren. Aber ebenso oft gelange ich an spannende und interessante Stellen, die ich nie aufgefunden hätte, wenn ich nach einer festen und geschlossenen Disposition vorgegangen wäre. Wenn ich allso allzu diszipliniert gewesen wäre ... Das bedeutet nicht, daß wir unkritisch sein sollen, mitnichten. Und alle Assoziationen müssen gesiebt werden und beurteilt. Aber es ist meine Erfahrung, daß es nicht schadet, etwas offener zu sein. Was eigentlich ist Kreativität? Ich glaube, es ist die Fähigkeit, unsere Assoziationen zu meistern.

Was ist der Ausgangspunkt für mich? Zuerst einmal: Ich schreibe nie ein

Wer mit beiden Beinen auf der Erde steht - steht still

Buch über etwas, was ich im Griff habe oder wovon ich zuviel weiß. Was ich weiß, weiß ich. Und was ich kann, kann ich. Das wird nur langweilig, an einem solchen Buch zu arbeiten - eine Wiederholung von alten Gedanken und Standpunkten. Nein, Ausgangspunkt ist für mich, daß etwas vorliegt, was ich *nicht* kann ... etwas, worauf ich neugierig bin, etwas, was ich nicht ganz verstehe, etwas, worüber ich nachdenke, etwas, was ich gerne herausfinden möchte. Der Schreibprozeß ist wie das Aufnehmen eines Steines - um zu sehen, was darunter steckt, was sich unter ihm verbirgt. Die Arbeit an einem Buch wird also eine Wanderung in eine unbekannte Landschaft. Eine Wanderung, auf die ich den Leser mit einlade - als Reisebegleitung. Unsere Bekanntschaft müssen wir uns unterwegs erwerben ... Ich weiß also ebensowenig wie der Leser, wo wir enden und wie es geht. Aber das ist es, was die Wanderung für mich spannend macht - und hoffentlich auch ab und zu für den Leser ... Ich gebe also bewußt der Rolle des Dominierenden und Allwissenden eine Absage. Ich will überrascht werden und verwundert. Ich will über neue Zusammenhänge stolpern ...

Wie gehe ich vor - rein praktisch gesehen? Ich schreibe von Hand. Ich habe Freunde, die mich ständig mit Textverarbeitungssystemen versuchen. Aber bisher war ich standhaft. Ich *liebe* es, mit der Tuschefeder zu schreiben. Und ich *liebe* Papier. Ich liebe es, am Rand herumkrakeln zu können, während ich nachdenke. Ich liebe es, das Papier zusammenknüllen zu können. Das ist vielleicht altmodisch, aber ich liebe den nahen Kontakt zu Feder und Papier. Nennt man so etwas nicht Materialgefühl?

Ich arbeite an Sprache und Gestaltung. Schreibe um und wieder um - jeden kleinsten Satz. Wenn ich der Überzeugung bin, ungefähr eine halbe Seite zusammenbekommen zu haben, "führe ich sie ein", d.h. ich fertige auf der Schreibmaschine eine Reinschrift. Ich arbeite also immer noch so, wie ich es in der Schule gelernt habe, als ich klein war: ich konzipiere - ich fertige eine Reinschrift. Wenn ich vorschreibe, d.h. mit

Tor Åge Bringsværd

Bleistift oder Tuschefeder schreibe, kann ich ziemlich lange sitzen und mich mit dieser halben Seite abmühen. Doch habe ich sie erst als Reinschrift aus der Maschine, ist die Seite fertig - und ich gehe nie zurück und richte aufs Neue oder schreibe um. Die letzte Chance zur Veränderung ist also die Reinschrift selbst. Das liegt wohl daran, daß ich nie eine elektrische Maschine besessen habe. Ich halte krampfhaft fest an den altertümlich manuellen, bei denen es noch möglich ist, einen Buchstaben in der Luft anzuhalten ...

Ich kann also das Buch neben mir auf dem Schreibtisch wachsen sehen. Ich bin nicht weiter gekommen als der Leser. Und das auf die gleiche Art wie der Leser, auch ich weiß nicht, wie die Fortsetzung sein soll.

Diese Arbeitsmethode hat sowohl Vorteile wie auch ihre Unannehmlichkeiten. Aber so ist es wohl mit allen Methoden, sollte ich glauben. Es geschieht z.B., daß die Personen eines Buches in ganz und gar unmögliche Situationen geraten, sie handeln - wie wir es ja schon angesprochen haben - irrational und unmotiviert. Da kann es schon eine Versuchung sein, einfach in die handschriftliche Fassung zurückzugehen, ein ganzes Kapitel herauszureißen und aufs Neue zu schreiben - wie es, glaube ich, die meisten zu tun. Aber das tue ich demnach *nie* . Die Romanfiguren sollen keine Vorteile gegenüber lebenden Menschen haben. Wenn jemand von uns letzten Samstag etwas unglaublich Dummes tat, etwas, worüber wir uns ärgern und was wir gerne ungeschehen machten, können wir nicht einfach zurückgehen und eine Woche aus unserem Leben herausreißen, sie zusammenknüllen, wegwerfen und die vorige Woche nochmal leben. Und so leicht sollte es auch nicht für Papiermenschen sein ... Beide, die Figuren des Romans und sein Verfasser müssen sich damit abfinden, mit den Problemen und Mißverständnissen zu leben, die von Kapitel zu Kapitel sich ergeben. (Im Sommer 1969 - während ich meinen ersten Roman schrieb, *Bazar* - saß ich beispielsweise unzählige Tage an einem Badestrand in Cornwall und durchforschte meinen Kopf bis in die letzte Gehirnwindung nach einer Lösung für folgendes lebenswichtige

Problem: Alle Häuser und Wohnungen sind lebendig geworden. Die Hauptperson Lester wandert durch eine Wüste. Plötzlich ist er umringt von einer Horde wilder Garagen! Sie tauchen hinter den Sanddünen auf, etwa wie kriegsbemalte Indianer in einem Trivialfilm aus den vierziger Jahren. Wie kann Lester entkommen?)

Das waren Unannehmlichkeiten. Gibt es auch Vorteile? Ich glaube einfach, daß ein Buch spritziger und lebendiger und üppiger wird auf diese Weise. Indem man Raum gibt für das Überraschende und Unerwartete.

Für mich ist das Schreiben eines Romans zu vergleichen mit dem Bau eines Hauses. Du kannst das nach Zeichnungen tun, nach Architekten-Zeichnungen, entnommen aus Lehrbüchern der Literaturtheorie und Stilistik. Bisweilen kannst du es mit einem Bausatz fertigen. Ein Fertighaus - gekauft in einem Kreativitätsladen. Das heißt: wenn man zufrieden damit ist, einen Bungalow zu bauen oder einen Zweckbau. Ich selbst halte solche Häuser für langweilig. Ich liebe eher so ein "Krähenschloß". Ich liebe Häuser mit vielen Räumen, mit schiefen Ecken, gewundenen Türmen, Erkern und Windfahnen. Geheime Tapeten-Türen. Knarren auf dem Dachboden. Ein Haus, das nicht allzu gut geplant ist, sondern wächst und sich verändert nach Bedarf. Denn wer baut, vertraut darauf, daß alles zusammenpaßt ... es paßt alles zusammen für den, der die Vögel frei herumfliegen läßt ... für den, der es wagt, Assoziationen und Gedankensprünge ernst zu nehmen. *Bevor ich ein Wort davon wußte, war der Satz da* . Und wenn schon soviel gesagt wurde: ich liebe es auch nicht, daß es Neonlicht in allen Zimmern gibt. Die Beleuchtung soll unterschiedlich und ungleichmäßig sein. In einigen Räumen sind vielleicht genau genommen gar keine Lampen, nur Kerzen und viel Schatten. Und einige Räume sind völlig dunkel. Einige Türen sind sogar verschlossen, der Schlüssel weggeworfen und niemand - nicht einmal der Verfasser - weiß vielleicht, was sich drinnen befindet. So ... so sollte nach meinem Wunschtraum ein Buch sein! Gleichzeitig weiß ich, daß ich das nie in den

Tor Åge Bringsværd

Griff bekommen kann ... daß ich nie zufrieden sein werde.
Aber wenn das Haus errichtet ist - entsprechend meiner schwachen Kräfte - dann bin ich fertig damit. Ich will dort nicht wohnen. Ich wende mich nie um. Ich will lieber beginnen, ein neues Haus zu bauen. An einem anderen Ort. Als Verfasser ist mir am Prozeß gelegen, nicht am Ergebnis. Wenn wir noch ein anderes Beispiel aus dem Baufach nehmen können: Ein Buch ist eine Brücke, die ich baue, überschreite und dann hinter mir niederbrenne. Was mit der Asche geschieht, kümmert mich nicht. Darum bin ich auch ein ziemlich schlechter Gesprächspartner, wenn die Rede von Büchern ist, die ich geschrieben habe. Denn wenn alles so geht, wie ich es wünsche, so stecke ich mit dem halben Kopf oder hoffentlich mit dem ganzen schon weit in der Arbeit an dem *nächsten* Buch ...

Eigentlich bin ich eine Art Literatur-Bauer. Ich betreibe Fruchtwechselwirtschaft. Bin ich mit einem Roman fertig, bin ich erschöpft und verausgabt im Kopf. Wie man es sein soll. Doch habe ich entdeckt, daß trotz allem nur ein *Teil* von mir geschafft ist. Der Teil, der mit Romanen und Novellen arbeitet, will sich am liebsten geradewegs hinlegen, während der Teil, der sich mit Schauspielen befaßt (z.B.) oder Bilderbüchern (z.B.) vor Erregung, endlich auch mit etwas zum Zuge zu kommen, fast von einem Fuß auf den anderen tritt. Aber das gilt nicht nur, wenn ein Buch fertig ist, ich habe herausgefunden, daß es für meine Person auch vernünftig sein kann, *unterwegs* Pausen zu machen - will sagen: zur Seite zu legen, womit ich mich gerade beschäftige, und *etwas völlig anderes* zu tun. Jedenfalls für eine kurze Zeit. Bevor ich mich zur ersten Arbeit zurückwende. Vielleicht mit frischem Blick. Und einem Unterbewußtsein, das die Erlaubnis hatte, in Ruhe und Frieden eine Weile widerzukäuen. Wie gesagt: für mich funktioniert das gut so. Für andere ist es nicht sicher, ob es insgesamt in der gleichen Art paßt.

So habe ich auch nie Probleme, meinen "richtigen Standort" zu finden.

Ich fühle mich ebenso wohl als Theaterdichter wie als Romanverfasser.

Wer mit beiden Beinen auf der Erde steht - steht still

Und ich gebe von mir gleich viel, unabhängig davon, ob eine Arbeit für Erwachsene ansteht oder für Kinder. Für mich gibt es streng genommen keinen Unterschied zwischen dem Schreiben sogenannter Kinderbücher und dem Schreiben sogenannter Erwachsenenbücher. Ich weiß: Bei einzelnen Büchern kann es für Kinder schwierig sein, einen vollen Zugang zu bekommen - aufgrund eines zu kleinen Referenz-Hintergrundes, zu weniger Erfahrungen. Aber auf dieselbe Weise können andere Bücher für *Erwachsene* schwierig sein, weil sie einen Referenz-Hintergrund haben, der sie dazu gebracht hat, in einer festgelegten Wirklichkeitsauffassung zu *erstarren*. Ich wiederhole: für mich sind beide Typen von Büchern gleich wichtig. Aber ich merke fast jeden Tag, daß sie unterschiedlich gewürdigt werden. Wenn ich einen Roman herausgebe, erscheinen in der Regel meterweise Rezensionen und Interviews, ich werde in den Himmel gelobt und zur Hölle verdammt - alles, je nachdem, und durcheinander und die Kleinbogenpresse will mich zum Debattieren provozieren und Fernsehen und Rundfunk sind interessiert. Mit anderen Worten:*das Buch gibt es*. Wenn ich ein Bilderbuch herausgebe, ist es fast makaber anders. Ich habe es in der Tat erlebt, Kinderbücher geschrieben zu haben, die mehr Literaturpreise erhielten als Besprechungen in den Zeitungen! Wenn sie überhaupt besprochen wurden! Mit anderen Worten: *das Buch gibt es nicht* - gesehen aus der Sicht der Erwachsenen. Für mich persönlich ist das kein großes Problem. Wie gesagt, ich bin ein literarischer Bauer. Ich treibe Fruchtwechselwirtschaft. Ich erhalte meine Dosis an beifälligem Schulterklopfen und an Schlägen in den Magen. Ich finde die Rückmeldung, die ich brauche. Aber ich bin oft zornig über die Wege, die die Verfasser guter Kinderbücher gehen. Es muß schwer sein und immer als ungerechtigt empfunden werden, totgeschwiegen und übersehen zu werden, immer der zweiten Klasse der Literatur zugerechnet zu werden, nur weil man glaubt, es sei gleich bedeutsam, Bücher für Kinder wie für Erwachsene zu schreiben. Und es spielt dabei keine Rolle, wie gut die Bücher immer auch sein mögen. Sie sind gleichsam zweite Klasse - ohne Unterschied. Schwer

Tor Åge Bringsværd

und frustrierend muß das sein. Darum ziehe ich den Hut und werfe diesen meinen Kollegen Kußhände zu. Sie sind auf manche Art die letzten Mohikaner der Literatur. Sie sind querköpfig. Sie sind schreibendes Volk, das das tut, was es für richtig hält, tut, was es für wichtig hält - ungeachtet dessen, wie die Welt es ihnen lohnt. Denn hört: Das Schlagwort vom "Jahrhundert des Kindes" ist nie mehr als eine Phrase. Kinder, Alte und Kranke sind Gruppen, die man hervorholt und über die man gefällig spricht bei ausnahmslos jedem Wahlkampf. Und danach vergißt. Zugunsten von "wichtigeren Angelegenheiten". Wir leben in einer Gesellschaft, die gesteuert wird von Starken und für Starke, gesunde, berufsaktive, *erwachsene* Menschen. In unserem Kulturkreis hat aus dem Grund die Kindheit wenig Wert in sich selbst. Wer von uns - von sechs Jahren an aufwärts - wünschte wohl, "kindlich" genannt zu werden? Das ist fast so schlimm wie "nett" genannt zu werden. Es haftet dem gleichsam etwas Dummes an ... Nein, das Ziel ist es, "erwachsen" zu werden - so schnell wie möglich. Und das Kinderzimmer ist vor allem anderen ein Wartezimmer. Darum ist es auch nicht vernünftig, daß Kultur für Kinder ernst genommen wird. Wer von uns hat nicht schon Kunden in einer Buchhandlung mit angehört, die sich über Buchpreise aufregen? So und so viel - für ein Kinderbuch ?! Die Kinder verdienen nicht selbst. Es sind die Erwachsenen, die ihnen Bücher kaufen. Und die Erwachsenen sind oft überzeugt, daß ein Kinderbuch nur einen Bruchteil von dem kosten dürfte, was ein Erwachsenen-Buch kostet. Denn das ist ja keine ordentliche Literatur - das ist "nur für Kinder" ... So ist die Welt, in der wir leben. Und es ist schwierig, etwas in ihr zu bewerkstelligen.

Dennoch können wir es nicht lassen, es zu versuchen.

Für meinen Teil ist mein Ziel, Texte herzustellen, die alle, Erwachsene und Kinder, lesen und diskutieren können. Will sagen: Erzählungen schaffen mit mehreren Ebenen - wie eine chinesische Schatulle, bei denen es nicht nötig ist, *alle* krummen Touren mitzumachen, um am Ende

mit einem anderen Verständnis zurückzubleiben. Darum wirkt es für mich künstlich, mit dem Begriff "Kinderbücher" zu arbeiten, als sei das etwas Abgesondertes und eventuell Andersartiges gegenüber der anderen Literatur. Für mich gibt es nur zwei Kategorien: Bücher, die ich mag, und Bücher, die ich nicht mag. Eine andere Unterscheidung habe ich nicht. Persönlich lese ich z.b. heute noch Bilderbücher - und es kommt mir nicht in den Sinn, daß sie nicht für *mich* gedacht sein sollten. Um es brutal zu sagen: Wenn ein Buch nicht "etwas bedeutet" für den, der es laut liest, so ist es sicher auch nichts für das Kind, dem es vorgelesen wird. "Kinderbücher" werden von vielen für Ersatzliteratur gehalten. Wie eine Vorbereitung auf die "große", die "ordentliche" Literatur. Aber hier widerspreche ich grundsätzlich. Denn es gibt keine Literatur, die "größer" oder "ordentlicher" ist als andere Literatur. Es gibt nur - subjektiv gesehen - gute und schlechte Bücher.
Darum: Erwachsene sollten Kinderbücher lesen, und weit mehr Kinder sollten Erwachsenenbücher lesen.

Wie sinnlos ist es doch, Kinder als eine graue Masse anzusehen und eine gegebene Größe! "Kinder lieben es," sagt man. Oder: "Kinder sind der Auffassung." Ob dieselben Menschen es ebenso natürlich finden zu sagen "Erwachsene lieben es" und "Erwachsene sind der Auffassung"? Oder "Vierzigjährige lieben es" und "Dreißigjährige sind der Auffassung"? Ebensowenig wie man sich an alle Erwachsenen wenden kann, ebensowenig kann man sich an alle Kinder wenden. Denn es gibt kein typisches Kind, ebensowenig wie es den typischen Erwachsenen gibt. Kinder und Jugendliche sind nicht eine Gruppe von Menschen, ebensowenig wie Pensionäre diese sind. Kinder und Jugendliche - und aus gleichem Grund Pensionäre - sind *viele* Gruppen.
Darum kann ich sagen: Ich schreibe weder für Kinder noch für Erwachsene. Ich schreibe für *Menschen* .

Aber was ist denn ein Kinderbuch, wenn es - wie ich es verstehe - beinahe "für alle" ist? Das ist ein Buch, das seinen *Ausgangspunkt* im Be-

Tor Åge Bringsværd

dürfnis der Kinder und der Welt der Kinder nimmt, aber das ist ein Buch, das nicht nur auf die zielt, die jung an Jahren sind, sondern auf alle, die wissen, daß es das Kind, das wir einmal gewesen sind, noch lebendig in uns gibt. Und daß dies vielleicht der Teil von uns ist, zu dem den Kontakt zu verlieren, am meisten schicksalsträchtig ist.

Als ich mit dem Schreiben begann, war ich sehr daran interessiert, daß die Leute *verstanden*, was ich schrieb, ob es klar genug war, ob ich mißverstanden werden könnte usw. Ich wollte, daß möglichst viele, am liebsten alle, jedes Wort verstehen sollten, das ich schrieb.

So etwas zu denken, habe ich aufgehört.

Das hat nichts zu tun mit Arroganz oder Exklusivität, sondern ganz einfach mit dem Wunsch, zu versuchen *ehrlich* zu sein. Damit, daß man sich nicht verstellen will, so tun als ob, jemand anderes sein ... mit anderen Worten: daß man schlichtweg keine Lust hat, die Leute zu foppen.
So erträgt man es lieber, mißverstanden zu werden.

Laßt uns das ein bißchen näher betrachten: Wenn du einem einzelnen Menschen eine Geschichte erzählst, ist es leicht, Mißverständnisse zu vermeiden - besonders, wenn du den Betreffenden kennst. Ihr seid aneinander gewöhnt, sprecht dieselbe Sprache, habt die gleichen Stichwörter, versteht dasselbe bei denselben Stichwörtern. Sollst du eine Geschichte gleichzeitig *zwei* Menschen erzählen, ist es ein wenig schwieriger. Die beiden sind *etwas* unterschiedlich, haben einen *etwas* ungleichen Hintergrund. Du mußt einen gemeinsamen Nenner finden - Wörter wählen, die für beide dasselbe bedeuten. Sollst du deine Geschichte drei oder vier Leuten erzählen, wird es noch schwieriger, aber es gelingt noch ... zehn, zwölf, zwanzig ... ok, aber die Wörter sind nicht länger *deine* Wörter. Das bist nicht mehr *du*, der erzählt. Aber du schaffst es. Sie verstehen, was du meinst. Keine Mißverständnisse. Bei hundert sollte

Wer mit beiden Beinen auf der Erde steht - steht still

das Ganze anfangen, dich zu plagen. In jedem Fall greifst du zu Klischees, sprichst in Phrasen. Bei Tausend bist du verzweifelt, redest wie ein Politiker oder ein Wochenblatt. An je mehr Leute du dich wendest, um so verwässerter und um so schlagwort-geprägter wird die Geschichte, die du erzählst. Am Ende denkst du darüber nach, ob es einen Sinn hat, sie überhaupt zu erzählen.

Das ist dasselbe Problem, das einmal rot, einmal gelb oder grün leuchtet, wann immer ein Verfasser auf ein Stück weißes Papier hinabschaut. Er will etwas erzählen. Aber er weiß nicht, wie viele zuhören. Und er *kennt nicht* diejenigen, an die er sich wenden soll.

Meiner Meinung nach hat er nur zwei Möglichkeiten - beide sind Äußerlichkeiten, aber alles was dazwischen liegt, ist Wasser und Milchbrei: 1. Er kann schreiben "Die Mutter geht ins Büro. Der Vater backt Kuchen." Alle verstehen, was er sagt. Der Verfasser versteht sich selbst als Pädagoge oder Missionar. Oder: 2. Ein Verfasser kann versuchen, die Dinge genau so auszudrücken, wie er gerade Lust dazu hat, so daß es *ihm* natürlich erscheint, wie es seinem Empfinden nach gesagt werden sollte. UND DARAUF ZU PFEIFEN WIEVIELE ES SCHÄTZEN ODER VERSTEHEN. In diesem Fall versteht er sich mehr wie eine Radiostation - und hofft, daß jemand zuhört ... hofft, daß jemand den Apparat auf derselben Wellenlänge eingestellt hat.

Das letztere ist nach meiner Auffassung die einzige *redliche* Möglichkeit, die man hat. Literatur ist Kommunikation - sagen wir oft. Jawohl. Aber dann dürfen wir nicht die Begriffe durcheinanderbringen. Das *Ziel* ist nicht, nur *Kontakt* herzustellen. Denn es ist faktisch das der Punkt, an dem das Ganze erst *beginnt*. Und ab dort sollte man am ehesten etwas zum Kommunizieren haben ... Und ab da ist es wichtig, daß niemand von den Partnern so *tut als ob*.

Also: ebensowenig, wie ich eine zufällige Auswahl von Erwachsenen

Tor Åge Bringsværd

etwas, was ich geschrieben habe, lesen und diskutieren lasse, bevor ich es veröffentliche, ebensowenig konsultiere ich eine zufällige Auswahl von Kindern. Das bedeutet nicht, daß ich für gute Ratschläge taub bin. Ich höre gerne auf Hinweise und Vorschläge von Menschen, die ich kenne, und dir mir nahe stehen. Aber das bedeutet - wie schon gesagt - daß es nach meiner Auffassung, ebenso unmöglich ist, einen typischen, einen *repräsentativen* Erwachsenen zu finden, wie es unmöglich ist, ein typisches, ein repräsentatives Kind zu finden. Sofern es nicht ein oberflächlicher gemeinsamer Nenner und ein billiger Schlüssel zum komerziellen Erfolg sind, worauf man aus ist ...

Was mich betrifft, kann das Schreiben eines Buches mit einer Reise verglichen werden.

Ich treffe viele Vorbereitungen.

Ich weiß in etwa, wohin ich will.

Aber irgendein festes Programm stelle ich nicht auf.

Ich frage, ob jemand interessiert ist, dabei zu sein. Ich mache darauf aufmerksam, daß ich zuvor niemals dort war. Ich bin also kein Reiseleiter. Das ist keine Charter-Tour. Ich betreibe kein Sightseeing-Geschäft. Ich frage nur - dennoch. Ganz einfach. Ob jemand Lust hat mitzukommen ...

Ich kann ebenso gut alleine gehen.

Ich muß in jedem Fall auf diesen Weg

Aber es ist gemütlicher, wenn wir mehrere im Gefolge sind.

Viele glauben, das so etwas sinnlos ist ohne Leser, ohne Publikum. Das

Wer mit beiden Beinen auf der Erde steht - steht still

denke ich nicht. Ich schrieb desungeachtet. Da ist etwas, worauf ich neugierig bin. Das ist genug. Aber es wird ... gemütlicher ... wenn einige andere auch Interesse zeigen. Niemand liebt es, alleine durch den dunklen Wald zu gehen. Selbst wenn ich also weiß, daß dies der Weg ist, den ich gehen muß - wie dem auch sei.

Und ganz zum Schluß:
Der Anfang ist immer schwierig: Ich fühle, daß ich in Ewigkeit um den heißen Brei herumgehen könnte. Ich finde gleichsam nie den richtigen Akkord, um zu beginnen ... Denn es ist so mit meiner Arbeit: ich denke immer mehr an Musik als an Literaturtheorie und Disposition. Ich werde von einem Thema angezogen, einem Bild, einem Motiv, einer Paradoxie, etwas Unbegreifliches, von etwas, was mich fasziniert, von etwas, was ich nicht verstehe, von etwas, was mich neugierig macht. Und die ganze Zeit warte ich darauf, daß ich buchstäblich über ein paar Strophen stolpern werde, daß ich einige Melodienfragmente finden werde, die sich im Ohr festsetzen. Etwas, was man vor sich hinsummen kann. Etwas mit beidem, Baß und Diskant. So beginne ich zu improvisieren. Fertige Paraphrasen. Lasse die Melodien etwas voneinader entlehnen. Lasse sie sich gegenseitig färben. Verflechte sie ineinander.

Anders ausgedrückt: wonach ich suche, bevor ich den eigentlichen Schreibprozeß beginne, ist eine Art literarisches Trampolin. Oder mehrere. Etwas, worauf man springen kann, wovon man losschnellen kann ...

Aus dem Norwegischen von Hannes Rötter.

Anmerkung des Übersetzers: Bei der Übersetzung wurde einerseits bei der Zeichensetzung die deutschen Interpunktionsregeln angewendet, andererseits aber versucht, so viel wie möglich von der charakteristischen Interpunktion des Verfassers zu erhalten.

Tor Åge Bringsværd

Auswahlbibliographie

Romane

Bazar. Gyldendal 1970
Den som har begge beina på jorda står stille. Gyldendal 1974
Syvsoverskens dystre frokost. Gyldendal 1976
Pinocchio-papirene. Gyldendal 1978
Minotauros. Gyldendal 1980
Ker Shus. Gyldendal 1983
GOBI. Barndommens måne. Gyldendal 1985
GOBI. Djengis Khan. Gyldendal 1987
GOBI. Djevelens skinn og ben. Gyldendal 1989

in deutscher Übersetzung:
Die Stadt der Metallvögel (norw.: *Ker Shus*) . Frankfurt M. 1988 [Suhrkamp; Phantastische Bibliothek]
Minotauros . Frankfurt M. 1989 [Suhrkamp; Phantastische Bibliothek]
Wiedersehen beim Sirius. Eine Anthologie skandinavischer Phantastik. Hrsg.v. I. u. H.Entner. Berlin (Ost) 1979. [darin: *Das neue Jerusalem* und *Kodémus*]

Bilderbücher

Ruffen - sjøormen som ikke kunne svømme. Den norske Bokklubben 1973. (Ill. Thore Hansen)
Alice lengter tilbake. Gyldendal 1983 (Ill.: Judith Allan) [dt. als Bühnenmanuskript: *Alice sehnt sich zurück]*
Ruffen og den flyvende hollender. Den norske Bokklubben 1982 (Ill. Thore Hansen)

Theater

Glassberget. Gyldendal 1975
Balladen om Robin Hood og Richard Løvehjerte. Gyldendal 1982
Mowgli. Gyldendal 1984 [dt. als Bühnenmanuskript: dass.]
Pimpernell. Solum 1988

Kaj Berseth Nilsen

Während wir auf das Unmögliche warten

Grundzüge in Tor Åge Bringsværds Mythischer Dichtung

Gleichgültig, von welcher Seite man es betrachtet: Bei Tor Åge Bringsværds Roman-Œuvre handelt es sich um ein außerordentlich unnorwegisches Phänomen. Er schrieb phantasiereiche Prosa - oft mit mythischen Motiven - während seine Kollegen aus der rebellischen Generation Ende der sechziger Jahre leidenschaftlich ihr mangelndes Vertrauen zum poetischen Bild zum Ausdruck brachten: "Wir wollen dem Kaffeekessel keine Flügel verleihen", schrieb der etwa gleichaltrige Dag Solstad (ein wenig widersprüchlich), während Bringsværd seinerseits darauf hinwies, daß der Einwand gegen H.C. Andersens *Das häßliche Entlein*, Enten könnten in Wirklichkeit nicht sprechen, nur wenig haltbar sei. "Das Wesentliche läßt sich am besten in Gleichnissen ausdrücken", äußerte er in einem Interview.[1] Als sich diese junge Schriftstellergeneration dann damit abfand, daß die Welt unüberschaubar, sinnentleert war, und daß die nahen Dinge, der Alltag, ebenfalls zum Gegenstand dichterischer Beschreibung gemacht werden konnten, suchte Bringsværd mit Hilfe von phantastischen Prosatexten und Gleichnissen nach einem Sinn, wandte sich Märchen, Mythen und Religionen zu, um Stoffe zu sammeln, eine Form zu entwickeln. Wenige Jahre später, zu Beginn der siebziger Jahre, als die Rebellen ziemlich einmütig eine Kehrtwendung vollzogen, sich zum Marxismus-Leninismus bekannten und todernste und formal gesehen traditionelle sozialrealisti-

Kaj Berseth Nilsen

sche Romane über die große Sinnfülle in der vor-utopischen Gesellschaft schrieben, entdeckte Bringsværd seine Zugehörigkeit zum Anarchismus und verzauberte selbst abgebrühte Literaten als Satiriker, Humorist und Autor von zunächst einem "Digressionsroman" (1974) und danach einem "Antiroman"(1976). Später nahmen die einheitlichen Tendenzen in der norwegischen Literatur der siebziger Jahre ab, und die Versuche, eine neue Arbeiterliteratur mit Schwerpunkt auf den historischen und politischen Voraussetzungen des Kollektivs zu schreiben, wurde zugunsten einer Romanliteratur aufgegeben, die von den Bedingungen des Individuums in einer ungeordneten und krisengeschüttelten Privatsphäre handelte. Doch während die großen Träume verwitterten, griff Bringsværd konsequenterweise einen Aspekt auf, der schon immer latent in seinen Büchern vorhanden gewesen war: Humor und Satire verschwanden zugunsten eines eindringlichen, wehmütigen und manchmal nahezu apokalyptischen Ernstes. Und er machte sich nicht länger die Mühe, seine mythologischen, folkloristischen und intertextuellen Vorlagen zu verbergen. Nun nahm er sie offen in Gebrauch, hinzu kam die an einen Romantiker erinnernde Überzeugung, daß die uralten Mythen der Menschheit uns etwas offensichtlich Vergessenes ins Gedächtnis zurückrufen können, das die Leere auszufüllen vermag. Nur weil es den Anschein hatte, daß die Literatur eine Periode lang geirrt hatte, konnte man schließlich nicht aufgeben. Nun weniger denn je, denn, wie er auf den Einband zu *Die Pinocchiopapiere* schrieb: "Der Drache ist los unter uns."

Während der Großteil der norwegischen Autoren somit eine gegen unser verpfuschtes Privatleben gerichtete Gesellschaftskritik betrieb, nahm Bringsværd eine Zivilisationskritik in Angriff, die sich gegen eine am Rande des Zusammenbruchs befindliche dionysische Kultur wandte. So gesehen, hat sich sein ganzes literarisches Werk auf den folgenden Aspekt konzentriert: den Drachen zu identifizieren, ihn seiner Drachenhaut zu entkleiden, indem er sich Schicht für Schicht durch unsere kollektiven Träume und Ängste hindurcharbeitete.

Während wir auf das Unmögliche warten

Entscheidend ist, daß das, was Bringsværd seit Ende der siebziger Jahre und darüber hinaus in den achtziger Jahren geschrieben hat, heutzutage nicht nur als überaus unnorwegische, sondern größtenteils auch als höchst eigenwillige Dichtung auffällt, in der sich die Phantasie eines Künstlers in der Begegnung mit der kollektiven Erinnerung hat entfalten können.

Hierbei handelt es sich um eine Dichtung, in der Mythos und Fiktion sich überschnitten oder gegenseitig beeinflußt haben, Verbindungen eingegangen sind und eine sehr charakteristische, energiegeladene und kohärente Bildsprache hervorgebracht haben. Tor Åge Bringsværds Werk war immer ein Bestandteil breiterer und tieferer, eher unbestimmbarer Strömungen als der rein norwegischen. So gehört er denn auch heute zu den am häufigsten übersetzten norwegischen Autoren.

Aber erst in den letzen Jahren wurden seine Bücher in der literarischen Debatte in Norwegen auf die Tagesordnung gesetzt, und jeder neue Roman wird nunmehr in großer und seriöser Aufmachung von der Presse gewürdigt. Allerdings kam der Stempel des Meisterwerkes ziemlich spät; erst in dem Moment, als er den Blick auf die Geschichte richtete, folgten die Nominierungen zu den wirklich prestigeträchtigen Literaturpreisen. 1985 erschien das "erste von mehreren Büchern", *Gobi. Der Mond der Kindheit*, dessen Stoff dem Europa und Osten des 13. Jahrhunderts entnommen worden war. Vorläufig sind in dieser Reihe zwei weitere Bücher erschienen, *Djengis Khan* (1987) und *Djevelens skinn og ben*.

Wenn die vorliegende Betrachtung des Werkes auf die drei Romane konzentriert, die *vor* den drei genannten herausgekommen sind, so hängt dies mit mehreren Faktoren zusammen. Zunächst haben diese drei Romane, *Die Pinocchiopapiere*, *Minotauros* und *Die Stadt der Metallvögel* (norw. *Ker Shus*), für sehr viele Leser Bringsværds den Status eines Maßstabs für das, was der norwegischen Gegenwartsliteratur an Dreistigkeit und Zeitgefühl fehlt; solches erkennt man am besten im nachhinein. Zudem sind die besonders eigenwilligen Seiten des Bringsværdschen Werkes in diesen drei Romanen entwickelt worden und herangereift. Mit seinen Traumsequenzen, seiner anspruchsvollen Verwendung von Bildern und seinem lyrischen Rhythmus steht *Minotauros* hier als ein vorläufiger Höhepunkt. Daß diese drei Bücher zudem eine thematische Einheit bilden, läßt es natürlich erscheinen, sie als eine Einheit zu behandeln.

II

In *Die Pinocchiopapiere* von 1978 werden wir in die Laboratorien der Wissenschaft und in abgesperrte Räume hineingeführt. Dieser metaphysische Horror-Roman führt den Leser durch die Labyrinthe des wissenschaftlichen, rationellen Denkens. In flüchtigen Augenblicken schauen wir in das dystopische Gruselkabinett der Wissenschaft hinein.

Auf seine Weise ein Horror-Roman, halten sich *Die Pinocchiopapiere* gleichzeitig an viele Gattungskonventionen des Kriminalromans. Das Buch, das irgendwann im Ungarn der siebziger Jahre spielt, erzählt von der Jagd auf den verschwundenen ungarischen Volkskundler Varga. Hauptfigur ist sein norwegischer Kollege, Jonas Rafn, der unfreiwillig sowohl als potentiell Verdächtiger in den Akt des Verschwindens an sich als auch - zum Mißvergnügen der ungarischen Polizei - als "Detektiv" in die Aufklärung des Falles verwickelt wird. Das Verbrechen, und insbesondere die von ihm aktualisierten hintergründigen ethischen Perspektiven, ist Hauptthema des Buches. Varga ist in Wirklichkeit gekidnappt worden. Er wurde von einem zynischen, verrückten Wissenschaftler entführt, der ihn für seine makabren biologischen Experimente benutzen will. Und Varga hat es dem ehrgeizigen Dr. Farkas leicht gemacht, gerade ihn als Versuchsperson auszuwählen. Varga ist Erkenntnissen auf die Spur gekommen, die ihn für Dr. Farkas' Treiben gefährlich werden lassen. Er muß eliminiert werden.

Während wir auf das Unmögliche warten

Die Pinocchiopapiere sind kein leichtes Buch, weder strukturell noch thematisch. Strukturell ist es ein Konglomerat aus Erzählern, Erzählperspektiven und Handlungsebenen. Die meisten Figuren des Buches wechseln einander ab, um die Erzählperspektive einzunehmen. Die Erzähltechnik besteht zumeist darin, zum Aufbau des Textes hinterlassene Dokumente, Briefe, Notizen etc. abwechselnd aufeinander folgen zu lassen. Der Titel des Buches spielt auf eine dieser Textgruppen an: einen fragmentarischen Dramatext über die Märchenfigur Pinocchio. Das Stück ist aufgeteilt und in die anderen Texte eingeflochten. Der Volkskundler Varga hat das Stück entdeckt. Und mit der Aufforderung, ihm Glauben zu schenken, behauptet er, Pinocchio selber habe es geschrieben.

In seiner "Autobiographie" schildert Pinocchio, die zum Menschen gewordene Marionette, einen ganz anderen Lebensverlauf als den in dem von der gleichnamigen Gestalt handelnden Kunstmärchen Carlo Collodis'. In Bringsværds Roman ist Pinocchio dargestellt als mißhandelter und unterdrückter Wahrheitssucher, der sich auf der Jagd nach Freiheit und einer eigenen Identität befindet. Doch wird er in seiner Entwicklung immer wieder gebremst von Der Guten Fee, die alles andere als gut ist. Sie gleicht einem strafenden Engel und verfügt über Eigenschaften, die man traditionell einer autoritären Vaterfigur zuschreibt.

Die dritte und letzte Handlungsebene des Buches ist der Perspektive Vargas geweiht: Bruchstücke von Gedächtnisprotokollen, die zwischen die ungleichen Dokumente des Buches eingefügt sind. Diese Gedächtnisprotokolle erzählen in bildreichen Sequenzen von Vargas Erlebnissen nach der Entführung. Am Ende des Buches gleiten diese drei Handlungsebenen ineinander, und durch Vargas bildliche Vorstellungen und innere Monologe werden wir Zeuge eines auf Leben und Tod geführten Kampfes zwischen Gestalten, die aus der Welt der Mythen und Märchen hervortreten. Alles geschieht nun in einem atemberauben-

Kaj Berseth Nilsen

den Tempo, erzählt in einer geladenen und komprimierten Sprache. Wie wir sehen, handelt es sich bei einem Hauptmotiv in *Die Pinocchiopapiere*, dem "verrückten Wissenschaftler", um ein klassisches Motiv der phantastischen Prosa. In *Minotauros* begegnen wir ihm wieder, diesmal in Gestalt von Ingenieur Daidalos. Auch wenn das Verhältnis von Mythos und Fiktion in diesem Buch wesentlich einfacher ist, erscheint es noch hinreichend kompliziert. Der Roman folgt in groben Zügen dem griechischen Minotauros-Mythos. Bringsværd hat ihn jedoch an einem entscheidenden Punkt geändert, was weitreichende Konsequenzen für die Fiktion hat: im Roman flüchten Daidalos und Ikaros, bevor Theseus auf Kreta ankommt. In der griechischen Version läßt König Minos Daidalos und Ikaros ein Labyrinth bauen, in dem er das Wesen Minotauros unterbringt. Bringsværd führt im Vorwort aus, wodurch sich seine Version unterscheidet: "Üblicherweise wird behauptet, daß Daidalos eingesperrt wurde, weil er Ariadne und Theseus geholfen hat. Ich finde es weit angemessener, zu glauben, daß er in das Labyrinth, das er selber gebaut hatte, eingesperrt wurde, weil er derjenige war, der der Königin den sexuellen Verkehr mit einem Stier ermöglicht hatte. Nur so kann König Minos glaubwürdig erscheinen." In *Minotauros* werden demnach alle drei gleichzeitig eingesperrt.

Der Roman beginnt retrospektiv mit der Erinnerung des Minotauros an die Flucht und die Konsequenzen, die sich daraus für ihn ergeben: König Minos legte ein Dach auf das Labyrinth, schickte dem Minotauros als einzige Nahrung jedes Jahr vierzehn junge Leute und schuf damit dessen groteskes Schattenreich. In dieser Einsamkeit spricht er mit den Steinen, die ihm eine an Resignation grenzende Geduld beibringen. Aber allmählich widerfahren ihm merkwürdige Träume. Er träumt, eine weiße Ratte zu sein. "Das ist ein Traum vom Unterirdischen. Der Traum von der geraden Linie."(S.26*) Die Ratte hat gleichzeitig eine reale physische Existenz außerhalb des Labyrinths, und wir erkennen schnell, daß sie einen direkten Bezug zum Bewußtsein des Minotauros hat: "Ich habe gelernt, meinen Gedanken Körper und Stimme zu verleihen."(S.100)

Während wir auf das Unmögliche warten

Ab jetzt schleicht sich das Bewußtsein des Minotauros auf eine Weise in die Gedanken und Träume der anderen ein, die den gesamten weiteren Handlungsverlauf beeinflußt: es ist die Zeit des großen Frühlingsfestes, auf dem die Welt neu erschaffen wird, und zwischen Kretas berühmten Stierspringern tanzt die weiße Ratte in der Arena. In der Nacht vergibt der Minotauros Träume an die Figuren des Dramas, König Minos, Pasiphae, Ariadne und Phaidra, und knüpft sie in seinem großangelegten Plan zusammen: er möchte sein eigenes Schicksal dichten, in dem alle ihre erforderlichen Rollen bis zu dem Tag spielen werden, an dem Theseus heldenmutig in das Labyrinth gehen und den Plan vollenden wird, indem er den Minotauros tötet. Der Minotauros dichtet mit anderen Worten seinen eigenen Tod und bricht damit in die künftigen Lebensläufe der anderen ein: "Ich sehe das Ende von Vielem. Nicht alles ist so, wie ich es wollte [...] Das Rad rollt, wohin es will." (S.145f.)

Der dritte Roman der Trilogie, *Die Stadt der Metallvögel*, spielt in einer fernen Zukunft, jenseits der Apokalypse. Die Erde hat aufgehört, sich um ihre Achse zu drehen, und in der Dämmer-Zone treffen wir durch den Ich-Erzähler und Chronisten Rokam auf drei unterschiedliche Gesellschaften und drei Lebensformen. Sie alle sind Nachkommen der Mischwesen, die vor der großen Katastrophe den Laboratorien entkamen: die Katzen, die Hunde und die Ratten. Doch haben sie ein wichtiges Detail gemeinsam, sie sind alle zur Hälfte Menschen. Bei dem Buch handelt es sich demnach um eine motivische Weiterführung der beiden vorangegangenen. Diesmal begegnen wir allerdings nicht primär dem verrückten Wissenschaftler oder dem Demiurgen, sondern den Resultaten ihres Wirkens.

Die Fabel enthält zwei Grundelemente. Zunächst die Beziehung und den Kampf zwischen den drei Gesellschaften. "Die Katzen" sind natürlicherweise Nomaden, während "die Hunde" Diener der Nachkommen der von den Menschen erschaffenen "Metallvögel" sind, Apparaten, die auch weiterhin, hier und da, ausführen, wozu sie einst konstruiert

Kaj Berseth Nilsen

wurden: zum Einfangen der ausgerissenen "Tiere". "Die Ratten" ihrerseits haben ihre Heimstadt in unterirdischen Labyrinthen.

Das zweite Hauptmotiv der Fabel ist das Motiv des Wanderns. Der Ich-Erzähler, der letzte übriggebliebene Mensch, verläßt die Katzen, bei denen er lebt, um die vergessene und verlassene Stadt Ker Shus zu finden, wo alles irgendwann einmal begonnen hat. Auf dieser pikaresken Ebene haben wir einen Helden vor uns, der zu einer stetig wachsenden Einsicht in sein innerstes Wesen geführt wird. Dies geschieht auf einem Weg, auf dem alle Sagen, Legenden und Märchen - mit denen er gelebt und an die er geglaubt hatte - dem Leser als Rudimente einer zugrundegegangenen Kultur offenbart werden, einer Kultur, die nun den Status einer "Welt der Götter" bekommen hat. Für Rokam sind sie allerdings etwas ganz anderes als nur Rudimente. Sie sind eine konzentrierte Mythologie, die, wenn das Buch beendet ist, ihren interpretatorischen Wert nachgewiesen bekommt und in diesem Sinn eben ihren Wahrheitsgehalt im Hinblick auf einen ethischen Imperativ.

Am Ende des Buches bleibt Rokam nicht nur als letzter Mensch zurück. Er ist der einzige, der in die Stadt der Metallvögel, die Stadt der Götter, hineingeschaut hat: mit eigenen Augen in das innerste Wesen der lebendigen Stadt.
"Sie lieh mir ihre Augen. Und einen Augenblick lang war ich sie ... Ich war Ker Shus [...] Und sie stand neben mir, und sie sprach: Ja ich bin Ker Shus. Aber ich sah auch, daß sie krank war. Daß sie die Blässe des Todes auf den Wangen trug. Und sie nickte und sprach: Es ist wahr. Ich bin krank. Und ich verstand, daß ihr jeder Tag, an dem sie nur lebte, neuen Schmerz gab, denn sie sagte; Ich habe nicht um das Leben gebeten. Ich habe mich danach gesehnt, zu sterben." (S.253f.)

Aber Rokam hat bereits eine Entscheidung getroffen. Er hat die Götter vernichtet:

Während wir auf das Unmögliche warten

"Ich muß mich kurz fassen. Mich drängt es nicht nach der Rechtfertigung meiner Taten. In Ker Shus. Bei den schlafenden Göttern. Ich erhob mich. Ich ging zum Eingang. Dort, wo an jeder Seite eine Fackel brannte. Ich riß eine los. Nahm sie mit in den Raum hinein. Einen Moment stand ich still. Hielt die Fackel vor mich hin. Starrte hinein in die ruhige Flamme. Fühlte, daß ich nun auch ganz ruhig war. Daß ich nicht länger unbesonnen handelte. Daß es weder Haß noch Furcht waren, die mich trieben. Ich sah auf die Kokons. Und ich wußte, daß ihnen niemals die Zukunft gehören durfte. Niemals mehr. Dann senkte ich die Fackel. Und steckte sie in Brand.
Heute habe ich nichts mehr von dieser Ruhe. Sie gingen in Rauch auf, die Katzenjungen [...] Und das Feuer fauchte und sang um mich herum."

Als alles vorüber ist, und er zu den Katzen zurückgekehrt ist, beginnt er zu schreiben:

"Von allen, die damals mit dabei waren, bin ich der einzig Zurückgebliebene. So komm' näher, Kind - pflege ich zu sagen - kriech' näher ans Feuer. Denn dies ist vielleicht mein letzter Winter bei euch. Und was ich erzähle, sollt ihr später weitergeben, ein jeder, wie er Kopf und Herz besitzt. So beginne ich. Jeden Abend. Und nachts schreibe ich nieder, was ich erzählt habe. Wäge die Worte ab wie Steine. Bewahre die auf, von denen ich fühle, daß sie die richtigen sind. Damit nicht alles vergeblich gewesen sein soll. Damit die Hunde nicht Recht bekommen. Und damit Ker Shus sich niemals mehr erheben kann. [...]
Ich bin es - Rokam - der dies schreibt. Der Haarlose. Der sich seinen Pelz von anderen borgen muß." (S.7f.)

III
Wie wir sehen, ist das Verhältnis des Menschen zur Natur und seiner Umgebung und nicht zuletzt zur Zeit ein thematischer Grundnenner in Bringsværds Trilogie. Und diese Thematik ist tiefgehend. Es handelt sich hier um sehr poetische Bücher - über lange Abschnitte Prosa-Lyrik

Kaj Berseth Nilsen

- in denen sich Träume, Vorahnungen und bildliche Vorstellungen in das Wirklichkeitsempfinden der Figuren hineindrängen. Gerade der Bilderreichtum und die Kohärenz im Bildmaterial der Bücher offenbaren, *wie* tiefreichend diese Thematik ist.

Ein großer Teil der Bewegungen Jonas Rafns spielt sich in dunklen, bedrohlichen Umgebungen voller unbekannter, unsichtbarer Augen ab. Wenn er nicht ängstlich und ratlos umherwandert, hält er sich häufig in bestimmten Räumen auf: in Hotelzimmern, Lillis oder Dr.Farkas' Wohnung, einer Gefängniszelle und zum Schluß in der schwülen Feuchtigkeit eines Wintergartens. Die Atmosphäre in Jonas' jeweiliger Umgebung ist fast klaustrophobisch, zum Teil bedingt durch seine praktisch konstante Furcht vor dem Unbekannten.

Analysieren wir das Bildmaterial, sehen wir, wie diese locker aneinandergereihten Beobachtungen im Roman einen konsequent durchgeführten Zug darstellen. Bereits auf den ersten Seiten des Buches stoßen wir auf eine Art der Verwendung von Bildern, die diesen speziellen Zug vertieft. Jonas erzählt Lilli von einem Traum, der stets in verschiedenen Versionen wiederkehrt:
"Ich laufe durch einen Wald. Das Haus, nach dem ich suche, muß gleich in der Nähe sein. Aber Bäume und Sträucher versperren mir den Weg, greifen nach mir. Nebel und Gestank aus nassen Sumpflöchern. Zweige, die wie lebendige Tentakeln schwanken. Kleine Äste kratzen mit scharfen Krallen. Der Nebel wird dichter und dichter." (S.16)

Es ist ein nahezu kindlicher Schreck, der Jonas im Wald erfüllt. Die Bilder könnten den nächtlichen Horrorphantasien eines Kindes entnommen sein. Die Bäume gebärden sich außerordentlich bedrohlich: er erlebt eine dämonische Wirklichkeit. Er befindet sich im Wald, um ein Haus zu finden, von dem er weiß, daß es gleich in der Nähe sein muß. Doch ehe er es findet, muß er die Prüfungen und die Angst überstehen, denen er seitens des bedrohlichen Waldes ausgesetzt wird.

Auf der anderen Seite repräsentiert das Haus, nach dem er sucht, auch einen Schutz vor der bedrohlichen Umgebung. Vom Raum mit seinen schützenden Wänden wird erwartet, daß er die dämonische Wirklichkeit ausschließt - es ist Zufluchtsstätte. So gesehen, deckt sich der Traum mit der alttestamentarischen Erzählung vom Propheten Jonas, der von einem Wal verschluckt wird, nachdem er Schiffbruch erlitten hat und so vor dem Ertrinken gerettet wird. Der geschlossene Raum ist das zentrale Symbol in dem Traum und nur eine von vielen Analogien zum Bauch des Tieres in älteren Mythen und Sagen.

Gleichwohl ist der geschlossene Raum in diesem Traum nicht nur positiv bewertet. Ihn kennzeichnet hingegen eine offensichtliche Ambivalenz. Als Jonas im Traum durch den Wald stürmt, nimmt er den Geruch feuchter Sumpflöcher wahr. Also hat auch die dämonische Wirklichkeit ihren geschlossenen Raum. Daß Jonas diesen Sinneseindruck als Gestank (und nicht als Geruch kennzeichnet), dient dazu, das Sumpfloch als Stätte der Verwesung hervorzuheben, womit es als unzweideutiges Todessymbol charakterisiert ist. Der Todesaspekt wird gleichzeitig durch die Konstellation Raum-Verwesung vertieft, so daß wir automatisch einen ganz bestimmten Raum, nämlich die Grabkammer, assoziieren.

Wenn wir uns des gemeinsamen Merkmals der "Zufluchtsstätte" und der "Grabkammer" entsinnen: der Eigenschaft "geschlossener Raum", können wir im folgenden eine andere Version desselben Traums betrachten. Jonas träumt, daß er eine Straße gefunden hat, nach der er lange gesucht hat:
"Unmittelbar im Haus mir gegenüber zersplittern plötzlich die Fenster. Grüner Urwald quillt auf die Straße hinaus. Ich weiche zurück zur Hauswand. Hinter mir folgt eine neue Reihe von Explosionen. Es regnet Glassplitter. In Zeitlupe. Wie bleiche Schmetterlinge. Ich laufe auf die Straße. Grüner Urwald. Fließt wie Lava aus allen Häusern heraus. Ich stehe auf dem schmalen Streifen aus Pflastersteinen und sehe, wie sich

die beiden Wogen von den Rändern her nähern. Türmen sich auf zu glatten, grünen Wänden, lehnen sich an mich. Doch die Beine wollen sich nicht rühren." (S.17)

Im ersten Traum war einer der Räume, das Sumpfloch, in die Erde verlegt, während der andere, das Haus, eine ähnliche unmittelbare Anknüpfung an ein Naturelement vermissen ließ. Im nächsten Traum tritt das Erdelement hingegen auch als eigener Aspekt des Hauses deutlich hervor. Eine erste Andeutung in diese Richtung erhalten wir, als das Haus von innen durch einen grünen Urwald gesprengt wird - das Pflanzenreich ist ja die buchstäblich erdverbundenste aller Lebensformen. Die endgültige Hervorhebung der Verknüpfung zwischen Haus und Erde erfolgt in Form eines Vergleichs: wie Lava fließt der Urwald aus allen Häusern. Das Haus ist hier eine Variante des unterirdischen Raums, des Inneren der Erde, das seinen glühenden Magma-Kern birgt.

Für Gaston Bachelard ist die Erde "das langsamste aller Leben" ("la plus lente des vies"), und somit das beständigste aller Elemente. Diese Beständigkeit macht die Erde besonders widerstandsfähig gegen von außen kommende Veränderungen und ruft damit unterschiedliche Haltungen beim Menschen hervor. Bachelard charakterisiert sie, indem er schreibt, daß sie im Zeichen zweier unterschiedlicher Präpositionen stehen: "Sous le signe de la préposition *contre* " und "sous le signe de la préposition *dans*", d.h. *gegen* und *hinein* .[2]

Diese Doppelhaltung gegenüber der Erde bildet auch einen Grundton in *Die Pinocchiopapiere* und in *Minotauros* . Das Naturerleben des Menschen ist geprägt von einer Ambivalenz: Die Natur ruft, wie wir gesehen haben, sowohl Sehnsucht als auch Furcht hervor.

Doch welche Eigenschaften der Materie sind es, die den *Pinocciopapieren* zufolge eine solche Ambivalenz bewirken? Das Buch handelt von dem Versuch, mit Hilfe von Wissenschaft und technologischer

Methode in das innerste Wesen der Materie einzudringen. Und Dr. Farkas hat keine leichte Aufgabe. Er muß die größte Erfindungsgabe aufbringen und sich die raffiniertesten und groteskesten Methoden zu eigen machen, um sein Ziel zu erreichen. Aber die Materie, d.h. Erde und Pflanzenreich, will ihre Geheimnisse gar nicht preisgeben. Dieser Widerstand, der im Element der Erde verankert ist, ist Ausdruck des generellen Widerstandes gegen jeglichen Eingriff. Die Erde ist das solide, beständige der vier Elemente, und für den Menschen ist sie eine konstante Barriere, die überwunden werden muß. Als Dr.Farkas auf diese Barriere stößt, trifft er auch auf eine wachsende Aggressivität der Erde, die mit der Zerstörung seiner Laboratorien im Schlußabschnitt des Romans ihren Höhepunkt erreicht.

Entsprechend ist Jonas' Furcht vor dem Wald eine Erweiterung seiner Furcht vor dem Unterirdischen: das Sumpfloch und sein Gestank werden vom Bewußtsein registriert und hervorgehoben, weil es unmittelbar zum bildlichen Objekt einer tieferliegenden Furcht entwickelt wird, einer generellen Angst vor der Erdmaterie. Der Wald ist mit seinen tief im Unterirdischen steckenden Wurzeln ein Teil der Erde. Und die Aggressivität, die ihm seitens des Waldes entgegenschlägt, ist ein gegen das Eindringen in die Domäne der Erde gerichtetes Abwehrverhalten.

Wie wir sehen, ist die Erde mehr als nur ein Objekt der Dichterphantasie. Sie ist nach Gaston Bachelard eine Substanz in den Tagträumen, etwas, das der wechselnden Vielfalt der Formen ein koordinierendes Prinzip der Einheit zur Ausformung und Bearbeitung der Natursymbole bietet. Diese Substanz fungiert als "Unterbewußtsein der Formen". Aber wie wir auch hier am Beispiel gesehen haben, wird die Materie in doppelter Perspektive zum Leben erweckt. In Bringsværds Trilogie finden wir ergänzend, daß an eine der beiden Seiten dieser Ambivalenz "der materiellen Phantasie" Wertvorstellungen geknüpft werden. Die imaginäre Substanz der Phantasie, die Erde, ist eine valorisierte Substanz. Bei Bringsværd ist die Erde eine dynamische und valorisierte

Kaj Berseth Nilsen

Substanz, deren lebensspendende Seite andauernd versucht, ihren eigenen Gegensatz zu beeinflussen, auszulöschen oder zu überschatten. In dieser Trilogie sehen wir, wie das Erdelement nicht nur ein Objekt der Phantasie ist, sondern auch eine wirksame Kraft in dem ist, was eine valorisierte Substanz (wie diese spezifische dichterische Phantasie) unbewußt benutzt, um eine zentrale Wertvorstellung hervorzuheben - also auch eine wirksame Kraft im Leben ist.

Eine bemerkenswerte Vitalität kennzeichnet diese Erd-Phantasien. Als imaginäre Substanz ist die Erde kein statisches Muster, das die schöpferische Phantasie an einen monotonen bildlichen Gebrauch fesselt. Hingegen setzt sie die dichterische Phantasie zum Wachtraum frei. Die unterschiedlichen bildlichen Ausdrücke für das Erdelement sind keine oberflächlichen Symbole oder leblose Gebilde, sondern ein Vorstellungskomplex, der kraft der in sich ruhenden Ambivalenzen ständig neue Seiten aufzeigt und den Leser mitträumen läßt. Es hat den Anschein, daß Leser und Autor einander nähern, daß der Leser in der gleichen Weise mitträumt, in der der Autor vermutlich von der eigenen Vitalität und Dynamik der Bilder ergriffen und davongetragen wurde.

Der Wald ist aktiv handelnder Part in *Die Pinocchiopapiere* , und als solcher kleidet er sich in nuancierte und widersprüchliche Masken: er tritt freundlich und bedrohlich, beschützend und gefährlich, resigniert wartend und aggressiv handelnd in Erscheinung. Mit seinen grünen Blättern ist er ein Bild für das ganze sichtbare Leben. Aber mit seinen tief in der Erde steckenden Wurzeln, die wie ein unendliches Gewebe miteinander verflochten sind, ist er auch ein Bild für das unsichtbare Leben, ein weltumspannendes "kollektives" Bewußtsein. Der Wald und die Bäume sind für einen Mann wie Jonas, der sich lange Zeit am Rande des Abgrundes bewegt, diejenigen, die einen rettenden Weg aber auch ein Labyrinth auslegen, die irreführen statt den Weg zu weisen. (Vgl. auch Jonas' Traum, in dem er im Wald nach dem Haus sucht; ein Haus, das er nicht findet.) Der Wald ist all dies und viel mehr; immer lebt er sein Leben an einer dem Menschen fremden Zeitachse: "Die Bäume sind geduldig. Sie sind die Ältesten. Sie haben Zeit:" (S.136)

Es gibt keine himmelstrebenden, nach oben gerichteten Luft-Phantasien in diesen Bildern des Waldes, trotz des in diese Richtung weisenden symbolischen Potentials des Baumes. Bäume und Wald stehen immer für das Hinabgerichtete, das in die Tiefe der Erde suchende, ganz hinab zum formlos glühenden und langsamen Zusammenschmelzen, dem Magma der Erde. Der Wald deutet auf etwas Ursprüngliches und Formloses, das sich mit gewaltiger und erschreckender Energie einen Weg an die Oberfläche bahnen und aus allen Häusern quillen kann.

Und das Haus, "der geschlossene Raum", "die Höhle", in der Terminologie Bachelards und Jungs, ist gleichermaßen ein kalter Lagerraum und ein warmes, feuchtes und keimendes Treibhaus (S.27). Es ist eine dunkle Gefängniszelle aus Stein und ein Raum ohne eines "bleichen Schimmers"(S.95). Das Haus, der Raum oder die Höhle speien Lava, ähnlich dem Rachen eines Dämonen oder Ungeheuers, das eine tödliche, verzehrende Feuerzunge nach dem flüchtenden Jonas hinausschleudert. Dagegen ist die Höhle auch wie ein Mund, in den er hineingeführt worden ist, als die Wände ihn ansprechen. Und diese Wände sind von etwas anderem als der tödlichen roten Glut der Lava erleuchtet:
"Um die Stämme war ein schwacher, bleicherSchimmer von Licht, ein Gürtel in einer Höhe von ungefähr zwei Metern. Als die Bäume sprachen, glitzerte und tanzte dieses Band, wie das Leuchten des Meeres."(S.95)
Die Erde, die tragende Substanz in diesen Element-Phantasien ist diejenige, die gleichzeitig Leben absorbiert und Leben ausstrahlt. Sie ist gleichermaßen Grabkammer und Mutterleib, droht mit Dunkelheit und verspricht gleichzeitig einen Weg aus der Dunkelheit zum Licht: sie ist Leben und Tod in einer unlösbaren Verbindung.

Nachdem er lange gekämpft hat, um Einblicke in die Geheimnisse des Waldes zu gewinnen, wird Jonas am Ende Teil dieser Einheit, als er zu ein- und derselben Zeit von der Erde verschlungen und von Peter Blomst in sie hineingeführt wird, weg von der chaotischen geistigen Dunkelheit des Drachens. Für Jonas bedeutet dies den Tod, doch ergänzend sehen wir, wie die Erd-Materie - als Raum betrachtet, ein schützender Schoß - die ruhige Antiklimax eines langen und leidvollen Kampfes zwischen Menschen und zwischen Mensch und Natur umschließt und verbirgt. Dieser Raum ist die Stätte, an der Leiden und Lebenskampf in Sieg und Freude enden. Denn erst jetzt ist Jonas vollkommen eins mit dem Leben um sich herum, und er akzeptiert sein Schicksal mit der Gewißheit, daß das ganze Leben eins ist, daß sich die "Wanderung als Ruhe fortsetzt".(S.138): als ununterbrochener und alles umfassender Lebensstrom. Oder mit den Worten Bachelards: "La maternité de la mort."[3]

In *Die Pinocchiopapiere* steht die dynamische Phantasie im Zeichen der Versöhnung. Denn das furchteinflößende Antlitz der Erde kann nicht gezeigt werden, ohne daß sich früher oder später ihr versöhnliches Antlitz in den Vordergrund schiebt. Dies kann ein kurzer Augenblick sein, so, als Jonas im Traum die Fenster um sich herum zersplittern und grünen Urwald aus ihnen herausquillen sieht. Er ist in einer von ihm lange gesuchten Straße wie in einem Labyrinth aus Stein gefangen, und er droht von dem grünen Ungeheuer verschlungen zu werden. Dennoch kann er nicht umhin, sich vorzustellen, daß die Glassplitter, die ihm zeitlupenartig entgegenregnen, "bleichen Schmetterlingen" gleichen. (S.17) Die Schmetterlinge fliegen aus dem Hause des Todes und der Vernichtung auf ihn zu, und plötzlich verwandelt sich dieses Haus - nicht explizit beschrieben, doch in der Verlängerung der Vorstellung, die das Bild erweckt - von einer Analogie zur Grabkammer zu einem Kokon, einer Puppe, zu einem Raum der Verwandlung, der Ruhe, der Stille und des fortdauernden Lebens.

Die Valorisierung bedingt, daß wir durch die Mobilität der Bilder nicht verwirrt werden, sondern eher ein umfänglicheres Feld von Vorstellungen erahnen können. Wenn wir uns auf die Dynamik in der Phantasie konzentrieren, hat es den Anschein, daß wir ein bewegliches Feld von Vorstellungen aufdecken, auf dem Lebensdrang kraft seiner Sehnsucht nach Harmonie und Ruhe, nach Freiheit von der Angst, unmittelbar in Todestrieb verwandelt werden kann.

Die Pinocchiopapiere sind wie ein Traum von Ruhe und Stille, eine echte "rêverie du repos" (Bachelard) unter einer Oberfläche von schicksalsschwangeren Augenblicken und Angst. Das Buch enthält eine Sehnsucht nach einer gefühlten Einsicht, die den Menschen mit dem Tod versöhnt. Und es ist wohlgemerkt die Natur, die lebendige Materie, die den Menschen am Ende mit seinem Schicksal auf der Erde versöhnt. Jonas geht dem Tod mit offenen Augen und gelassener Ruhe entgegen, aber erst, nachdem sich die Natur in ihm selbst durch Peter Blomst befreit hat. Peter Blomst ist der zyklisch wiederkehrende Erlöser des Pflanzenreichs, der jedes Leben erlöst, indem er selber stirbt. Er steht am Ende "als blutiger Baum", eine echte Synthese aus Christus und Lebensbaum. Indem sie von der Erde verschlungen werden, verleiben sie sich alles Lebendige ein, denn das ganze Pflanzenreich hat sich wie eine Spirale um diesen einen Punkt auf der Erde versammelt. "Im Garten ist alles still. Im Auge des Sturms."(S.139)

In diesem Zentrum ist alles Lebendige eins, und Jonas trägt die Natur in sich und *ist* Natur dadurch, daß sie sich selbst in ihm erlöst und er in sie hinein erlöst wird: hinein in die Erde als verdichtete, lebendige Natur. Damit zeugt er im Augenblick seines Todes von der Existenz des fordauernden Lebens, der Kontinuität im Dasein, im Leben und in der Natur: "Jede Abreise ist eine Heimkehr." (S.138)

In *Minotauros* wie in *Die Pinocchiopapiere* begegnen wir der Erde als dynamischer Substanz, allerdings mit einem wesentlichen Unterschied: das Verhältnis von Mensch und Erde/Natur ist hier explizit beschrieben als Bruch: "Denn Gaia, die Erde selbst, hat sich gegen uns gewandt. Stößt uns von sich."(S.65) Doch ist dieser Bruch vom Menschen herbeigeführt worden, und er ist es, der den Roman eröffnet: "Wie zwei blanke Messer. So erinnere ich mich ihrer. Zwei Messer, die sich auf- und ausschneiden."(S.11)

Der Ingenieur Daidalos, der neue Mensch, hat sich aus eigener Kraft und mit Hilfe seiner Werkzeuge von Mutter Erde befreit, für die u.a. das Labyrinth als Symbol steht. Von nun an sind die Menschen dazu verurteilt, allein in einer harten, nahezu unverständlichen Wirklichkeit zu existieren. Durch die Auflösung dieser Einheit werden die Menschen losgerissen, nicht nur von ihrem Ursprung, der Erde, sondern auch von der menschlichen Gemeinschaft, so wie im letzten Teil des Buches, in dem wir zurückgebliebenen Figuren in alle Winde zerstreut sehen, allein mit ihren tragischen Schicksalen.

In einem Abschnitt, in dem der Minotauros seine Freunde, die Steine, erwähnt, sehen wir, wie die Idee der Gemeinschaft als Voraussetzung der Freiheit mit der Idee der ursprünglichen Zugehörigkeit zur Natur gekoppelt wird. Der Bruch wird hier buchstäblich als Steinbruch beschrieben.
"Die meisten, die ich kenne, sind gefangen. Vergewaltigt von groben Hacken, losgehauen, geraubt, von Meißeln gemartert, zusammengestaucht. Steine auf unbekannten Steinen. In endlosen Mauern. Steine lieben Freiheit."(S.12)

Diesen Bruch zwischen Mensch und Natur finden wir auch in den tieferen Schichten des Textes als Ausdruck der materiellen Phantasie. Dies gilt für das Labyrinth-Symbol. Aus *Die Pinocchiopapiere* wissen wir, wie das Labyrinthische in Jonas' Bewegungen zum Ausdruck kam. Wald und Pflanzenreich glichen einem Labyrinth, das Jonas die ganze Zeit über auf den rechten Weg führte. Als Element-Phantasien waren diese Labyrinth-Bilder häufig geprägt vom Warmen, Feuchten und Weichen, wenn sie als Teil der Träume und "phantastischen" Erlebnisse Jonas' aufgeführt wurden. Der Raum des Labyrinthes konnte einen

Während wir auf das Unmögliche warten

sprießenden Erdboden haben oder ein feuchter Wald sein; die Wände konnten ein schwacher Lichtschimmer sein oder aus glattem, bedrohlichem Grün bestehen. Das Labyrinth aus *Die Pinocchiopapiere* ist in Bewegung. Es lebt. In *Minotauros* besteht das Labyrinth aus Stein. Es ist kalt, unbeweglich, und nur hier und da "gibt es Punkte, die Licht hindurchlassen."(S.13) Der Kontrast ist ebenso auffällig wie archetypisch. Vom Weichen, Lebendigen hat es sich zu Stein verwandelt, es ist versteinert. Oder wie Bachelard es mit seinem Sinn für konkrete Naturphänomene benannt hat: "Ein versteinerter Pilz" - "l'aponge lapidifiée". Diese Verwandlung der imaginären Materie steht für eine veränderte Auffassung von der Materie. "Einen Verrat der Materie", "une trahison de la matière",[4] nennt Bachelard diese Verwandlung, und sie liegt der Anmerkung der Gestalt-Phantasie zugrunde, daß sich die Erde, Gaia, gegen die Menschen gewandt habe.

Das Einfühlen der dichterischen Phantasie in die Materie ist hier ein Einfühlen in die Konsequenz aus dem "Verrat der Materie", d.h. in eine Wirklichkeit, die sich unseren Versuchen, ihre Einheit und ihren vollen Sinn zu erfassen, entziehen möchte.

Das Buch fängt mit einer unmißverständlichen Erd-Phantasie an. Wir befinden uns im Labyrinth und sehen alles mit den Augen des Minotauros. Der Minotauros identifiziert sich mit den ihn umgebenden Steinen. Er legt sein Ohr an die Mauern und hört sie, spricht mit ihnen. "Aber leise. Steine rufen nicht. Und langsam." (S.12) Dies erinnert uns an die Worte Bachelards, für den die Erde "das langsamste aller Leben" ist. Die Steine schließen das Licht aus, und der Minotauros nimmt am Leben der ewigen Dunkelheit und der ewigen Nacht teil; der Traum als tierisches Todesbewußtsein des Jägers wie des Opfers.

"Aber was träumt ein Stein?" (S.26) Der Minotauros träumt, er sei eine weiße Ratte, die sich ausgräbt. Gleichwohl hat der Traum keine Ähnlichkeit mit Daidalos' himmelstrebender Flucht nach oben. "Es ist ein

Kaj Berseth Nilsen

Traum vom Hinab und vom Unten" (S.27), einer hinabgerichteten Bewegung, die gleichbedeutend ist mit einem Hinabsteigen in die Materie.

Diese durch das Hinabsteigen gekennzeichnete Bewegung bedeutet das Gegenteil dessen, wofür die Luft-Phantasie generell steht: die Sehnsucht nach der Dematerialisierung in der Reinheit des Geistes. Die Erd-Phantasie steht in diesem Fall für die Sehnsucht danach, aufs Neue eins zu sein mit der reinen Materie, so wie es zum Ausdruck kommt, wenn der Minotauros über das Wesen der Steine reflektiert: "Was ist so besonders an Steinen? Wenn ein Stein vom Berg losgehauen ist, kann er niemals zurückkehren. Und dort, wo er war, kann niemals ein neuer herauswachsen ... Ich bin ein Stein." (S.24)

Stehen wir hier vor der Verneinung des bewußten Gedankens, einem nihilistischen Zug in der Element-Phantasie? Wenn wir uns ein zentrales Bild im Buch betrachten, in dem der Minotauros das Labyrinth mit einem Gehirn vergleicht, könnte es beinahe so aussehen, als ob das Bewußtsein nur ein Labyrinth von Paradoxien und Blindgängern wäre: "Ein verwirrtes Hirn mit vielen Ideen, aber ohne Ausgang ... Ein Nabel aus Stein [...] Ein Ameisenhaufen für blinde Augen. So denke ich an das Labyrinth." (S.15)

Wenn das Zitat auch nicht direkt eine Verneinung der Fähigkeiten des Bewußtseins aufdeckt, so erkennen wir doch ein mangelndes Vertrauen zu ihm, eine Übergabe an einen undurchdringlichen Schleier von Illusionen. Gleichzeitig haben die Träume des Minotauros in dieser resignativen Hoffnungslosigkeit jedoch ihren Ursprung. Es sind Träume, die die ganze Zeit um etwas anderes, sich außerhalb des Labyrinths befindendes kreisen; außerhalb dieses Rätsels aus Stein: eine Einsicht, die die Paradoxien des Bewußtseins auflöst.
Noch deutlicher sehen wir dies illustriert an einer Traumsequenz des Buches:

Während wir auf das Unmögliche warten

"Doch gibt es andere Träume. Mit schweren und scharfen Widerhaken. Wie Harpunen. Da werd' ich ein Wal, ein Delphin auf der Flucht. Und ich werfe mich in die Wogen, springe hoch in die Luft, strebe hinab in die Tiefe und Dunkelheit, scharre am Grund entlang. Aber die Harpune sitzt fest. Und das Seil strammt. Ich weiß selten, wen ich im Schlepptau habe oder wer am Strand steht, wer das andere Ende hält. Ich weiß nur, daß ich weiterkämpfen muß. Bis ich wieder Licht sehe." (S.81f.)

Außer dem Feuer sind in dem Bild - als Form betrachtet - alle Naturelemente vertreten: Wasser, Luft und Erde. Aber als Element-Phantasie ist das Bild wert, betrachtet zu werden, weil die verzweifelte Flucht, die in einem für einen Delphin "unmöglichen" Element beginnt (vgl. Daidalos' und Ikaros' Flucht), als Bewegung betrachtet, nicht im rechten Element des Delphins, im Wasser, aufhört. Der Delphin strebt zwar in die Tiefe und Dunkelheit hinab, aber als Eigenschaften sind Tiefe und Dunkelheit nur indirekt an das Wasser geknüpft. Die Vorstellung von der Meerestiefe wird ebenso rasch, wie sie entsteht, von der Abgrenzung des Meeres, dem Meeresgrund und der Erde, abgelöst. Dunkelheit und Tiefe führen zur Erde hin und beschwören das Bild von der Erde nahezu herauf, was verdeutlicht, wie eng verbunden Erde, Dunkelheit und Tiefe in dieser Element-Phantasie sind. Tiefe und Dunkelheit bilden infolgedessen die zentrale Vorstellung in dem Bild, und wie wir bereits früher gesehen haben, auch eine zentrale Vorstellung in der Erd-Phantasie.

Paradoxerweise nehmen wir diese imaginäre Substanz noch deutlicher wahr, wenn wir zum Abschluß des Bildes kommen. "Bis ich das Licht wieder sehe." Das doppelte Einfühlen der materiellen Phantasie in die Materie bewirkt, daß ein Aspekt der imaginären Materie, die Tiefe/ Dunkelheit, in ihren eigenen Gegensatz, das Licht, umschlägt. Gerade unter diesem Gesichtspunkt ist es natürlich, eine Erklärung für die ausgeprägten und reichhaltigen Beispiele in *Die Pinocchiopapiere* zu finden. Daß die Erd-Phantasie kraft ihres doppelten Einfühlens in die Materie die Erde auch als Substanz des Lichtes und des Erwachens erscheinen läßt. Im letzten Delphinbild weichen Dunkelheit und Tiefe einer Vorstellung vom Licht. Es hat den Anschein, daß sich der Delphin (Minotauros) in einem Tunnel (oder einer Grotte) befindet, von wo aus er sich weit dort oben zum Licht vorkämpfen muß. Das Gefühl, unfrei und "gebunden" zu sein, weicht also der Hoffnung. Dies geschieht wohlgemerkt aufgrund einer der imaginären Substanz, der Erde, innewohnenden Ambivalenz; einer Ambivalenz, die sich in der dynamischen Phantasie abspielt. Auf diesem Niveau begegnen wir einem beweglichen Feld von Vorstellungen, auf dem sich die Angst vor dem Leben und dem Leiden mit einem Mal verwandelt und verwandelt werden *muß* : zur Hoffnung auf Freiheit und Freiheit vom Leiden.

Das doppelte Einfühlen, die Ambivalenz, die Dynamik und die Valorisierung der Element-Phantasie haben in allen drei Büchern offensichtliche Parallelen auf der Ebene der Formen-Phantasien: Handeln sie doch schließlich alle vom Mischwesen. Der Minotauros darf hier als Repräsentant dafür stehen, wie sich diese Dynamik auch in den beiden anderen Büchern abspielt. Denn das Tier im Minotauros ist nicht "tierisch", und der Mensch steht nicht notwendigerweise für "das Humane": "Was in mir zögert, ist der Stier. Er ist sanft. Will niemals etwas Böses [...] Aber der Mensch hat immer gesiegt. Der Stier in mir ist stolz. Doch der Mensch will leben. Sogar als Ratte ... (S.139)

Die Stadt der Metallvögel hat ein anderes Verhältnis zu den Naturelementen als sein Vorgänger. Hier liegen sie als integraler Bestandteil der Handlung konsequent in der oberen Schicht des Textes und gehen selten mit besonderem Nachdruck in metaphorische Beschreibungen ein. Die Fabel in *Die Stadt der Metallvögel* , ihre umfassendere äußere Struktur, hat den unmißverständlichen Charakter einer Erd-Phantasie: Auf seiner Wanderung zu der versteckten Stadt wird Rokam in der "Stadt" der Ratten, einem riesigen, unterirdischen Labyrinth, gefangengenommen.

Während wir auf das Unmögliche warten

Durch einen Zufall gelingt es ihm zu entkommen, und ohne selbst zu wissen warum, strebt er nach unten. "Ich kroch aus einer engen, kleinen Öffnung heraus und blieb auf einem schmalen Absatz liegen, hoch über einer riesigen Grotte. Tief dort unten war ein Wirrwarr von Maschinen; große Bänder, die sich bewegten, gezogen von Rädern aller Größen; die meisten aus Holz, aber auch einige aus Metall. Dort waren Rauch und Dampf. An ein paar Stellen brannten auch große, offene Feuer." (S.108)

Indem er in den am tiefsten gelegenen Raum der Stadt hineintritt, kommen einige Dinge in seinem Inneren in Ordnung, und er entdeckt seine eigene, innerste Humanität im Zusammentreffen mit einer Boshaftigkeit, an deren Existenz er bisher nicht geglaubt hatte. Doch kommen infolge und während dieser Szene des Abstiegs auch einige andere Dinge in ihm in Ordnung. Hier haben wir ein Beispiel dafür, wie ein neuer Typus von Bildern erscheint, den wir nichtsdestoweniger langsam aber sicher zu einem Muster heranwachsen sehen: allmählich, so, wie auch die beiden anderen Bücher vorwärtsschreiten. Die Erde war die unumstrittene imaginäre Substanz dieser Bücher, doch gleichzeitig hat auch etwas anderes in den Kulissen der Element-Phantasie herumgespukt: das Feuer. In einem von Jonas' Träumen quillt, wie wir uns entsinnen, der Urwald wie Lava aus einem Haus heraus. Die Metapher ist auffällig, doch bleibt es im großen und ganzen auch dabei. Daß ein Drache Feuer speit, ist in diesem Zusammenhang ja nur eine Konvention, bestenfalls eine Formen-Phantasie. Doch wie steht es mit dem folgenden, aus *Minotauros* entnommenen Bildgebrauch? "Warum hänge ich am Leben fest? Warum trage ich meine Flamme wie einen brennenden Vogel in den Händen?" (S.128)

Allein die poetische Kraft des Bildes macht es schwer, es einfach abzutun. In *Minotauros* gibt es noch einige andere Beispiele, in denen das Feuer vorkommt: Im Raum des Minotauros gibt es ein Deckengemälde, auf dem Prometheus an einen Felsen gekettet ist; Pasiphae hatte eine "Feuersäule im Herzen", nachdem sie den weißen Stier gesehen

Kaj Berseth Nilsen

hatte, den späteren Vater des Ungeheuers im Labyrinth; die glühenden, roten Augen der Ratte, die sich nachts mit den Sternen vermengen. Dies sind Bilder, die sich in hohem Grade vom Rest abheben. Kommen wir dann zum letzten Teil der Trilogie, haben die Feuer-Phantasien ganz und gar überhand genommen: sie dominieren vollends. Die Lava ist nicht länger eine Metapher für "Etwas", das verborgen in der Erde gelegen hat. Jetzt ist sie im so gut wie denotativen Sinne "das Feuer der Erde", wenn Rokam in ihr Inneres hinabsteigt. Hier begegnet er der konzentrierten Kraft in der Prometheus-Rolle, die sich die Ratten erkämpft haben, der Quintessenz ihrer Macht: er begegnet dem Unterbewußtsein des naturwissenschaftlichen Denkens in einem Inferno aus Feuer, Sklaverei, Erniedrigung und Bösartigkeit. Rokam wird nach diesem Erlebnis niemals mehr der sein, der er vorher war, und die Realität des Todes rückt ihn ein paar Schritte näher an das Leben heran.

Wir können von diesem Wechsel der Element-Phantasie auch eine Linie zu Bringsværds späterem Werk ziehen. In seinen letzten Romanen, den "Gobi-Büchern", sehen wir, wie die Tendenz der früheren Feuer-Phantasien in Schilderungen der ebenso erfindungsreichen wie systematischen Gewalt in einer chaotischen Veränderungen unterworfenen Welt des 13. Jahrhunderts ausschlägt. Und wir sehen, wie sich der Wechsel der materiellen Phantasie parallel in Schilderungen der Sexualität niederschlägt, einer neuen Seite in Bringsværds Werk. Allerdings begegnen wir in diesem Bereich wohlgemerkt dem "femininen" und schützenden Aspekt des Feuers, nicht seiner phallischen "Feuersäule",[5)] die von innen verzehrt und besetzt. Dies sehen wir deutlich in *Die Stadt der Metallvögel*. In diesem Roman ist das Feuer eine ebenso dynamische Substanz, wie es die Erde in den vorangegangenen Romanen war. Rokam lebt als Nomade bei den Katzen, dem Wechsel der Jahreszeiten unterworfen. Er teilt ihre Sexualität, die mehr dem Bedürfnis nach Wärme Rechnung trägt als dem nach Reproduktion. Und Rokam hat dies nötig, nicht nur zum Schutz vor der Kälte. Vorwiegend zum Schutz vor seiner totalen Einsamkeit schmiegen er und seine Kameraden sich nach Art der Katzen aneinander: in einer der feinfühligsten, vielleicht auch wehmütigsten Szenen des Buches. Auch von dieser Art der Sexualität können wir Spuren in *Minotauros* finden. Allerdings nur Spuren, doch um so anzüglicher, je näher das Ende rückt.

Die Stadt der Metallvögel endet an allen Ecken und Enden mit Feuer. Ehe wir jedoch sehr weit kommen, hat Rokam eine Reise in einen fast endlosen unterirdischen Tunnel unternommen. Und am Ende gibt es nicht nur ein Licht, wie in *Minotauros* , oder Ruhe, so wie wir es in der Schlußszene in *Die Pinocchiopapiere* sehen. ("Die Wanderung setzt sich als Ruhe fort.") In *Die Stadt der Metallvögel* ist es das Feuer, das dem Helden am anderen Ende begegnet. Die Stadt, in die Rokam zum Schluß hinaufsteigt, liegt unter einem "rußfarbenen Segel", auf der Tagesseite der Erde, unter einer ewigen Sonne, wo nur diese Stadt existieren kann. Und als er sie verläßt, tut er es mit seinem eigenen apokalyptischen Feuersturm im Rücken.

Diese Bewegung in der Element-Phantasie notiert man intuitiv als Entwicklung des dichterischen Temperaments. Im thematischen Sinne markiert sie im Hinblick auf *Die Stadt der Metallvögel* unterdessen einen Wechsel des Fokus: in den beiden ersten Bänden der Trilogie wird primär das Natur-Erleben vergegenwärtigt. In *Die Stadt der Metallvögel* steht hingegen unser Zeit-Erleben im Brennpunkt. Das Feuer ist das Element der schnellen, ungestümen und totalen Verwandlung. Es flößt Furcht ein, drückt jedoch gleichzeitig den Wunsch nach dem Fortschreiten des Zeitstroms zum endgültigen Stillstand der Dinge aus: hin zur Auflösung und zur Erneuerung. Das Feuer ist das Element der desperaten Handlungen, und es ist das Element der Reinigung. Rokams Welt hat nur diese eine Chance zur (Selbst-)Reinigung. Und ihm steht nicht viel Zeit zur Verfügung.

Kaj Berseth Nilsen

IV

Bei *Die Pinocchiopapiere* handelt es sich um einen Roman, der in der Gegenwart spielt, und in dem die Mythen sich in die Wirklichkeit hineindrängen. In *Minotauros* ist es umgekehrt. Er spielt in einer mythischen Zeit, in die sich die Geschichte hineindrängt: die lineare Zeitauffassung, deren Repräsentanten die Griechen Daidalos und Ikaros sind. Oder - was auf das gleiche hinausläuft - der Traum des Minotauros, der von "der geraden Linie" in Gestalt der weißen Ratte handelt, die sich in das Labyrinth hinab und aus ihm herausgräbt.

Im Vorwort zu *Minotauros* schreibt Bringsværd, daß die kretische Kultur "in einem *ewigen Jetzt* existiert zu haben scheint". Dieses *ewige Jetzt* muß als eine Art Zeitlosigkeit des Naturzustandes begriffen werden und fungiert im Buch als Kontrast zum Zeitbegriff unserer eigenen Kultur, über den wesentliche Dinge gesagt werden: "Und die Ratte sagt: [...] Wir haben kein Epos. Wir konnten schreiben. Lange vor den meisten. Aber unsere Geschichte ist anonym. Namenlos. Wir haben unsere Riten. Unsere Symbole. Unsere verstreuten und unsere gemeinsamen Gedanken. Wir sind ein Chor. Aber wie haben keine eigenen Stimmen. Auch in der Hinsicht bin ich anders. Will etwas anderes. Will ein ICH sein."(S.60)

Hier werden eine mythische Zeitlosigkeit und eine "epische" Historizität gegenübergestellt. "Wir haben kein Epos", sagt der Minotauros. Die Gesellschaft, der er angehört, strukturiert die Vergangenheit mit anderen Worten nicht innerhalb einer epischen Ordnung oder "Geschichte", weil die Vergangenheit infolge eines mythischen Paradigmas bereits strukturiert ist. In der Vergangenheit gab es keine einmaligen oder neuen Ereignisse, und das Bedürfnis, sie als Geschichte episch niederzuschreiben, existiert daher nicht. Der zitierte Satz: "Will ein ICH sein", zeigt die Bedeutung dieses Wandels in der Zeitauffassung an. Für die weiße Ratte ist die Zukunft eine Fiktion, die sie zielbewußt auslebt - der größte Teil der Handlung des Buches besteht aus den Details dieser

Fiktion. Die weiße Ratte ist "anders" als die zyklische Wandelbarkeit im Naturzustand, weil sie die Zeit mit einem kreativen Inhalt füllt. Der Begriff "Geschichte" beansprucht in *Minotauros* infolgedessen nur in dem Maße Gültigkeit, wie Geschichte bewußt vom Menschen geschaffen wird: der deshalb im modernen Sinne nur in dem Grad kreativ sein kann, in dem er etwas fundamental Neues erschafft, d.h. die Zeit mit historischen Momenten anfüllt. Ein solcher Moment ist gegeben durch die eine, kreative Handlung Daidalos', als er es "der Königin ermöglichte, sexuellen Verkehr mit einem Stier zu haben", und somit den Minotauros schuf. Diese Handlung leitet das historische Zeitalter der weißen Ratte ein, weil sie weder vergessen noch verdrängt werden kann. Die Existenz des Minotauros verändert Mensch und Gesellschaft. Trotz der vielen Frühlingsfeste und Reinigungen von der Geburt des Minotauros an bis zum letzen Frühlingsfest, das im Zentrum der Handlung des Buches steht, bleibt die zyklische Erneuerung der Gesellschaft aus. Die Dekadenz wächst und verpestet die Sinne der Menschen. Beim letzten Frühlingsfest sind die Rituale ihres Inhalts beraubt. Sie sind reduziert auf eine Ansammlung von Bewegungen, die ebenso erstarrt sind wie der Tanz König Minos', als er "im selben Loch auf der Stelle tritt"(S.123), genauso impotent wie die Zuschauer aufgetakelt sind: "Die Tribünen sind voller bemalter Pfauen, kleine Schwester. Hähne mit schlaffen Hintern. Ich habe gesehen, wie sie sich langweilen." (S.124) Das Frühlingsfest ist eine Apokalypse, die das Ende des Zyklischen überhaupt markiert, und so den Beginn der apokalyptisch-linearen Zeit.

Daidalos' Handlung, die von seinem Drang nach Freiheit von der naturgegebenen Bedingtheit zeugt, hat eine Situation bewirkt, aus der sich die anderen nur befreien können, indem sie selbst historisch handeln, selbst wirken statt "be-"wirkt zu werden. Daidalos ist der Urheber eines Zustandes, in dem das Jetzt unerträglich ist und die Zukunft mit der Fortsetzung des Unerträglichen droht. Von nun an handelt nur der Minotauros im Buch, und er tut es unter der Prämisse Daidalos' -

historisch. Als Ersatz für den Verlust der eschatologischen Hoffnung der ganzen Kultur will er sein Schicksal selbst "dichten". Die zentralste Vorstellung in einer zyklischen Zeitperspektive ist ja die, daß auf Dunkelheit Licht, auf Verfall Erneuerung, auf Tod Leben folgt. Nichts ist endlich, und die Vernichtung selbst birgt in sich das Versprechen auf ein neues Leben. Auf das Ende des Leidens.

Eine Seite in *Minotauros* will also von jetzt an Freiheit von der Natur. Sie erlebt in Übereinstimmung mit Dr. Farkas in *Die Pinocchiopapiere,* daß die Natur unerträgliche Bande an die Entfaltung des Lebens legt. Die Ich-bewußte Autonomie kann verwirklicht werden, wenn sie Daidalos' und Dr.Farkas' Beispiel folgt. In *Die Pinocchiopapiere* wird gezeigt, daß dies der vielleicht größte Irrtum der Menschheit ist, während *Minotauros* eine nahezu resignative Haltung einnimmt, wenn er auf den Kampf des modernen Menschen gegen die Zeit aufmerksam macht.

Die weiße Ratte ist ein Symbol mit mehreren Seiten. Sie steht für einen ungehemmten Lebensdrang und eine lineare Zeitperspektive. Gleichzeitig ist sie Daidalos' Kind und symbolisiert damit die Methoden der Wissenschaft, die den Menschen lähmen. Mit anderen Worten legt die Naturwissenschaft von einem Lebensdrang und damit von einer Todesangst Zeugnis ab, die dem Menschen das Erlebnis des "Jetzt" zugunsten der Hoffnung auf eine Verlängerung des Lebens nimmt.

Der wissenschaftliche Fortschrittsglaube opfert das Jetzt zugunsten der Zukunft, und unsere Träume und Handlungen gebären nur Leiden:
  "So geht das Leben. Mit geschlossenen Augen. Und ruhelos. Während wir auf das Unmögliche warten. Wir verstehen nicht, daß alles begrenzt ist, daß nur unser Leiden grenzenlos ist. Als ich klein war, träumte ich von einem größeren Raum. Sie gaben mir ein Labyrinth." (S.78)

Während wir auf das Unmögliche warten

Minotauros spielt in einer weit zurückliegenden Vergangenheit, oder eigentlich zu Beginn der Zeit. *Die Pinocchiopapiere* spielen in der Gegenwart. *Die Stadt der Metallvögel* vollendet seinerseits die zeitliche Perspektive, da die Handlung hier in einer fernen Zukunft spielt, wohlgemerkt jenseits der Apokalypse. Doch gerade dadurch, daß die apokalyptische Zeitlinie überschritten wird, weist er die apokalyptisch-lineare Zeitperspektive von sich. Das Buch offenbart die Vorstellung vom Ende als epische Konstruktion und in diesem Sinne als falschen Mythos. Aber dennoch ist sie ja eine funktionelle Fiktion, eine Fiktion, die wir brauchen.

In *Minotauros* kommen die Drohungen, die die ganze Zeit hindurch ihre Schatten auf die Handlung werfen, offen zum Ausdruck: das Erdbeben kehrt immer wieder zurück und kündigt in einem nahezu fatalistischen Ton das endgültige Aus für das Kreta des König Minos und des Minotauros an. Zu Beginn nimmt der Minotauros keine Notiz davon, doch allmählich, da die Katastrophe mehr und mehr unabwendbar zu sein scheint, nehmen die Träume der weißen Ratte (von "einer geraden Linie") überhand und werden realisiert. Der Roman präsentiert hier kein Ursache-Wirkungsprinzip, nur einen zeitlichen Zusammenfall. So lange der Minotauros mit einer zyklischen Zeitperspektive lebt, empfindet er nicht das Bedürfnis, zur Bedrohung Stellung zu beziehen: er verdrängt die Alarmsignale. Doch beginnt er nach und nach die Notwendigkeit einer Reinigung einzusehen, denn König Minos "hörte mehr auf seine Frau als auf die Götter", als er den weißen Stier, Poseidons Opfer an Zeus, entfernte und ihn Pasiphae gab. Und Daidalos hat den Platz der Götter eingenommen, indem er den Minotauros schuf. Er hat Himmel und Erde getrennt:
"Die Wolken sind unsere Brüder, flüstern die Steine. Die, die sich nicht fangen ließen ... Aber sie haben uns niemals vergessen. Und eines Tages werden wir uns wieder treffen. Die Wolken werden uns rächen, knurren die Steine. Sie werden ihre Flügel selbst abschneiden. Um unsertwillen. Für die Sehnsucht und Liebe, die uns immer verbunden hat. Denn wir

waren die ersten, sagen die Steine. Und wir werden auch die letzten sein.
Wenn die Wolken wieder zu Stein werden und der Himmel es nicht länger schafft, sie zu tragen, wird alles, was wir kennen, unter dem Marmor des Himmels zermalmt."(S.69)

Aber was existiert jenseits der Zerstörung? Die Antwort gibt sich von selbst: die Verwirklichung des Traums von der geraden Linie. Doch ist dies ein Traum ohne eschatologische Hoffnung. "Wir werden in medias res geboren", schreibt Frank Kermode in seiner Abhandlung über die literarischen Endzeitvorstellungen.[6] "Und wir sterben in medias rebus." Deshalb haben wir das Bedürfnis, in dem "Augenblick", der unsere Existenz ausmacht, dazuzugehören, unser Leben in Bezug zu einem Anfang und einem Ende zu setzen. Deshalb brauchen wir Fiktionen, die Harmonie zwischen Anfang und Ende ausdrücken. Daß die Romangattung in diesem Bild ihren Platz gefunden hat, ist einleuchtend. Schließlich kann man sich den Roman nur schlecht ohne Anfang und Ende vorstellen. Nicht ganz so einleuchtend ist, daß unsere Geschichts- und Zeitauffassung vom gleichen Bedürfnis bestimmt ist. Unsere lineare Zeitperspektive kann dem Menschen keine Hoffnung auf Kontinuität geben oder ihn mit seiner Umwelt vereinen, in dem er mit einer "Ganzheit" vereint wird, die immer weiter existieren wird. Deshalb brauchen wir die Fiktion von einer Endzeit als eine Art Kompromiß, als Ersatz für die Zeitperspektive, die uns verlorengegangen ist. Damit projizieren wir uns am Ende vorbei. Vielleicht neigen wir gerade deswegen dazu, eine Vorstellung von unserer eigenen Zeit zu konstruieren, die sie als etwas Besonderes erscheinen läßt. "Unsere Zeit" ist immer die des Wendepunktes, des Verfalls oder die fatale Zeit, d.h. Kairos statt Chronos, eine Epoche, die ihre Bedeutung aus ihrer Relation zum Ende bezieht, und zwar ausschließlich. Ohne den tragischen Modus [7] in der epischen Konstruktion, die wir Geschichte nennen, und ohne das bedeutende Ereignis am Ende der Zeit, verlieren unsere Handlungen jeden Sinn. In dem Fall existiert kein Maßstab mehr für unseren Fortschrittsglauben,

Während wir auf das Unmögliche warten

auch nichts Abzuwehrendes, gegen das anzukämpfen wäre. Denn die Ewigkeit ist kein Maßstab. Nur Leere. Und die Selbsterneuerung der zyklischen Zeit ist ja ein für allemal verlorengegangen.

In *Die Stadt der Metallvögel* geht der Held wiederum auf den Drachen los, so, wie er es bereits in *Die Pinocchiopapiere* getan hat: Rokam zerstört die Stadt Ker Shus und das, was sich als übriggebliebene Menschheit erweist - eine Oberschicht, die in einer Art Dämmerzustand darauf wartet, daß es wieder an der Zeit ist, sich zu erheben. Aber damit hat er doch wohl auch den tragischen Modus der Geschichte vorangetrieben, ihn durch die letzte Zerstörung abschließen lassen? Streng genommen nicht. Die große Frage in *Die Stadt der Metallvögel* lautet, ob das Menschliche ihn selbst überleben kann, ob unsere Humanität an uns biologische Wesen geknüpft ist, oder ob sie unabhängig vom Menschen existiert. Das, was er tut, indem er die zyklische Lebensform der Katzen verläßt, um unter der Prämisse der Ratten, des Drachens und Daidalos' historisch zu handeln, ist eine Absicherung, die darauf hinausläuft, daß der Humanität des neuen Lebens wenigstens eine Chance eingeräumt wird. Mit Hilfe des Feuers reinigt er die Welt in einem Akt der Verzweiflung, damit alles von Neuem beginnen kann.

Hier ist eine Abgrenzung vonnöten. Man macht sich wohl einer Über-Interpretation der Bücher schuldig, wenn man durch die Erweiterung des angesprochenen Aspekts in sie eine Art "Glaube" an die zyklische Natur der Geschichte hineinliest, oder ihre Behandlung unseres Zeitverständnisses zu einem normativen Anliegen macht, das von uns fordert, die lineare Zeitauffassung zu verwerfen.

Die Bücher tun nichts Anderes - auch nichts Geringeres - als die hinter der Entwicklung unserer Kultur liegenden kollektiven und individuellen Triebkräfte einzukreisen. Und sie tun dies, indem sie das Unwiderrufliche in unserer Zeitauffassung zur Kenntnis nehmen. Es hat sich ein für allemal eingefunden, wie durch einen "Fall". Entscheidend ist wohl,

Kaj Berseth Nilsen

daß die Beschreibung unserer Zeitauffassung die Fixierung unserer Kultur auf die Lebenskräfte nur so hinreichend demonstriert: durch die Verdrängung der Realität des Todes aus der Alltagswirklichkeit wird sie hineinprojiziert in die kollektive Fiktion von einem Ende. Eine Fiktion, die damit als Bearbeitung des kollektiven Unbewußten und als Versuch der Wiedererrichtung eines fundamentalen Mißverhältnisses wirkt.

Eine entsprechende Wiedererrichtung versucht Bringsværds Trilogie: nicht durch das Hineinfallen in den tragischen, sondern in den mythischen Modus. Denn wenn die Bücher den tragischen Modus entfernen, entfernen sie ja auch die Möglichkeit einer Katharsis in der Tragödie. Und was bleibt dann vom Erlebnis des Lesers übrig, von der Funktion dieser Literatur? Ein intellektuelles Spiel mit Bildern - eine Art phänomenologisches Puzzle? Die Antwort läßt sich in der Funktion finden, die der Mythos innerhalb dieser spezifischen Fiktionen wahrnimmt.

Halten wir uns an *Minotauros* , sehen wir, daß das Buch eine mythische Struktur hat, und zwar in dem Sinne, daß es einen "vergessenen" symbolischen Inhalt realisiert, der primär einen Bezug zu einer mythischen Zeit hat. In der Oberflächenstruktur des Buches entsteht eine Spannung, indem es diese Realisierung mittels einer Fiktion erreichen will, die der Gegenwart des Buches selbst entspringt. Das Mythische bringt etwa Ahistorisches und Zeitloses mit sich, während die Fiktion einen zeitbestimmten Bezug aufweist, der historischen Charakter hat. Dies gilt in erster Linie für den Repräsentanten der Realwissenschaften, Daidalos, der hier, in diesem Roman keine zeitlose Gültigkeit im mythologischen Sinne hat, sondern ein historisches Phänomen repräsentiert. Bringsværd hat ja den ursprünglichen Mythos dadurch verändert, daß er Daidalos in den Vordergrund schob. Daidalos wird eine Rolle zugestanden, die einer Fiktion angehört, wenn er als die Person hervorgehoben wird, die es "der Königin ermöglichte, sexuellen Verkehr mit einem Stier zu haben." Andererseits wird Daidalos eine mythisch-symbolische Rolle verliehen, wenn er gleichzeitig "den Fall" repräsentiert: Daidalos selbst ist der

Während wir auf das Unmögliche warten

Sünder, der mit Hilfe seines Wissens eine etablierte Ordnung verändert. Daß ihm eine mythische Bedeutung verliehen wird, heißt, daß er - als "Mythem"[8] betrachtet - einen Platz in einem mythischen Schema ausfüllt. Die Zeitlosigkeit im mythischen Bedeutungsinhalt wird mittels einer Umorganisierung und einer Zuführung neuen Stoffes gerettet. Mit anderen Worten: mittels der Konstruktion einer neuen äußeren Struktur. Auf diese Weise stellt die Fiktion des Werkes fest, daß die Ordnung der mythischen Zeit in Wahrheit nicht verloren ist. Sie will diese Ordnung zum Leben erwecken - was das Frühjahrsfest mit den Figuren des Buches rituell nicht vermag -, nicht in der Welt, sondern im Leser. Das Buch will das Gefühl hervorrufen, daß im Dasein ein ewiges Muster vorhanden ist: ein Muster, das in der Bedeutung, "gültig für alle Zeiten", zeitlos ist. Unsere Zeit nimmt eine symbolische Bedeutung an, wenn sie dergestalt aus ihrem historischen Rahmen herausgelöst und in einem mythisch-rituellen Schema untergebracht wird, d.h. die Geschichte weist über sich und das Zeitbestimmte hinaus.

Am Schluß von *Die Pinocchiopapiere* finden wir zusammengefaßt, wie das Verhältnis zwischen Mythos und Fiktion in Bringsværds Trilogie die Konsequenzen aus unserer Zeitauffassung thematisiert. Dieser Roman bewegt sich kontinuierlich in dem Spannungsfeld zwischen dem denotativen (d.h. falschen und fiktiven) und dem interpretatorischen Wert der mythischen Elemente, und wir können unter diesem Gesichtspunkt nur wenig auf seine hinterlassenen und vorgelegten Dokumente vertrauen, um eine klare Trennung zu erkennen. Und wenn der Schluß endlich kommt, sehen wir die Ereignisse von beiden Seiten.

Von einer Seite betrachtet, befindet Jonas sich mit der Herrin des Drachen, Lilith, in einer Höhle. Aber er ist, wie der Name Jonas auch untermauert, von dem Bild "eingenommen", das er sich von ihr gemacht hat. Für ihn ist sie Lilli, seine Geliebte, die vermutlich außerordentlich hübsch gewesen sein muß. Wenn er nun, im letzten Augenblick seines Lebens, der "Trollfrau aus dem Land zwischen den zwei Flüssen",

Kaj Berseth Nilsen

Lilith, Adams erster Frau, von Angesicht zu Angesicht gegenübersteht, ist er ebenso verblendet wie immer, und er identifiziert sie nicht als seine heiß geliebte Lilli. Er hat in "heiliger Einfalt" gelebt, "eingenommen" von seinem falschen Bild von ihr.

Dies ist eine der beiden Seiten der Schlußszene des Buches. Die Handlung schließt unterdessen mit einer Art Epilog; mit einer Betrachtung der "wirklichen" Reste am Ort des Geschehens durch einen Polizisten: einem Wissenschaftler mit gespaltenem Schädel und einer jungen Frau, halbnackt, verwirrt, aber lebendig.

Ein ganz wesentlicher Punkt in *Die Pinocchiopapiere* - worin der Roman seine ganze narratologische Meisterschaft investiert, um ihn adäquat zu gestalten - ist allerdings folgender: keiner dieser Handlungsabläufe birgt mehr Wahrheit in sich als der andere. "Ich habe das Gefühl, daß dieser Fall bald zu den Akten gelegt wird. Früher oder später", schließt der Polizist Szluka seine "hinterlassenen Notizen" - und damit den Roman. Wir müssen ihm Recht geben. Die Lösung des "Falles Jonas Rafn", der Schluß des Romans *Die Pinocchiopapiere,* erweist sich als etwas anderes als nur Schluß einer Geschichte. Er tritt als Illusion eines Schlusses in Erscheinung. Denn der Drache ist wahrscheinlich tot, aber Lilith - oder Lilli - die Lamia und Nachtdämonin, die vertrieben wurde, lebt in bestem Wohlergehen, wie sie es infolge der Mythologien immer tun wird.

Dennoch: Jonas wird in einer stilisierten, nahezu ikonischen Schönheit von der Erde verschlungen: wortlos und ohne Angst. Hier haben wir eine der schönsten Szenen des Buches vor uns, frei von seiner sonst so klaustrophobischen und unheimlichen Atmosphäre. Es ist ein glückliches Ende, trotz des Schicksals des Helden. Also umgehen *Die Pinocchiopapiere* nicht nur den tragischen Modus, sondern auch "das Tragische". Damit hat der Roman durch seine narratologische Methode, d.h. durch die Inanspruchnahme mythischen Stoffes als Medium der Deutung, unsere Geschichtsauffassung entmythologisiert, d.h. ihren epischen Charakter demonstriert.

Mit Hilfe der Mythen fungieren *Die Pinocchiopapiere* als Fiktionalität unserer Wirklichkeitsauffassung. Aber gleichzeitig sind *Die Pinocchiopapiere* ein Roman ohne Anfang und ohne Ende. Er beginnt in einer ebenso mythischen Zeit wie *Minotauros*, und er schließt dort, wo *Die Stadt der Metallvögel* fortsetzt. Auf die gleiche Weise, wie sich der Schluß in *Die Pinocchiopapiere* mit der lakonischen Bemerkung des Polizisten auflöst, löst sich der Beginn auf: der Volkskundler Varga, Jonas Rafns ungarischer Kollege, hat einen großen Teil seines Lebens damit verbracht, die Aktivitäten des Drachens in der Geschichte und in den Mythen in die Zeit zurückzuverfolgen. Die Fiktion, die *Die Pinocchiopapiere* enthalten, spielt sowohl in der Gegenwart als auch in der Zukunft des Lesers, aber auch in seiner historischen Vergangenheit. Wenn Jonas Rafn gegen Ende des Romans auf das Geschehene zurückblickt, - auf Dr. Farkas' Versuche, der Natur ihre Geheimnisse zu entlokken, und auf den Kampf zwischen ihnen -, sagt er: "Hunderte von Jahren ist dies vor sich gegangen. Tausende ..."(S.135) Der Roman schildert etwas Zeitloses, Konstantes, "stásis", mitten in den historischen Veränderungen. "Anfang" und "Ende" gibt es nicht; der Roman ist nach beiden Seiten offen.

Wir können u.a. in diesem Sinn von einer mythischen Zeitperspektive sprechen. Das strukturierende Prinzip im Buch ist demnach mythisch, über die einzelnen mythischen Details (Anleihen) hinaus. Das zeitlose Muster im Dasein, das der Roman beschreibt, ist als Konfliktzustand definiert, als Konflikt zwischen Zivilisation und Natur. Dieser Konflikt spielt sich in der Zeit ab. Doch setzt der Zustand gelegentlich die Vorstellung von einer Antithese voraus, die den Konsens darstellt, d.h. einen konfliktlosen Zustand, der daher der Ewigkeit zuzurechnen ist. Der Konsens-Zustand ist im Roman durch das mythische Land Agartha repräsentiert, in dem sich das Herz des Pflanzenreichs befindet, und das

Kaj Berseth Nilsen

aufgrund vieler Andeutungen eine Umschreibung des Gartens Eden ist. Dem Konfliktmuster des Romans wird im Verhältnis zu und im Lichte dieser Vorstellung vom ewigen, harmonischen Agartha ein Sinn verliehen. Gleichzeitig repräsentiert Agartha etwas, das dem Menschen für immer verlorengegangen ist, (einschließlich der Andeutungen an Eden). Dies läßt sich als Parallele zu dem auffassen, was man in der religionshistorischen Terminologie mit dem Begriff "mythisch" zu beschreiben pflegt: daß einem Handlungsmuster oder einem Handlungsverlauf im Lichte einer Ordnung Bedeutung beigemessen wird, die verloren ist.

V

Auf diese Weise haben die Mythen in diesem Buch, wie in *Minotauros* und in *Die Stadt der Metallvögel* , "das Reelle" bzw. das rationale, auf der Erfahrung beruhende Wirklichkeitsbild zurückgewiesen. Gleichzeitig hat "das Reelle" oder die textexterne Wirklichkeit jedoch entkräftet, daß die Mythen ausschließlich Mythologie seien. Sie sind strukturierende Elemente unseres Wirklichkeitsverständnisses.
Diese gegenseitige Zurückweisung finden wir in einer weiteren Parallele, wenn wir nämlich außerhalb der Untersuchung des Verhältnisses zwischen Mythos und Fiktion auch eine Untersuchung des Verhältnisses zwischen *Die Pinocchiopapiere* und zwei Untergattungen des Romans vornehmen: der wunderbaren und der märchenhaften Erzählung. In Pinocchios autobiographischem Schauspiel lesen wir, wie er sein ganzes Erwachsenendasein damit zubringt, nach seinem Ursprung zu suchen. Aber er findet keine Antwort, bis er eine Metamophose durchläuft. In buchstäblicher Bedeutung verwandelt er sich in einen Baum. Er gräbt die Füße in die Erde hinein, streckt die Arme wie Zweige aus und wird bald hinter grünen Blättern verborgen sein. Er steht wie "ein Gekreuzigter [...] Wie ein Baum"(S.132), während er sich in die Stille hineinbewegt. Etwas Entsprechendes geschieht mit Jonas: als er in Dr. Farkas' Laboratorien ankommt, schmilzt die Handlungsebene des Ro-

Während wir auf das Unmögliche warten

mans zusammen. Pinocchio kehrt zurück aus der Stille. Er hat sich in einen zyklischen wiederkehrenden Erlöser der Natur verwandelt, der das Leben selbst vor Dr. Farkas' Eingriffen erlöst. Aus Vargas Perspektive verfolgen wir den weiteren Handlungsverlauf. Von Varga ist eigentlich nur das Gehirn übriggeblieben, doch auch etwas mehr: er ist an eine Schlingpflanze im Wintergarten des Laboratoriums gekoppelt und hat nun Zugang zum gesamten kollektiven Bewußtsein des Pflanzenreichs. Aus seiner Perspektive sehen wir Lilli, die einen Augenblick lang als die Gute Fee auftritt, und im nächsten Moment ihr weißes Kleid von sich wirft und sich als Lilith zeigt, Adams erster Frau. Und wir sehen Dr. Farkas als Drache, bevor der Wind da ist:
"Wie ein Segel über den Himmel gespannt. Eine grüne Dunkelheit. Senkt sich über das Meer. Und der Drache brüllt [...] Auf den Korridoren wächst Moos. Das Dach tropft und wird zu Stein. Der Boden zerbröckelt zu Erde. Langsam wird das Haus zu einer Grotte, einem Schlangennest."

Dann betritt Jonas die Szene. Geblendet, ohne Verständnis und ohne Einblick, vollständig, bis der Schleier von seinen Augen gerissen wird, und er erkennt, wen er geliebt hat: Lilith, die aus ihm einen neuen Drachen machen wollte. Aber der eigentliche Drache, Dr. Farkas, wird vom verwandelten Pinocchio getötet.
"Wie ein blutiger Baum. Er sieht Peter Blomst. Mit den Armen um Maja und Jonas. Mit Armen, die langsam zu Zweigen werden [...] Und wenn alle gekommen sind. Wenn alles ist, wie es sein soll. Öffnet sich die Erde. Bekommt der Boden Risse und wird zu einem Graben. "(S.143) Jonas und Pinocchio werden von der Erde verschlungen. Jonas wird nicht gefunden, als die Polizei zum Ort des Geschehens kommt. Aber Dr.Farkas finden sie: mit gespaltenem Schädel. Und sie finden Lilli, die niemals entlarvt wird. Lilith entkommt demnach, so wie sie es übrigens auch in *Die Stadt der Metallvögel* tut. Auf diese Weise endet das Buch. Die Frage ist nur, welche Lesart wir anlegen müssen. Wir sahen, daß Jonas die ganze Zeit über von seinem falschen Bild von Lilith gefangen

Kaj Berseth Nilsen

war. Ist der Volkskundler demnach im rationalen Sinn verrückt geworden, einverleibt von seinem mythischen Universum, wonach der Umstand, daß er von der Erde verschlungen wird, nur eine allegorische Umschreibung wäre?
Wir könnten uns wohl mit dieser Lesart zufriedengeben, wäre da nicht der Epilog des Romans, der aus der Perspektive des Rationalisten, des Polizisten, dargestellt ist, und der ebenfalls so verbleibt, daß Jonas "wie von der Erde verschluckt" sei.

Was ist denn dann wirklich geschehen? Wir wissen es nicht, denn anschließend herrscht Schweigen. An mehreren Stellen vermittelt uns das Buch eine entsprechende und grundlegende Unsicherheit hinsichtlich der Lesart. Dieses Zweifeln ist berechtigt und Resultat eines strukturellen Zuges im Roman, eines Zuges, der deckungsgleich mit der Thematik Implikationen aufweist, die bereits beschrieben sind:
Deuten wir die einzelnen Ereignisse als Zeugnisse der Geistesverwirrtheit der Hauptfigur (das Buch ist ja im "ironischen Modus" geschrieben - wir wissen die ganze Zeit hindurch mehr als die Hauptfigur) und geben uns damit zufrieden, daß die Phänomene ihre natürliche Erklärung haben, läßt sich der Roman dem zuordnen, was Tzvetan Todorov als "L'etrange" oder "wunderbare Erzählung" kennzeichnet. Falls die Fiktion auf der anderen Seite vorgibt oder uns glauben macht, daß die Naturgesetze überwunden werden, und daß diese Erklärung jeder anderen übergeordnet sei, gehört die Erzählung "le merveilleux" oder der "märchenhaften Erzählung"[9] an.

Allerding geben uns *Die Pinocchiopapiere* keine entsprechenden Erklärungen, mit denen wir uns (alles in allem) zufriedengeben könnten. Das Buch gehört einer eher undefinierbaren Gattung an, die sich im Grenzbereich, zwischen den genannten Erklärungsmodellen, befindet: nämlich "dem Phantastischen". Allerdings impliziert "das Phantastische" etwas mehr als das Zögern Todorovs im Hinblick auf die Lesart: "das Phantastische" ist, wie Irène Bessière erklärt hat,[10] Resultat der

Während wir auf das Unmögliche warten

Widersprüche zwischen diesen beiden Erklärungen oder Ordnungen und ihrer stillschweigend vorausgesetzten gegenseitigen Zurückweisung. Im Phantastischen - und im innersten Wesen der "Pinocchiopapiere" - befindet sich dieses paradoxe "Weder-noch", und das Buch nähert sich damit der Grenze des Verstandes, die gelegentlich die Grenze der Sprache ist. *Die Pinocchiopapiere* greifen sowohl "das Reelle" als auch "das Übernatürliche" an und beschreiben einen Sprung oder Riß in dem Wirklichkeitsbild, das die Grenze zwischen diesen beiden Ordnungen impliziert. Doch was haben wir nun gewonnen? Gibt es eine dritte Alternative? Die Sprache in *Die Pinocchiopapiere* ist die des Phantastischen, ein Weg, auf den die Sprache sich begibt, auf dem sie früher oder später von Stille übermannt wird; ein Mittel, mit dem die Sprache Selbstmord begeht. Das Phantastische ist ein Verfahren, das die Imagination anwendet, um u.a. die Grenzen der Sprache und des menschlichen Bewußtseins aufzuzeigen.

Deshalb ist es nur natürlich, ja möglicherweise notwendig, daß wir in *Die Pinocchiopapiere*, wie in außerordentlich vielen Werken der phantastischen Literatur, einem Helden begegnen, der von Entsetzen und Angst heimgesucht wird: dem Paradox gegenübergestellt. Das Buch enthält zusätzlich das Unheimliche des Horror-Romans, aber die Szenen, in denen sich das Groteske und Makabre abspielen dürfen, nehmen selten Zuflucht zu Ausschweifungen. In ihrer Knappheit sind sie nur Symptome der Leere und des Schweigens, die die Sprache sich selbst auferlegen muß. *Die Pinocchiopapiere* beginnen damit, daß Varga aus einem Traum erwacht: "Der Traum erlosch. Er versuchte, die Augen zu öffnen, aber er schaffte es nicht. Er versuchte, um sich herum zu tasten, fand jedoch keine Gliedmaßen. Er hörte nichts, fühlte nichts, schmeckte nichts.
Trotzdem lebte er. Trotzdem war er wach."(S.5)

In gleichmäßigen Abständen, und in kurzen Abschnitten, erhalten wir Einblicke in Vargas Innenleben:

Kaj Berseth Nilsen

"Und falls ich wach bin ... warum ist es so dunkel? Welch' ein merkwürdiger Traum, denkt er. Ich träume, daß ich wach bin ... Aber tief in sich bemerkt er einen schwarzen Knoten, der spannt ... spannt. (S.55) [...] Der Schatten einer Handbewegung. Er will schreien. Aber er hat keinen Mund mehr." (S.72)

Das Nichts, das die Entropie der Sprache signalisiert, muß notwendigerweise Furcht einflößen. Diese Furcht läßt sich nicht aus der phantastischen Erzählung entfernen, weil die Verschwiegenheit der Sprache das Nichts signalisiert, das das Ende des Lebens an sich ist: die Furcht entspricht der menschlichen Todesangst. So weit können wir folgendes zusammenfassen: Bei Bringsværds *Die Pinocchiopapiere* handelt es sich um phantastische Literatur im engeren Sinn des Begriffs. Mit der dem Phantastischen eigenen Sprache streicht er die Grenze des Verstandes hervor und demonstriert in der Erweiterung dieses Aspektes das Zufällige in den Regeln der vernunftbestimmten und erfahrungsbegründeten Erkenntnis. *Die Pinocchiopapiere* ist also ein Roman, der mit Hilfe des Phantastischen auf der Unehrlichkeit in der diskursiven Sprache insistiert. (Vgl. Bringsværds Aussage, daß sich "das Wesentliche am besten in Gleichnissen ausdrücken läßt.")

VI

Betrachtet man die Trilogie insgesamt, läßt sich dies in einem größeren Zusammenhang unterbringen: durch ihr Verhältnis zwischen Mythos und Fiktion erreichen alle drei Bücher - als Trilogie betrachtet - dasselbe Resultat. Die beiden Schichten in den Büchern weisen sich gegenseitig zurück. Und wie wir ebenfalls gesehen haben, sind diese parallelen Zurückweisungen auch in anderer Hinsicht analog: das Verhältnis zwischen Mythos und Fiktion demonstriert seinerseits, wie unser rationales Denken für sein mangelndes Verständnis der Zeit und der Geschichte kompensieren muß, indem es in einem unbewußten mythischen Vorstellungsmuster, einem möglicherweise archetypischen Material, das nur allzu deutlich in Form von Projektionen der kollektiven und kulturell bedingten Todesangst hervorbricht, Zuflucht sucht. Der Ausgangspunkt der Trilogie, der Roman *Die Pinocchiopapiere*, erforscht zusätzlich die individuelle Angst in der Sprache: durch die Inanspruchnahme des Phantastischen. Auf diese Weise werden im Roman zwei Ebenen der menschlichen Erfahrung zusammengefaßt und illustriert: einerseits die Begegnung des Individuums mit dem Mysterium, dem Riß im Wirklichkeitsbild, das seine literarische Entsprechung andererseits nur in einer Art sprachlichen Selbstmords finden kann. In diesem Sinn sind *Die Pinocchiopapiere* Metaliteratur, denn das Buch präsentiert strukturell gesehen - und damit explizit - die Probleme der Präsentation der empirischen Wirklichkeit durch einen Text. Trotz ihres mythischen Charakters sind *Die Pinocchiopapiere* somit Literatur in höchster Potenz, "la quintessence de la littérératur",[11] wie Todorov das Phantastische genannt hat.

Bringsværds Trilogie handelt auf einer Ebene vom Tod. Aber im weiteren Sinn sind dies Bücher über den historischen Drang einer ganzen Kultur, den Tod zu überwinden; ein Drang, der ihre wichtigste Triebkraft geworden ist. Deshalb können wir vielleicht von einer Literatur mit einem - im Hegelschen Sinn - "philosophischen Temperament" sprechen: die Bücher sind Reflexionen über die gesammelte menschliche Erfahrung und das "menschliche Projekt". Es ist dieser Drang zur Überwindung, der den Drachen in uns allen enthüllt, so wenn *Die Pinocchiopapiere* eines der Hauptmotive der phantastischen Literatur, das Faust-Motiv, in Anspruch nehmen. Dr.Farkas ist die Verkörperung des menschlichen Wissensdursts, der Hand in Hand mit dem Bösen geht.

Die Geistesforderung der Trilogie ist die Forderung an das, was wir auf dem Weg "der geraden Linie" tun; sie ist der Anspruch an "das Gute", vor dem wir zurückschrecken. "Die Angst der Geistlosigkeit" nannte

Kaj Berseth Nilsen

Kierkegaard das Resultat unseres Ausweichens. Dennoch: wenn die Bücher das Problem des Bösen in Angriff nehmen, greifen sie auch das Problem der Literatur auf. Die epische Ur-Situation zu Beginn von *Die Stadt der Metallvögel* (vgl. Kapitel II), ist ein explizites Indiz für diese Thematik; die Inanspruchnahme des Phantastischen in *Die Pinocchiopapiere* eine strukturelle Weiterführung. Und die beiden Themen der Romane können nicht unabhängig voneinander betrachtet werden. Die Realität des Todes aus unserem Dasein im psychologischen Sinn zu entfernen, ist eine Sache. Dafür zu kämpfen, und es tatsächlich im reellen Sinn zu tun, bedeutet, die phantastischen Dimensionen in unserem Dasein ausradieren, das Unfaßbare rationell und kontrollierbar machen zu wollen:

"Sie müssen ein Volk gewesen sein, das alles, was es nicht verstand und nicht sehen konnte, gefürchtet hat. Deshalb wollten sie alles verstehen. Und sie wollten alles sehen. Doch selbst, wenn sie Götter waren, und selbst, wenn ihr Wissen größer war als unseres, so war die Welt dennoch voller dunkler Winkel und voller Dinge, so flüchtig, daß kein Gedanke sie halten konnte." (*Die Stadt der Metallvögel* , S.236)

Ohne die Spannung zwischen dem Reellen und dem Imaginären in Sprache und Bewußtsein - ohne Mysterium - stirbt die Kunst, die kreative Sprache, die sich immer an unsere kollektive Erinnerung anfügt und uns dazu bringt, neue Zusammenhänge und ein größeres Ganzes zu sehen und festzuhalten.

"Es soll eine Quelle geben. Mori wird sie genannt. Falls du dich hinabbeugst, um zu trinken, begegnest du nicht nur deinem eigenen Gesicht, sondern auch den Gesichtern von allen, die vor dir dort gestanden haben. Denn der Wasserspiegel vergißt nicht. Wenn du trinkst, nimmst du alle ihre Erinnerungen, Sehnsüchte und Träume in dich auf. Und läßt Mori teilhaben an deinen eigenen. Doch wer wagt es, sich für so viel zu öffnen. Wer wagt es, lebendiges Wasser zu trinken?" (*Die Stadt der Metallvögel* , S.192)

Ja, wer wagt es, wenn alles zusammenkommt? Vielleicht war unser Warten und all' unser Leiden vergeblich, während wir auf "das Unmögliche" gewartet haben.

Aus dem Norwegischen von Stephan Isselbächer

Anmerkungen

* Bislang sind zwei Romane Bringsværds aus der Trilogie ins Deutsche übertragen: *Die Stadt der Metallvögel* , Frankfurt M. 1988, und *Minotauros* , Frankfurt M. 1989 - jeweils in der Übersetzung von Lothar Schneider. Die Zitate aus diesen Romanen wurden hier jedoch aus dem Norwegischen neu übersetzt; die Seitenzahlen beziehen sich dabei auf das norwegische Original. Im Suhrkamp Verlag wird derzeit die deutsche Ausgabe von *Syvsoverskens dystre frokost* vorbereitet.
1 Knut Faldbakken: Interview mit Tor Åge Bringsværd in *Vinduet* 1/ 1979, S.8.
2 Gaston Bachelard: *La Terre et les Rêveries du Repos* (1948), 12.Aufl. Paris 1982, S.2.
3 Ebenda, S.173.
4 Ebenda, S.230.
5 Gaston Bachelard: *The Psychoanalysis of Fire* (*La Psychanalyse du Feu* , 1938), Boston 1968, S.53.
6 Frank Kermode: *The Sense of Ending. Studies in the Theory of Fiction*. London 1970, S.7.
7 Der Begriff des "Modus" referiert auf Northrop Frye: *Anatomy of Criticism* , Princeton 1973.
8 Die Bezeichnung "Mythem" stammt von Claude Lévi-Strauss: *Antropologie structurale*, Paris 1958, und wird analog zu "Morphem" etc. gebraucht.

9 Tzvetan Todorov: *Introduction à la littérature fantastique,* Paris 1970, Kapitel 1.
10 Irène Bessière: *Le récit fantastique. La poétique de l'incertain,* Paris 1973, S.56.
11 Todorov, S.176.

Kjartan Fløgstad

Der magnetische Wortpol

Die Regenküste

Entlang der ganzen Küste von Accra nach Takoradi ragen die dicken Festungsmauern von Cape Coast, Fort Leydsaamheid und Christiansborg über den weißen Strand empor und zeugen von nordischer Unternehmungslust und der Sklavenwirtschaft früherer Zeiten. Folgt man der Hauptstraße von Takoradi (1° westliche Länge, 5° nördliche Breite) weiter nach Westen in Richtung auf die Grenze zur Elfenbeinküste und danach einem schlechten Schotterweg genau nach Norden, fährt man durch große Apfelsinenplantagen und Busch oder hat Kokospalmen und Gummibäume in ordentlichen Reihen und Linien entlang des Weges. In der Trockenzeit wirbeln die Autoräder unter den hohen Baumkronen eine dichte Staubschicht in die Luft. Die Farbe des Regenwaldes geht langsam von Grün in Braun über. Nun hat man bald Nsuta erreicht, eines der größten und ältesten Manganvorkommen der Welt.

Kjartan Fløgstad

Wenn alles gut geht, was es ausnahmsweise tut, dauert es zwei bis drei Stunden, das braungraue Manganerz mit der Schmalspurbahn die 60 Kilometer von den Gruben in Nsuta nach Takoradi hinunter zu transportieren. Hier befördert eine robuste Förderbandanlage den Rohstoff an Bord eines der Frachtschiffe, die draußen auf der Reede gewartet haben. Viele Jahre lang, genauer gesagt von 1923 bis zur Mitte der sechziger Jahre, führte einer der wichtigsten Erzwege von Takoradi in der Guineabucht 4351 nautische Meilen nach Norden. Mit nordamerikanischem Kapital war 1923 eine Manganhütte am Ende des Saudafjordes im norwegischen Westland errichtet worden.

Die Hüttenindustrie ist eine sogenannte energieaufwendige Industrie. An der norwegischen Westküste führte der reichliche Niederschlag dazu, daß die Elektrizität mit Wasserkraft sowohl billig als auch in großen Mengen produziert werden konnte. Mit Kohle, Koks, Dolomit und Quarz als Reduktionsmittel wurde das Mangan aus Nsuta zu Halbfabrikaten aus Metall umgeschmolzen, die in strahlenden Oxidationsfarben glänzten. Der Rauch quoll aus den Schornsteinen hervor. Bald hatten die Schmelzereidächer und die benachbarten Birkenwäldchen die gleiche Farbe wie der Regenwald rund um Nsuta. Mangan ist eine wichtige Zutat für jeden hochlegierten Stahl. Werkzeug, Motorenteile. Waffen. Vom Exportkai in Sauda beförderten die Frachtschiffe die Manganlegierungen aus dem Fjord hinaus zu den Stahlwerken im deutschen Ruhrgebiet, in den englischen Midlands.
Sowohl die afrikanische Goldküste als auch die norwegische Regenküste waren kapitalistische Lohnsklavenküsten geworden.

II
Während der naive Formalismus sagt, daß das Gedicht die Referenz des Gedichts ist, meint der naive Realismus, daß sich das Wirkliche sozusagen durch seinen eigenen Druck durch den Autor preßt und als druckfertiger Text aus der Schreibmaschine kommt. Bei meiner eigenen Arbeit als Schriftsteller war ich bisher immer weder an der Form noch am Inhalt

Der magnetische Wortpol

grundlegend interessiert, sondern am Verhältnis zwischen Form und Inhalt. Roman Jakobson hat diesem Verhältnis, das fiktionale Texte von anderen Texten unterscheidet, den Namen Literarizität gegeben. In dem, was ich geschrieben habe, habe ich niemals diese Literarizität verborgen. Dennoch hat es mein ganzes Werk geprägt, daß ich meine grundlegenden Erfahrungen an einem Knotenpunkt des modernen Industriekapitalismus gemacht habe. Literatur ist mehr als Wirklichkeit. Aber Literatur ist auch mehr als Literatur.

Sowohl die Mangangruben in Nsuta an der afrikanischen Goldküste als auch das Hüttenwerk in Sauda an der norwegischen Regenküste wurden vom nordamerikanischen Großkonzern Union Carbide Corporation kontrolliert. Innerhalb von wenigen Jahren wurde Sauda aus dem Umland herausgelöst und in eine industrialisierte Insel in einem bibelschwarzen Bauernland mit unendlichen historischen Tiefen verwandelt. Der Rohstoff kam aus den afrikanischen Kolonien. Der Betrieb wurde aus einem Wolkenkratzer in Manhattan gesteuert. Formell war der Firmeneigentümer eine kanadische Holding-Gesellschaft: Electric Furnace Products Company, Limited. Die Buchhaltung war in Hamilton auf den Bermudas. Die Produktion war vollständig von den internationalen Konjunkturen abhängig. So wurde Sauda zu einem verdichteten und scharfgestochenen Bild der industriellen Modernität. Alle, die ich kannte, und alle, die mich kannten, waren an die Großindustrie gebunden, während sie gleichzeitig in wechselnden Graden von Unzeitgemäßheit zwischen der Agrargesellschaft, aus der sie kamen, und der industriellen Modernität, die sie aufbauten, lebten. Für mich selbst wurde die Industrie nach und nach sowohl Lebensunterhalt als auch Hauptthema und wichtigster Metaphernproduzent. In Fløgstads Büchern wurde der Industriestandort Sauda an der norwegischen Regenküste in einen literarischen Ort namens Lovra verwandelt. Hier habe ich über die traditionelle Arbeiterklasse zu der Zeit geschrieben, die der glückliche Augenblick des Industrialismus genannt worden ist, vor Umweltkrise, Rezession und Informatikrevolution. Diese Arbeiterklasse stellte nicht nur glänzend

Kjartan Fløgstad

blankes Metall her, sondern vor allem eine glänzend blanke und metallische Zukunft: die größte politische Utopie der Geschichte. Seit ich Romane veröffentliche, ist die Frage der Ästhetik des Romans für mich unlöslich mit der Frage des Sozialismus verknüpft. Oder anders ausgedrückt: mit politischen Fragen. Meine Erfahrungen als Romanautor scheinen darauf hinzudeuten, daß die Form der politischste Teil des Inhalts ist.

III

Als ich 1968 mein erstes Buch veröffentlichte, war es eine Gedichtsammlung in der modernistischen Hauptrichtung. Zu der Zeit schien es - jedenfalls für den, der von draußen kam - so, daß die norwegischen literarischen Institutionen die sogenannten zeitlosen und ewigen Fragen als Themen für große und bemerkenswerte Literatur ansahen, die Fragen nach Angst, Entfremdung, dem Sinn des Lebens: das Meer, der Tod und die Liebe, um es auf eine bekannte Formel zu bringen. Der historische Roman war künstlerisch gesehen in Verruf geraten, der psychologische Roman gehörte der Vergangenheit an, der Marxismus war eine verdrängte Tradition der literarischen Gemeinde, Arbeit und Solidarität galten nicht als würdige Themen literarischer Bemühungen, die moderne Pop- und Massenkultur war aus der seriösen Literatur ausgeschlossen, und aus Deutschland wurde gemeldet, daß der Roman von den allerfortschrittlichsten Philosophen für tot erklärt worden war.

Dadurch, daß Sauda eine Industriegesellschaft war, die mit den Handelswegen des kapitalistischen Weltsystems eng verknüpft war, war der Ort auch eine Hafenstadt mit Schiffsverkehr nach allen Kontinenten. Um es auf die Spitze zu treiben, könnte man sagen, daß im großen und ganzen zwischen Sauda und Takoradi in Westafrika ein besserer Kontakt bestand als zwischen Sauda und Oslo. Die See war ein naheliegender Ausweg, der norwegische Industriearbeiter ist traditionell Seemann und

Der magnetische Wortpol

Kosmopolit, die erste Fahrt zur See war die große Männlichkeitsprüfung. Die moderne norwegische Literatur ist erstaunlich "niedrig" rekrutiert. Die meisten Schriftsteller kommen aus dem, wie man in alten Tagen sagte, gemeinen Volk und haben das Leben des Volkes gelebt. Meine eigene proletarische Bildungsreise ging nach Spanien und Südamerika. Ich fuhr im Maschinenraum, lernte Spanisch - unter anderem von Kollegen - so daß ich, als ich Ende der sechziger Jahre im Rio-de-la-Plata-Gebiet abheuerte, im Stande war zu verstehen, daß ich geradewegs in die schöpferischste Literatur hineinkam, die in diesen Jahren überhaupt geschrieben wurde. Schriftsteller wie Roa Bastos, Onetti, Carpentier, Cortázar und García Márquez veröffentlichten damals gerade ihre besten Sachen (oft bei Verlagen in Buenos Aires), ohne im geringsten darauf Rücksicht zu nehmen, daß der Roman in Europa schon längst für tot und machtlos erklärt worden war.

Großgezogen durch die nordische Literatur mit historischen Romanen und psychologischem Realismus, mußte ich sozusagen den Atlantik überqueren, um den Sinn der Prosadichtung zu verstehen. Schriftsteller wie Onetti und Cortázar waren nötig, um zu zeigen, daß auch der Prosatext zum Ziel haben kann, die gesamte Sprache zu erfassen, und eine Form ausmachen kann, die es ermöglicht, alle Ressourcen der Sprache poetisch auszuschöpfen.

IV

"Magischer Realismus" ist bekanntermaßen das Etikett, unter dem die moderne lateinamerikanische Literatur weltberühmt geworden ist. Fragt man, was diesen magischen Realismus ausmacht, muß man vor allem unterstreichen, daß es sich um eine Form von Realismus handelt. Es ist eine Dichtung, die an die lateinamerikanische Wirklichkeit und Geschichte gebunden und ihr verpflichtet ist. Bei den hundert Jahren Einsamkeit in dem erdichteten tropischen literarischen Ort Macondo

Kjartan Fløgstad

benutzt García Márquez seinen eigenen Heimatort Aracataca in der Karibik als ein verdichtetes Bild des Reichtums, der Ausbeutung und des Elends ganz Lateinamerikas. Roa Bastos, Carpentier und andere beschäftigen sich mit dem Caudillo als Führer des Staates, während Cortázar über den klassischen Widerpart des Caudillo schreibt, den lateinamerikanischen Intellektuellen, der wegen der Politik des Diktators in mehr oder weniger freiwilligem Pariser Exil ist, usw.

Außerdem ist der magische Realismus auch eine Form der Phantastik, aber nicht im Sinne von Science-fiction. Das Phantastische am magischen Realismus liegt vor allem darin, daß er den Text möglich macht, den weder der Erzähler noch sein Stoff, sondern der Text selbst erzählt. Die Aussage an sich, die Erzählfreude, wenn man so will, schafft eine optimistische Latenz, die der pessimistischen Tendenz, die viele der großen Werke der lateinamerikanischen Prosadichtung prägt, widerspricht und sie oft übertönt.

Scheinbar geht es um das ferne und exotische Lateinamerika, aber gleichzeitig hat es etwas mit dem wohlgeordneten Alltagsleben zum Beispiel in einer kleinen Industriestadt in einem der skandinavischen Wohlfahrtsstaaten zu tun. Der sogenannte magische Realismus ist nämlich kein natürlicher Ausdruck einer eigenartigen und phantastischen lateinamerikanischen Wirklichkeit. Auch der magische Realismus ist nicht geschichtslos im literarischen Sinne. Er ist ein zeitbedingter und ortsgebundener Ausdruck einer langen literarischen Tradition, die man am naheliegendsten Barock nennen sollte. Der magische Realismus ist eine Form der barocken Literatur.

Der Barock ist sowohl eine historisch bedingte Kunst- und Literaturform im 17.Jahrhundert als auch eine Unterströmung in anderen literarischen und künstlerischen Traditionen. So hat er mich während meiner ganzen Arbeit als Schriftsteller begleitet, von frühen Gedichten über elisabethanische Tragödienschreiber wie Tourneur, Webster und Marston, über

Der magnetische Wortpol

Essays über den schlesischen Barock und Schriftsteller wie Gryphius, Kuhlmann und Hoffmannswaldau bis zum spanischen Gongorismus, dem Surrealismus und dem magischen Realismus. Diese ganze Unterströmung beschäftigt sich mit den Geheimnissen im sprachlichen Material, mit den sensitiven Hohlräumen tief drinnen im sprachlichen Granit, die in der Normalsprache nur als schwacher Widerhall zu hören sind. Etwas dieses Widerhalls kommt auch durch den Maschinenlärm im literarischen Industrieort Lovra an der norwegischen Regenküste zustande: Die Wirklichkeit, die ich aus dieser Gesellschaft kenne, konnte nicht innerhalb der Erzählformen ausgedrückt werden, die in der nordischen Literatur dominierten, d.h. der historische Roman und der psychologische Realismus. Um aus diesen Formsprachen auszubrechen, war es notwendig, eine Reise durch Zeit und Raum zu machen. Ich mußte in der Geschichte zurückreisen, durch die barocke literarische Hochtradition, und ich mußte nach Lateinamerika, um die moderne barocke Erzählung zu entdecken. Nur mit dem Wissen um den literarischen Barock und die moderne lateinamerikanische Prosadichtung war es möglich, die Sprache, die ich spreche, und die Gesellschaft, aus der ich komme, literarisch auszudrücken.

Erst mit diesem Hintergrund konnte ich zurück in die norwegische Wirklichkeit kommen und entdecken, daß die Erzählungen in der Volkssprache dem gleichen Muster folgen wie die barocken Literaturformen. Anders gesagt: ich mußte erst die industrielle Modernität, in der ich aufgewachsen bin, als einen phantastischen Text entdecken, bevor das Material, das in mir war, frei und freudig durch meine Sprache strömen konnte.

V

Nun gibt es keinen selbstverständlichen Zusammenhang zwischen der norwegischen Volkssprache und der barocken Hochtradition. Aber die

Kjartan Fløgstad

Volkskultur und die hohe Kultur haben immer in einem engen und fruchtbaren Verhältnis gestanden, auch wenn die hohe Kultur sich noch so sehr bemüht hat, sich von ihren Quellen zu entfernen. Der Forscher, der diesen Zusammenhang am meisten aufgezeigt hat, ist der sowjetische Literaturtheoretiker Michail Bachtin. In seinem weltberühmten Buch über Rabelais und sein Weltbild deutet Bachtin Rabelais' Werk als literarische Umsetzung eines uralten karnevalesken Systems, das Wurzeln zurück bis zu den antiken Dionysosfesten hat. Seinen historischen Höhepunkt jedoch erreicht der Karnevalismus im Karneval des europäischen Mittelalters, der durch ein allumfassendes parodierendes Ritual alle anerkannten Hierarchien und Gesellschaftsmodelle auf den Kopf stellte. Der König wurde Narr und der Narr König, und das Volk feierte den grotesken Körper und die direkte Interaktion des Menschen mit der Welt durch ihn.

Der Karnevalismus brach als umfassendes blasphemisches und untergrabendes System mit der Renaissance und der Entwicklung des Kapitalismus zusammen, zeigt Bachtin. Aber auch heute gibt es noch karnevalistische Reste, die sowohl in der hohen Kultur als auch in volkstümlichen Ritualen weiterleben, aber vielleicht vor allem in der Volkssprache, durch Fluchen und Verdammen, Witze, Blasphemien, Übertreibungen, übertragene Bedeutungen und Metaphern, alle die Züge, die die Volkssprache so richtig ausmachen.

Im Nachhinein weiß ich, daß ein großer Teil meiner Arbeit als Prosaschriftsteller darauf hingezielt hat, solche karnevalistischen Reste und Besonderheiten im sprachlichen Material zu aktivieren.

Als Schriftsteller habe ich mich nie darum bemüht, mich in die Vergangenheit einzuleben, sondern darum, der Gegenwart durch die Vergangenheit Tiefe zu geben. Ich habe mich immer mehr für den Text interessiert, der von der herrschenden Produktions- und Informationsweise - und dem Widerstand dagegen - geschaffen wird, als für die natürlich enstandene Wirklichkeit. Und wenn das Resultat davon Sozialmodernismus und Sozialsurrealismus genannt wird, so sind das doch Charakterisierungen, mit denen man gut leben kann.

Außer den bereits erwähnten Merkmalen, die so eine sozialmodernistische Schreibweise prägen, gibt es auch noch andere.
Die Grundlage für alle grotesken und barocken Kunstformen ist eine drastische Verbindung von Populärem und Seriösem, von Vulgärem und Erhabenem, von hoch und tief.

Alle, die nach dem Zweiten Weltkrieg im Westen aufgewachsen sind, sind tief und innig von den Produkten der Kulturindustrie geprägt, von den Kunstformen, die durch die Massenmedien in der ganzen Welt verbreitet worden sind. Parallel zu meinem Romanwerk habe ich in einer langen Reihe von Essays verschiedene Formen der modernen Populärkultur behandelt. Der hartgesottene Detektiv, ob wir ihn in Büchern von Hammett oder Chandler fanden oder ob er in den Filmen von Bogart oder Eastwood dargestellt wurde, hat in meiner Generation unauslöschliche Spuren hinterlassen. Auch der B-Film, der billige Actionfilm aus der Traumfabrik von Hollywood, ob in Form von Cowboyfilmen aus dem wilden Westen oder als regennasse und schwarzweiße Linsenpoesie des Gangsterfilms aus den nordamerikanischen Großstädten, hat alle Helden meiner Bücher fürs Leben gekennzeichnet. Von der Mitte der fünfziger Jahre an gaben Presley, Buddy Holly, Eddie Cochran und Roy Orbison unseren ersten Phantasien von Widerstand und Aufruhr, individueller Befreiung und kollektiver Befreiung in der Gruppe Rhythmus, Farbe, Körper, Stimme und Frisur.
Davon handelt das nächste Kapitel.

Kjartan Fløgstad

Sea of Love

Sich seiner Sache sicher zu sein, soll das Privileg der Jugend sein. Trotzdem habe ich einen reißenden Strom von Platten, Filmen und Büchern über die Zeit zwischen meinem sechsten und meinem sechzehnten Jahr gebraucht, bevor ich ganz davon überzeugt war, daß ich tatsächlich auf einem östlichen Vorposten von Amerika aufgewachsen bin. Oder vielleicht auf dem Deck eines nordamerikanischen Flugzeugträgers, verankert an der nördlichen Schweißnaht des Eisernen Vorhanges?

Auf jeden Fall wohnte im Nachbarhaus ein Typ, der James Dean hieß, und die Straße, die von der Electric Furnace Products Company, Limited zu Sneath's Park führte, hatte einen Radweg auf beiden Seiten und Einfamilienhäuser mit roten Ziegeln, die in Efeu und grüne Schlingpflanzen gehüllt waren, und zwischen der Fahrbahn und den Radwegen waren Ahornbäume gepflanzt, die gelbes Laub und reife Kastanien auf uns hinunter warfen, wenn wir von Haus zu Haus radelten, um die Milch an die Türe zu bringen und The Louisville Courier Journal zu den Abonnenten. Sonntags morgens drückten wir die Bank in der presbyteranischen Kirche und reckten die Hälse nach Mädchen. Der Organist spielte das Präludium von Phil Phillips' Sea of Love. Pferdeschwänze, Backfisch. Es gab zwei Privatwagen, das Brautauto und das Königsauto. Beide standen vor der Friedhofsmauer und warteten auf die Frischvermählten. So begann meine Jugend im Königreich Amerika.

James Dean fuhr wie ein Verrückter über die Dörfer in einer Karre, die er mit viel Chrom, Haifischflossen und Alufelgen aufgemotzt hatte, weil er nach einem Mädchen aus Haugesund verrückt war, das Marilyn Mortensen Monroe hieß.
 Herrjemine! Oh Marilyn! Oh Marilyn!
 James war min un och Dean!

An der Ecke unserer Straße und der Storgate war der Cola-Stützpunkt von

Der magnetische Wortpol

Frau Sivertsen. Jeden Abend schauten entweder Doo-Woop-Quartette aus dem italienischen Viertel oder Mädchengruppen aus dem Nachbarort Philadelphia herein, um mit Barbershopgesang und engen Vokalharmonien aufzutreten, die sie von der Gesangsgruppe der Schwestern Bjørklund gelernt hatten. Ab und zu hatten Ricky Nelson und Ritchie Valens die Gitarre dabei.

Dann machten wir eine Vollbremsung im Kies und stellten den Motor unserer kleinen Maschinen ab. Vor unseren Silhouetten in der Spiegelglasscheibe gingen wir ein letztes Mal mit dem Läuserechen durch unsere Tolle. Der Straßenstaub fiel wieder auf seinen Platz. Wir bockten die Maschinen auf und strömten in das harte Respatexlicht hinein. Nicht Rum und Cola, sondern Zeit und Cola war unser Favorit auf diesem Cola-Stützpunkt. Wir hatten viel Zeit und Geld für Cola. Wir brauchten es nur hinzublättern. Dann konnten wir die dunklen Brillen abnehmen, den Kopf nach hinten legen, den Takt mit dem Colaglas und einem abwesenden Ausdruck in den Augen mitschlagen, und uns vor der Katechismuslektion in der ersten Stunde grauen.

Ich glaube an eine heilige allgemeine Kirche, eine Gemeinschaft der Heiligen, auferstanden aus dem Fleisch, und das ewige Leben. Amen. Glaubt ihr mir nicht, könnt ihr ruhig hingehen und euch die Pomadenflecken auf der Tapete hinter dem Stammtisch in Frau Sivertsens Cola-Stützpunkt noch heute anschauen.

Die Schule lag weiter unten im Zentrum, ja, ganz unten an den Docks genaugenommen. Von Sneath's Park biegst du in die Bøgate ein und dann um die Ecke des nächsten Blocks, vorbei an den Ruinen der Flakstellung der Wehrmacht, und dann siehst du genau vor dir einen großen Ziegelkomplex. Diesen Komplex hatten wir in uns drin, mit Mauern und Stacheldraht und Asphalt und Schulglocken und Schlüsselbund und Pädagogen und Bankreihen. Langsam, langsam preßte sich der Komplex aus dem Körper heraus als gelbe Pickel im Gesicht, gestammelte Worte

Kjartan Fløgstad

im Mund, flackernde Blicke, ein Schweigen aus Mauern und Mörtel. Risse in der Mauer. Die Schulglocke beendete die letzte Stunde.

Da hatten wir gelernt, auf Volksmusik und Nynorsk herabzuschauen, bei Sprachniggern das Schnappmesser zu benutzen und die Sammlung von Hardangerfiedelmusik auf 78er Platten zu zerstören, mit der der Norwegischlehrer versuchte, sich beliebt zu machen.

Der Norwegischlehrer hatte Abitur, der Mathematiklehrer ein Elektrowarengeschäft, die Gesangslehrerin hatte Examen in Physiotherapie und hatte *Das Land des Lächelns* von Franz Lehar im Reichsprogramm des Rundfunks interpretiert. Drei Jahre lang trat sie in die Pedalen des Harmoniums und paukte uns die Stimmwechselversion von *Home of the Range* ein. Weil wir auch in der Mathematikstunde harte Nüsse zu knacken hatten, mußten wir Rechenaufgaben mit zwei Unbekannten unter der Bank lösen, während wir über der Bank vom Leben auf der Ranch dort oben auf dem Hügel sangen.

Wir waren so brav und gewissenhaft und gottesfürchtig, daß wir Ma-the-ma-tik und Re-li-gion mit allen Vokalen und Konsonanten sagten. Mathe und Reli waren subversive Fremdwörter aus der Stadt, die kein Hillbilly wie wir gehört hatte, geschweige denn wagte, selbst zu benutzen.

So endete die letzte Stunde. Die schöne Abendsonne lächelte. Bevor wir uns auf den Heimweg machten, mußten wir uns gut einpacken. Teufelsmütze mit den norwegischen Farben auf der Stirn, so wie die Schlittschuhstars. Rentierherden unterm Nordlicht spazierten über die Pulloverbrust auf dem Weg zur Winterweide; Knickerbocker, Kartoffelferien, Nageleisen unter den Schuhen, um auf dem Glatteis nicht auszurutschen. Der Kalte Krieg währte und dauerte und unterschied nicht zwischen Winter und Frühjahr. Zwischen den Großmächten war es so kalt, daß der ganze nördliche Atlantik zufror. Man konnte trockenen Fußes nach Amerika gehen oder von Eisscholle zu Eisscholle springen. Statt des

Der magnetische Wortpol

lebensspendenden Wassers des Golfstromes strömte eine Schlittenladung mit Marshallhilfe nach der anderen über das Fjordeis.

Ein Marshall hatte 48 Sterne auf der Brust und Kaugummi zwischen den Zähnen und sagte okay und stand ein für Gesetz und Ordnung. Das hatten wir uns in den periodischen Veröffentlichungen wie *Texas* und *Vill Vest* angelesen. Er und der Sheriff waren Kerle, die wußten, wie man Indianer und Weiße züchtigte. Die Marshallhilfe konnten wir also gebrauchen. Am Rand der Kaimauer standen wir und sahen, wie die Marshallhilfe von den Schlitten an Land gebracht wurde. Bohnen in Tomatensoße, Kaugummi, Singles, US-Karabiner, Cowboyhefte und Sechsläufer.

Rudolf hatte eine rote Nase, und sie leuchtete wie Glut. Er rüttelte mit der Deichsel des Schlittens und scharrte mit den Hufen im Eis.
Der Nordatlantik war zugefroren. Amerika endete nicht bei Newfoundland, sondern bei einem Notfoundland mitten draußen im Eis. Dort wuchsen wir auf und dort machten wir unsere ersten wackeligen Schritte auf Schlittschuhen. Westlich der Sola-Flugstation und östlich der *Moonlight Serenade* .

Auf Notfoundland schützte das nordatlantische Bündnis unsere nationale Sicherheit. Wir wußten, daß das Eis um uns herum trug und man sicher darauf gehen konnte. Mit langen, zähen Schritten glitten wir über die zugefrorene Sea of Love. Das stahlblanke Eis war dick und durchsichtig. Unter uns war der Abgrund, naß, tief und verlockend. Irgendwo im Eis gab es angeblich eine gefährliche Wake. Sie hieß *Orientering* und war eine radikale linke Zeitung, die einmal in der Woche herauskam. Aber um sie herum waren deutliche Schilder und Warnungen aufgestellt, so daß die Wake weder dem Fortschritt in den Weg kommen konnte, noch den Nationalsport Nr.1 stören konnte.

Kjartan Fløgstad

Ältere Leute werden sich noch daran erinnern, worum es sich handelte. Die Schlittschuhläufer drehten ihre Runden in ihren Bahnen und schafften es, die Rundenzeit von 39 auf 38,5 zu drücken. Das war gut. Aber die Schallplatten liefen noch besser. Sie begannen mit 78er Platten, drückten sich herunter auf 45 Umdrehungen bei Singles oder Extended Play und dann ganz hinunter bis auf 33. Das war eine Sensation! Das war phantastisch! Unglaublich! Long Play! Die Nadel drehte ihre Runden auf dem Plattenteller, der Stille und dem Leerraum entgegen, die am Ende der 33 Umdrehungen warteten. Die zwei Schlittschuhläufer in ihren länglichen Runden. Die zwei Meister in ihren Kreisen. Das Publikum in konzentrischen Kreisen wiederum außerhalb davon. Außerhalb der Kreise waren der englische Schriftsteller Collin Wilson, die nordamerikanischen Beatniks und Jean-Paul Sartre in Paris. Sie waren total draußen. Sie waren außerhalb der Radiowellen, die sich wie Ringe im Wasser aus der Reporterkabine verbreiteten. Sie waren außerhalb der nationalen Gemeinschaft, die durch die Verwandlung der monotonen Schlittschuhschritte draußen auf dem Eis in drahtlose Worte im Äther entstanden. Sie waren außerhalb der Plattenrillen und der festgefrorenen nordatlantischen Gemeinschaft. Auf dem Eis waren wir es, die das Bollwerk gegen den Osten bildeten. Wie ein Tonarm in Bewegung über eine unbewegliche Plattenseite kreisten die Schlittschuhläufer auf scharfgeschliffenen Stahlklingen um den vereisten Nabel der Welt herum. Der Radiobericht, der die Geräuschkulisse der Zuschauer auf der Tribüne laut übertönte, war der Solist, und im Hintergrund bildete das Stadiongebrüll den Vorläufer von Phil Spectors *Wall of Sound* , als sich Haugli auf der Zielgeraden von Huiskes löste, während sich die Zuschauer auf der Haupttribüne vor Begeisterung erhoben.

Auf Skiern waren wir den Hang hochgeklettert, durch die Rauchdecke, die dicht über den Schmelzöfen der Electronic Furnace Products Company, Limited und den Ahornbäumen in Sneath's Park lag. Ganz nach oben auf die höchsten Gipfel. "From the hills overlooking our plant, no other sign of civilisation can be seen", stand in der Werkszeitung der

Der magnetische Wortpol

Union Carbide Corporation, der die Electric Furnace Products Company, Limited und Sneath's Park gehörte. Die Sonne stieg immer weiter am Himmel, über den Rauch der Fabrik und die anderen Zeichen der Zivilisation. Und stand, und stand. Der Glanz auf der Oberseite des harten Harschs. Und dann die wilde Fahrt dem Abgrund der Sinne entgegen. Das war uns alles klar. Die Piste zu den Mädchen hinunter.

Sie waren ein fremder Kontinent, ungefähr mit den gleichen Formen wie der amerikanische. Sümpfe, undurchdringlicher Dschungel. Unterleib und Brust als weiße Flecke auf der Landkarte. Der Weg dorthin führte über sieben Meere. Und auf das achte hinaus. Sea of Love. Soviel wußten wir. Ständig kamen abenteuerlustige Kameraden von gefahrvollen Reisen weit unterhalb der weichen Taille Amerikas zurück.

Abends begaben wir uns auf die Mittelwelle. Wir drehten am Suchknopf und fuhren die Fühler aus. Das Gewirr von Stimmen und Sprachen, wenn der Sendersucher auf seiner ewigen Reise unter Schlagersternen und Sportkometen im Äther über die Skala rollte.

Es ging nicht darum, 18 zu werden und den Lappen zu bekommen, so daß man Auto fahren konnte. Es war nur nötig, so schnell wie möglich 15 zu werden. Dann konnte man selbst auf die richtigen Wogen hinaus, und brauchte nicht nur auf der Mittelwelle zu suchen. Das Schiff war entladen und lag bereit am Kai. Groß und leicht wie eine Sommerwolke. Aber noch immer war der Atlantik wegen des Kalten Krieges zugefroren.

Zu der Zeit bemerkten wir mildere Winde. Sowohl von Ost als auch von West. Leichte Brise. Das Tauwetter meldete sich. Die Eisschollen trieben immer weiter aufs offene Meer hinaus. Man mußte immer weiter springen. Das Eis schmolz und verschwand. Die Schlittschuhbahnen wurden ausgelöscht, die Grenze zwischen innerer und äußerer Bahn wurde unsichtbar. Die Kreise, in denen wir gelebt hatten, wurden zu

Kjartan Fløgstad

Wasser, das sich mit anderem Wasser vermischte. Wie ein neues Atlantis sank Notfoundland mit Eisschlössern und Schlittschuhkönigen ins Meer. Wir sprangen auf Eisschollen nach draußen, die stetig unter uns schmolzen. Unsere Knöchel wurden umspült. Es war naß und tief. Und wenn wir auch nicht auf dem Wasser gehen konnten, konnten wir doch zur See gehen. Auf einem Schiff anheuern und auf die grundlose Sea of Love hinaussegeln.

Offenes Meer. Jetzt galt es zu schwimmen oder unterzugehen.
Wellen im Haar und Wasser in den Knien.
Not found. And lost again

Weit dort draußen konnten wir die fremde Küste ahnen. Die Goldküste oder die Sklavenküste? Oder waren sie genau das gleiche? Der reine, unverfälschte Ton einer Fender oder einer Rickenbackergitarre klang durch die Luft. Aber die Dunkelheit über dem Meer zwischen uns war gewaltig und groß wie ein leerer Tanzboden. Wir stürzten uns hinaus, mit Schlagersternchen und Sportkometen als leuchtende Himmelszeichen, um danach zu navigieren.

Media Thule

Die Sea of Love war ein warmes Meer, mit tiefen Unterströmungen und stürmischen Gefühlen. Es schlägt mit einer langen Dünung an die afrikanische Goldküste und schickt warme, lebensspendende Ströme nach Norden an die norwegische Regenküste. Um den magnetischen Wortpol zu finden, mußten wir kältere Gewässer ansteuern und durch den ersten, zweiten und dritten Teil des fünften und sechsten und siebten Klimas steuern, so wie sie auf der Weltkarte des Arabers Idrisi von 1154 eingezeichnet sind, der sogenannten großen Id. In diesen zugefrorenen, ungastlichen Gegenden deutet das Versagen der Navigationsinstrumente darauf hin, daß wir in der Nähe des magnetischen Wortpols sind.

Der magnetische Wortpol

Det 7.klima , ein Roman der 1986 in Oslo auf norwegisch herauskam, trägt den Untertitel "Salim Mahmood i Media Thule". Im Gegensatz zu dem, was viele Kommentatoren behauptet haben, spielt die Handlung des Buches nicht in Norwegen, auch nicht im klassischen *Ultima* , sondern in Media Thule. Schon im Buch Daniel im Alten Testament wird berichtet, daß das Land Media ganz in der Nähe des großen Babel liegt. Die große Id ist bereits erwähnt worden. Infolge Xenophons Anabasis muß man mit sechs Tagesmärschen rechnen, um die Wüsten in Media zu durchqueren. Und MacLuhan sagt bekanntermaßen, daß das Fernsehen ein kaltes Medium ist.

Auf der Grundlage dieser und ähnlicher Informationen deutet viel darauf hin, daß Media Thule ein kaltes Medium in der Nähe des großen Babels ist und daß es ein Medium ist, daß nach den Geboten und Grundgesetzen der televisierten Gesellschaft geregelt ist. Hier, im 7. Klima, zwischen Babel und Media Thule, wird man auch den magnetischen Wortpol finden.

Dieser magnetische Wortpol bildet die Peilmarke einer Gesellschaft, die nicht mehr den Gesetzen der Natur oder der Soziologie gehorcht, sondern den Gesetzen einer neuen, durch die Medien geschaffenen Hyperrealität. Im babylonischen Media Thule, in dem sich Kompaßnadeln ohne Unterlaß herum drehen, sind alle Meere aus Tinte, die Erde ist aus Pergament und der Himmel ist ein blauschimmernder Fernsehschirm.

Die Hauptstadt von Media Thule, die auch auf der großen Id verzeichnet ist, ist nicht mehr die moderne Stahlstadt Metropolis. In Media Thule wachsen die Städte als literarische Orte einer immer größeren Immaterialisierung in der Zirkulation der digitalen Codes im Datennetzwerk entgegen. Metropolis wird zu Logopolis, dem mächtigsten literarischen Ort des globalen Mediendorfes. Die Metropole der Stahlstadt war so angelegt, daß sie immer noch durch eine Mauer aus Eisenbeton in der Mitte geteilt werden konnte, wie Berlin während des Kalten Krieges. Die

Kjartan Fløgstad

modernen Logopolen von Media Thule haben keine aus Sand und Zement gegossenen und mit Eisen verstärkten Mauern. Logopolis inszeniert unsere mentalen und physischen Räume mit unaufhaltsam wechselnden Wänden aus Worten, mit *Walls of Sound* , mit Geräusch und Bildkulissen: Berieselung mit muzak, viewzak, newszak. Literaturzak. Mit der Mauer in Berlin fiel die Grundmauer der Modernität, die nicht nur Stahl und glänzend blankes Metall herstellen, sondern vor allem eine glänzend blanke und metallische Zukunft produzieren wollte. In Media Thules literarischen Orten ist der Endpunkt unserer Phantasien keine Mauer, sondern ein Bildschirm, auf dem lebende Bilder ohne Unterlaß wechseln, in einer alphabetischen, visuellen und sonischen Architursoße.

So wie Arbeit das Prinzip der Moderne war, ist Kommunikation das führende Prinzip des entindustrialisierten, postmodernen Media Thule. In der Kommunikationsgesellschaft werden die Kraftfelder durch den magnetischen Wortpol gelenkt. Das hat entscheidende Folgen für das Verhältnis zwischen Ökonomie und Politik.

Es hat nicht zuletzt Folgen, wenn man zu denen gehört, die noch immer meinen, daß die Politik die Ökonomie beherrschen soll und nicht umgekehrt. Es hat Folgen, wenn man sich dafür ausspricht, daß die Politik die Ökonomie und die Gesellschaft zu Ausgleich und zu sozialer Gerechtigkeit führen soll, zur Gleichstellung von Mann und Frau, zu öffentlicher Verantwortung für Schule und Gesundheitswesen und zu internationaler Solidarität, während man sich gleichzeitig dafür einsetzt, daß die Politik Front gegen Religion und Nationalismus als Elemente in der Führung eines Staates machen soll. Es hat kurz gesagt Folgen, wenn man von Sozialismus spricht. Dieses zur Zeit unaussprechliche Wort bekommt einen anderen Inhalt, wenn das Gesellschaftsleben nicht mehr von der Produktion bestimmt wird, sondern von Kommunikationskräften, die auf den magnetischen Wortpol ausgerichtet sind. Die Massenkommunikation führt dazu, daß das, was vorher nur "in unseren Worten"

Der magnetische Wortpol

wahr schien, wie Glaukon zu Sokrates sagte, auch in unserem Leben wahr - oder unwahr - wird.

Heimatort. Verwandtschaft. Die mit der Arbeit verbundenen gesellschaftlichen Bräuche: Als sich die alten sozialen Bande allmählich auflösten, entstand ein neuer Vermittler zwischen dem Politischen und dem Wirtschaftlichen. Mit der Schwächung des sozialen Bandes sind es vor allem Massenkommunikation und Konsumkultur, die das System legitimieren und den früheren sozialen Raum füllen. Von einem Spiegel der Macht und der herrschenden Ideen wurden TV, Pop, Mode usw. zu einer selbständigen, ideologieschaffenden Kraft. In Media Thule werden die Vorstellungen von Glück und dem guten Leben nach Kriterien gemessen, von denen der Sozialismus bisher keinen Begriff hatte. Ohne weiteres und ohne nennenswerte Diskussion ist es zum Beispiel für die Politiker und die öffentliche Meinung klar, daß es eine wichtigere nationale Aufgabe ist, einen neuen Fernsehkanal einzurichten, als die öffentliche Grundschule zu renovieren.

Havel und andere frühe Systemkritiker können viel davon lehren, wie man in einem real existierenden Sozialismus lebt. Was das Leben in Media Thule anbelangt, müssen sie genauso viel von den westlichen Kollegen lernen. Für uns hat der Zusammenbruch des Ostens nicht vor allem den Abbau eines Großmachtsystems und die Auflösung des Realsozialismus als historische Formation mit sich gebracht. Von noch größerer Bedeutung ist, wie Norberto Bobbio sagt, daß die größte politische Utopie der Weltgeschichte in ihr genaues Gegenteil verwandelt worden ist. Natürlich können die meisten von uns in ihren Schriften zurückblättern und darauf verweisen, daß wir schon neunzehnhundertsoundso sowohl den Kapitalismus als auch den Stalinismus abgelehnt haben und für einen dritten Weg zu einem Sozialismus mit einem sozialistischen Gesicht eingetreten sind. Aber das sind wohlfeile Auswege, sophistische Tricks. Unabhängig davon, ob man am Sozialismus als Idee festhält, muß der Übergang von der Arbeitsgesellschaft zur

Kjartan Fløgstad

Kommunikationsgesellschaft, der durch die historischen Ereignisse letztes Jahr dramatisch zum Ausdruck gekommen ist, auch für die rhetorischen Instrumente des dialektischen Materialismus eine Bedeutung bekommen, die hundertfünfzig Jahre lang der Ästhetik des Widerstands die Waffen geliefert haben. Sehen Sie sich die honorigen Worte weiter oben in diesem Text an. Politik. Ausgleich. Soziale Gerechtigkeit. Gleichberechtigung. Öffentliche Schule und Gesundheitswesen. Solidarität. Sie stehen merkwürdig nackt und verlassen da ohne den utopischen Horizont, der den ideologischen Zusammenhang zwischen den Tagesforderungen geschaffen hatte.

"Das Licht der Arbeit ist ein schönes Licht, daß aber nur dann wirklich schön leuchtet, wenn es von noch einem andern Licht erleuchtet wird", schrieb Wittgenstein 1937 (*Vermischte Bemerkungen*, Frankfurt M. 1977). Schreiben ist eine Arbeit, die für sich selbst eine schöne und befriedigende Tätigkeit sein kann. Aber es ist allzu leicht, gut zu schreiben. Wenn das Licht der Schreibarbeit ein schönes Licht ist, wird es erst wirklich schön, wenn es von einem anderen Licht erhellt wird. Das andere Licht - aus der Dialektik der Aufklärung - ist zur Zeit nicht leicht zu erkennen, wenn nicht in der Glut, die noch immer im schwarzen Material der Schrift leuchtet.

Aus dem Neunorwegischen von Elisabeth Weise.

Auswahlbibliographie

Valfart. Dikt. Oslo 1968. Det Norske Samlaget 1968
Seremoniar. Dikt. Det Norske Samlaget 1969
Den hemmelege jubel. Prosa. Det Norske Samlaget 1970
Roberto Arlt: *Spøkjelseskapteinen.* Omsetting. Det Norske Samlaget 1972
Fangliner. Fortellingar. Det Norske Samlaget 1972, 1974, 1981
Dikt i utval av Pablo Neruda. Gjendikting. Den Norske Bokklubben 1973
Litteratur i revolusjonen. Dikt frå Cuba. Gjendikting. Pax 1973
Rasmus. Roman. Det Norske Samlaget 1974, 1977
K.Villum: *Døden ikke heller.* Kriminalroman. Gyldendal 1975
K.Villun: *Ein for alle.* Kriminalroman. Samlaget 1976
Dalen Portland. Roman. Samlaget 1977, 1980, 1985, 1989
Surrealisme. Antologi. Saman med Karin Gundersen, Kjell Heggelund og Sissel Lie. Gyldendal 1980
Fyr og flamme. Av handling. Samlaget 1980, 1988
Loven vest for Pecos. Essays. Gyldendal 1981
U 3. Roman. Samlaget 1983
Ordlyden. Essays. Samlaget 1983
Luis Rogelio Nogueros: *Kodemelding til Havanna.* Omsetting. Samlaget 1984
Det 7. klima. Roman. Samlaget 1986
Tyrannosauros text. Essays. Samlaget 1988
Portrett av eit magisk liv. Poeten Claes Gill. Biografi. Aschehoug 1988
Arbeidets Lys. Eit historisk essay. Samlaget 1990

in deutscher Übersetzung:
U 3. Roman. Hinstorff [Rostock]
Dalen Portland. Roman. Butt [Mönkeberg] 1988

Ole M. Høystad

Des Gelächters hoffnungsvolle Befreiung. Kjartan Fløgstads analogische Schreibweise

Literaturgeschichtliche Einführung

In der norwegischen Kulturgeschichte im allgemeinen und der norwegischen Literaturgeschichte im besonderen stellt die Provinz für gewöhnlich Norwegens Fenster zum Rest Europas und zur übrigen Welt dar. Neue Ideen verbreiteten sich in der Regel nicht vom Zentrum aus über das Land wie Ringe im Wasser. Vielmehr kämpften sie sich gegen den Strom voran, von den Außenrändern und aus dem Untergrund nach innen auf ein nicht immer leicht identifizierbares Zentrum hin.

Wenn wir hier versuchen, eine Charakteristik von Kjartan Fløgstads Schreib- und Denkweise zu geben, ist es nützlich, den Ausgangspunkt in eben dieser in zweierlei Hinsicht zentralen und vorwärtsgerichteten Provinzperspektive der norwegischen (und europäischen) Literaturgeschichte zu wählen - wohlgemerkt sofern man die Provinz nicht im traditionellen und folkloristischen Sinn begreift als demografisch und geografisch eng, sondern vielmehr kulturphilosophisch als eine kritische Denk- und Seinsart. Wenn man dann den horizontalen Gegensatz zwischen Zentrum und Peripherie hochkant stellt und alle Arten volkstümlicher, trivialer, literarischer und intellektueller Subkulturen der Provinz einbezieht, die sich gegen die gleichmacherische Wertehierarchie der Zentralmacht erheben, kann die Provinz einen interessanten Blickwinkel auf Fløgstads Arbeit ergeben.

Ole M. Høystad

Von Oslo aus betrachtet, wo nach Fløgstad der provinzialistische Zyklop sein Auge fixiert hat, ist Kjartan Fløgstad in einem abgelegenen Winkel geboren: in Sauda (1944), tief in einem Fjordarm im Westen. Er teilt somit das Los anderer Intellektueller provinzieller Herkunft, doch mit einem Auge auf den Rest der Welt gerichtet und das andere selbstkritisch nach innen gewendet.

In dieser mehrdeutigen, vorwärtsgerichteten Provinztradition stellt ein anderer Westländer, der vielseitige Arne Garborg, die überragende Gestalt dar. Wie bekannt, gehörte Arne Garborg zu jenen, die um 1890 Nietzsche in Skandinavien einführten und dadurch dessen Gedanken Anerkennung verschafften (vgl. Rolv Thesen: *Arne Garborg. Europearen* ,1936). Kjartan Fløgstad bekennt sich zur Verwandtschaft mit Garborg. In der fiktiven Biographie *Det 7. klima. Salim Mahmood i Media Thule* (1986) zum Beispiel kolportiert er nicht nur Garborgs Ideen, sondern auch ein Gerücht über ihn, indem er ihn - mythenschaffend und zerstörend - mit Lou Andreas-Salomé verkuppelt und dadurch mit dem geistigen Vater der Postmoderne Nietzsche. Ansonsten ist Fløgstad wie Garborg ein eminent historischer Dichter. Er versucht, ein verdichtetes und repräsentatives Bild der ökonomischen und sozialen Umstände für die Entwicklung von Gedanken und Haltungen der Gegenwart zu geben und setzt dadurch tendenziell die Gesellschaftsentwicklung in einer übergeordneten Werteperspektive, wie der Literatur- und Medienforscher Helge Rønning in dem Beitrag "Individets lille og samfunnets store historie" (*Samtiden* 5/1989) herausgefunden hat. Wie Garborg beherrscht auch Fløgstad mehrere literarische Genres. Seine Entwicklung reicht von der Lyrik (Gedichtsammlungen 1968 und 1969) über einen frei epischen hin zu einem zunehmend raisonnierenden essayistisch-logischen Stil, von Epos zum Logos, wie ich dies in meinem Beitrag "Essayisten Kjartan Fløgstad" (*Syn og Segn* , 3/1989) dargelegt habe.

Des Gelächters hoffnungsvolle Befreiung

Der Romancier Fløgstad hat sich in den siebziger und achtziger Jahren einen Namen als einer der ausgezeichnetsten norwegischen Essayisten gemacht. Nicht nur wurden seine Romane mit den Jahren immer raisonnierender und essayistischer (er erinnert hier an Hermann Brochs Schreibstrategie); er hat auch fünf Essaysammlungen veröffentlicht: von *Den hemmelege jubel* (1970, mit verschiedenen Kurzprosaformen) zu dem langen biographischen Essay über den modernistischen Lyriker Claes Gill, *Portrett av eit magisk liv* (1988). Es ist nicht zuletzt seine Essayistik, die ihm definitiv einen zentralen Platz in der neuen Provinztradition der norwegischen Literatur verschafft.

Ein Kennzeichen dieser Tradition ist, daß die Autoren nicht die Sprache der Mehrheit gebrauchen, riksmål/bokmål, sondern die eng verwandte Sprache der Minderheit und der Provinz, landsmål oder nynorsk (Neunorwegisch), wie es seit 1929 heißt. Der erste, der landsmål zur lebenden Gebrauchssprache machte, war Aasmund Olavsson Vinje (1818-1870), der mit seinem von ihm allein herausgegebenen Wochenblatt *Dølen* (1858-1870) als Norwegens erster moderner Journalist gelten darf - neben dem zweiten Vorreiter des landsmål Garborg ist er der bedeutendste norwegische Essayist des letzten Jahrhunderts.

In bezug auf Schreibstil und intellektuelle Neigung reicht eine direkte Linie von Vinje über die gesellschaftskritischen und gnadenlos polemischen Arne Garborg und Tor Jonsson (1916-1951) zu Fløgstad, eine Linie, die zugleich eine Unterströmung in der großen, schönen Literatur darstellt. Diese sprachliche und kulturelle Haltung ist in Übereinstimmung mit Michail Bachtins Ideen (insbesondere aus *Rabelais and his World*, 1965) allmählich als Karnevalismus bekannt geworden, wie ihn Fløgstad unter wiederholten Hinweisen auf Bachtin kultiviert. Bei Vinje braucht es keinen theoretischen Impuls, um den mild lächelnden Karnevalismus auszulösen, denn er ist Teil der Volkskultur, mit der Vinje in Telemark aufwuchs, und der er selber Audruck gibt als Festredner auf Viehauktionen und anderen Märkten. Im Vergleich zu Südeuropa hat

Ole M. Høystad

dies in Norwegen nur geringen Umfang und nimmt andere Formen an. Bei Vinje wie bei Fløgstad geht auch die volkstümliche Untergrundkritik gegen die zentralistische und gleichmacherische Wertehierarchie einher mit einem bewußten Gebrauch literarischer "Lachtechniken" wie Ironie, Satire und Parodie. Klassisch ist in diesem Zusammenhang Vinjes gnadenlose Bloßstellung von Bjørnstjerne Bjørnsons nationalromantische Bauernerzählung *Arne* (1859).

Ein drittes gemeinsames Kennzeichen von Fløgstad, Vinje und anderen neunorwegischen Essayisten ist deren intellektuell scharfe Reflexion, die auf der Höhe der neuen Denkrichtungen im In- und Ausland steht. Ein auffallender Zug der neunorwegischen Essaytradition, in der Fløgstad steht, ist somit der starke Einschlag bedeutender Philosophen. Hier können nur kurz Jon Hellesnes (dem Fløgstad sowohl in Form als auch vom Inhalt her nahesteht), Gunnar Skirbekk und Hans Skjervheim genannt werden (alle drei übrigens auf Deutsch zugänglich).

Ein Grund für Vinjes anhaltend starke Wirkung ist, daß er, noch ehe landsmål eine einigermaßen feste Sprachnorm in Übereinstimmung mit Ivar Aasens Ideal besaß und ehe die norwegische Literatur in ihrem "goldenen Zeitalter" mit Ibsen an der Spitze Teil der Weltliteratur wurde, durch seinen Schriftgebrauch überzeugend beweist, daß landsmål sich nicht nur für Lyrik eignet (wie es Schöngeister im Zentrum stets repressiv tolerierend behaupten). Vielmehr eignet sich landsmål auch für Gebrauchsprosa, Sachprosa und philosophische Reflexion mit einem Reichtum an Worten und Wendungen, konkret treffenden Ausdrücken und abstrakten Begriffen und mit großen Möglichkeiten zur Wortschöpfung für den, der kreative Phantasie, Einblick in Etymologie und Morphologie, Syntax und Semantik besitzt und der Mut hat, sich von dogmatischen Konventionen zu befreien, möge diese nun die Rechtschreibung oder neue Worte und Begriffskonstruktionen betreffen. Fløgstad hat eine solche dichterische Kraft, daß er das Neunorwegische wie wenig andere seit Vinje und Garborg geprägt hat.

Des Gelächters hoffnungsvolle Befreiung

Seine Sprachpraxis ruht auf einem soliden theoretischen Fundament, gespeist von unterschiedlichen Strömungen der Linguistik, Semiotik, Semiologie und Semantik bis hin zur Sprachphilosophie. In seinen belletristischen Werken finden sich gewöhnlich direkte Hinweise und versteckte Anspielungen auf Sprachwissenschaftler mit Wittgenstein als verbindender Figur. In *Det 7. klima* treten Sprachtheoretiker zusammen mit fiktiven Personen auf. Hier treffen wir unter anderem Roman Jakobson, Ernst Cassirer und Louis Hjelmslev gemeinsam mit weniger bedeutenden oder weniger bekannten norwegischen Linguisten. Es bedarf auch einige Spezialkenntnis, um zu wissen, daß die Hütte, in die ein deutscher Exilant, der Modernist Kurt Schwitters, und sein norwegischer Lotse während des Zweiten Weltkrieges einbrechen - wie es in *Det 7. klima* geschildert wird -, eben diese Hütte ist, in der Wittgenstein während seiner norwegischen Eremitenzeit gewohnt haben soll und in der er laut Fløgstad *Philosophische Untersuchungen* schrieb und dabei einige seiner kryptischen Zettel versteckte, die die beiden Flüchtlinge also anonym zurückgelassen in der Hütte finden. Wie im Verhältnis Garborg-Lou Salomé tritt Fløgstad bald mythifizierend bald entmythifizierend auf und spinnt weiter an dem Mythennetz, das sich um Wittgenstein zusammenzieht. Die erdichtete Zufallsbegegnung in der Hütte ist ein Beispiel dafür, wie Fløgstad seine dichterische Freiheit benutzt, um Tatsachen und Fiktion, Lüge und Wahrheit auf eine Weise zu vermischen, die sicherlich Halbgebildete verwirren, Uneingeweihte ausschließen und in diesem Fall die Wittgenstein-Jünger empören oder erfreuen kann. Faszination, Irritation sind jedoch Mittel, um auf mehreren Ebenen Verwunderung und Nachdenken zu wecken: in diesem Fall über das wahre Wesen der Sprache und über die Möglichkeiten und nicht die Unmöglichkeiten der Kommunikation in einer Zeit, da die Sprache von innen heraus entleert und von außen durch den Schall und Flimmer erstickt wird, während die sprachkundigen Sprachbenutzer sich unter passivem Beifall von den neuen Massenmedien manipulieren lassen, da ihnen das sprachliche Bewußtsein fehlt, das nach Fløgstad notwendige Voraussetzung für die persönliche und soziale Entwicklung der postindustriellen

Gesellschaft ist. Vor diesem Hintergrund treibt Fløgstad, getreu seiner Tradition in Form eines Wortspiels, schamlose Zitatenmogelei (eigentlich nur eine Umdichtung) mit dem Sprachphilosophen Wittgenstein, um seine mehrstimmige Sprachauffassung voranzutreiben, wo dann auch ein Derrida-Akzent über den Primat der Schrift im Chor mitklingt: "Wovon man nicht sprechen kann,darüber muß man schreiben", steht da auf einem der Zettel, die die zwei in der Hütte finden (*Det 7. klima* , S.229).

Natürlich macht nicht die sprachtheoretische Reflexion Fløgstad zum großen Dichter, sondern sein Sprachgebrauch, darunter die Art und Weise, die Sprachtheorie zu benutzen. Wir können hier nicht Fløgstads Schreibweise in aller Breite vorstellen, sondern nur auf einige stilistische Besonderheiten verweisen, die ihn literaturgeschichtlich einordnen helfen. So haben wir bereits einen Selbstwiderspruch - oder besser eine Polyphonie - zwischen dem Volkstümlichen und dem Reflektiert-Gelehrten konstatiert. Eng damit verknüpft ist der Widerspruch zwischen grammatisch korrekter Normalsprache und der ("natürlichen") Alltagssprache und der Kunstsprache.

Das Besondere an Fløgstads Ästhetik ist, daß er die grammatisch unkorrekte Alltagssprache zur Quelle speziell seiner Kunstprosa und allgemein der modernistischen Ausdrucksformen macht. Somit entsteht kein so großer Abstand zwischen der unvollkommenen Alltagssprache, dem mündlichen Stil, und Fløgstads sprunghafter Darstellung mit langen Perioden, wie traditionell angenommen wird. Der große Abstand liegt zwischen Alltagssprache und Kunstsprache auf der einen Seite und der eindeutigen, platten Syntax der geschriebenen Normalsprache auf der andernen, die als Ziel die direkte Kommunikation entlang der Sender-Empfänger-Achse hat. Wenn daher Fløgstad seine langen Sätze mit vielen Einschüben und Seitensprüngen formuliert, liegt er damit der assoziativen, hin und her springenden mündlichen Alltagssprache näher als dem hypotaktischen Kanzleistil, der gerade mehrdeutige Formulierungen vermeiden und eindeutig sein soll - als funktionelle, rationale

Des Gelächters hoffnungsvolle Befreiung

Normalsprache. Fløgstads Stil hat also nichts mit dem Kanzleistil zu tun. Es ist richtiger, ihn mit dem reich ornamentierten Stil des Barock zu vergleichen.

Fløgstads barocke Syntax ist nur nicht so radikal neu in der norwegischen Literatur, wie manche glauben. Den hypotaktisch-logischen Stil einer dialogisch reflektierenden Essayistik hat er u.a. mit Vinje gemein. Beide gelten gemeinhin als schwierig aufgrund des landsmål/Neunorwegischen, nicht aufgrund der inhaltlichen oder logischen Substanz - Neunorwegische Dichter genießen den Vorteil, daß sie sich schon zu Anfang aller unwürdigen Leser entledigen können, und sie müssen qualitativ stark sein, um die Mauer der sprachlichen Vorurteile zu durchbrechen. Fløgstad hat selber erklärt, daß es ein scharfes sprachliches und somit ästhetisches Bewußtsein erfordert, um in einer Minderheitssprache zu schreiben, und daß die Minderheitssprache selber eine Widerstandsstrategie darstellt gegen die intellektuelle Verflachung, die dann einsetzt, wenn die Sprache glatt und ohne Kanten als Konvention akzeptiert wird.

Im Grundsatz meint Fløgstad, daß die Sprache die Hauptarena des Widerstandes nicht nur gegen kulturelle Entleerung ist, sondern auch gegen die damit verbundene gesellschaftliche Unterdrückung. Sowohl sprachpolitisch wie literarisch verstärkt das Neunorwegische die Opposition gegen eine ungebremste Entwicklung; denn es provoziert, d.h. es leistet Widerstand durch seine bloße Existenz. Zudem ist es der wichtigste Beitrag zu jeder Mehrsprachigkeit, die Fløgstad (unterstützt von Roland Barthes) als eine Voraussetzung bedeutungsvoller Dichtung gegen die Monotonie der Zentralmacht ansieht. Polyphonie ist kulturphilosophische und literarische Norm für Fløgstad. Die Sprache der Einwanderer und andere Randpsrachen, Fach- und Gruppensprachen und Jargon, spielen daher in *Det 7. klima* die gleiche Rolle wie das Neunorwegische.

Ole M. Høystad

Doch wenngleich Fløgstad ein ausgeprägt intellektueller Dichter ist, der auf der Höhe der Zeit in bezug auf allgemeine Ideen und Begriffe der Dichtung steht, so ist er kein Idealist im philosophischen Sinn, der einer überhöhten Ideenwelt Vorrang vor dem konkreten Leben einräumt, das in den natürlichen, historischen, ökonomischen und sozialen Umständen verankert ist. Ganz im Gegenteil. Der Mensch ist von Natur aus ein Triebwesen und nur potentiell - sofern besondere historische Voraussetzungen und Begleitumstände eintreten - ein Vernunftwesen. Zweck dieser literaturgeschichtlichen Einführung ist es, festzuhalten, daß Fløgstad als Dichter seinen Ausgangspunkt weder in einer abstrakten Ideenwelt hat, noch in der kulturell überhöhten Literatur eines in sich geschlossenen, gebildeten Kreises (nach Robert Escarpits literatursoziogischer Theorie). Literaturgeschichtlich gehört er zu denen, die diesen Kreis - so exklusiv hochgelehrt und gebildet er selbst auch ist - sprengen. Selbst ordnet er sich literaturhistorisch ein in

"eine Tradition, oder auf alle Fälle eine Unterströmung der großen Traditionen in der europäischen Kultur, in der das Hohe und Tiefe, das Sublime und das Vulgäre, das Heilige und das Profane, das Banale und das Geistreiche eng und innerlich verknüpft sind." (*Loven vest for Pecos,* 1981, S.10)

Das Besondere und Untraditionelle an Fløgstads Ausnutzung dieser Strömung in der Literatur ist, daß er sich weder gegen die traditionelle Volkskultur à la Vinje noch gegen den subversiven grotesken Realismus à la Bachtins Karnevalismus abgrenzt. Mit dieser verknüpft er sowohl die kommerzielle Massenkultur als auch eher exklusive, modernistische Kunstformen:

"Wenn ich [...] mir populäre Kunstformen vornehme, wie den Kriminalroman ("roman noir"), den B-Film ("film noir") und Rock'n Roll ("musique noir"), sehe ich diese zusammen mit einer modernen Strömung wie den französischen Surrealismus ("humor noir") ebenfalls als Ausläufer derselben Tradition." (Ebda., S.12)

Des Gelächters hoffnungsvolle Befreiung

Zentral in dieser Tradition steht für Fløgstad die ibero-amerikanische, modernistische Lyrik und die magisch-realistische Epik. Im ganzen hat er eine Hauptrolle bei der Einführung der ibero-amerikanischen Literatur und Phantastik in die norwegische Kultur gespielt. Der sozial-phantastische Einschlag nach ibero-amerikanischem Muster kam in seiner eigenen Dichtung erstmals stark zum Vorschein in *Dalen Portland* (1977). Fløgstad hat selber erklärt, daß das Romanschreiben für ihn erst möglich geworden sei, nachdem er als Seemann mit dem lateinamerikanischen Gesellschaftsleben und der phantastischen ibero-amerikanischen Literatur zusammengetroffen sei, und daß er dadurch die vitalen Kräfte seines eigenen Industriearbeitermilieus und die barocken, unzeitgemäßen Brüder in der (west-)norwegischen Gegenwartsgeschichte entdeckt habe. Es ist um so auffälliger, daß Fløgstad gerade in den siebziger Jahren einen phantastischen oder sozial-modernistischen Schreibstil wählte, als der formal und inhaltlich dogmatische Sozialrealismus in Norwegen dominierte. Fløgstad ist freilich in bezug auf die eigene Einordnung noch nie lupenrein gewesen, hat sich nie dogmatisch einer Strömung oder einem "-ismus" angeschlossen und hat immer eigene Wege eingeschlagen, ob es nun um Sozialrealismus oder Postmodernismus ging.

Im Hinblick auf die kommerzielle Massenkultur zum Beispiel unterscheidet er sich sowohl von der Ideologiekritik, derzufolge die Popkultur die tatsächlichen Machtverhältnisse verschleiert und ein falsches Bewußtsein schafft, als auch von der Postmoderne, die an gar kein wahres Bewußtsein glaubt und die sich ästhetisch deshalb auf das labyrinthische Beziehungsuniversum stützt, in einem verführerischen Spiel zwischen Maske und Maske. Unter anderem in einem Beitrag in der dänischen Zeitung *Politiken* vom 12.11.1982 (nachgedruckt in *Ordlyden* 1983) polemisiert Fløgstad gleichzeitig gegen Adornos Auffassung von der Massenkultur als inauthentischer Verbrauchsware und gegen die Sicht des "Postmodernisten" Baudrillard von den unengagierten "kalten" Massen, die die Kulturindustrie schaffe. Dagegen betont Fløgstad, daß

Ole M. Høystad

die faszienierenden Objekte der Massenkultur nicht nur verführen und falsche Mythen schüfen, sondern auch die wirklichen Erfahrungen und Träume des Volkes ausdrückten und ein utopisches und kritisches Potential freisetzen könnten, das die freie Kultur und die damit verknüpften theoretischen Befreiungsideologien brachliegen ließen. - Inhaltlich und logisch ist allerdings die Frage berechtigt, ob es eine Basis für den Optimismus gibt, den Fløgstad an den Tag legt, wenn es um die befreiende Kraft geht, die in der kommerzialisierten Massenkultur liegt. Vor einer Stellungnahme zu dieser Frage, dem Selbstwiderspruch in Fløgstads Darstellung der Kulturindustrie, muß man zunächst einige der übergeordneten Perspektiven in seinem Werke kennen.

Arbeit, Geschichte und Ideologie

Es ist leicht, sich von Fløgstads artistischen Wortspielen und seinem lebendigen Erzählen blenden zu lassen, so daß man die übergreifenden Perspektiven und die grundlegenden Werte seiner Arbeit übersieht. Denn wenngleich Fløgstads Darstellung undogmatisch und offen ist, gehen seine mitreißenden assoziativen Gedankensprünge doch innerhalb übergeordneter Bezüge vonstatten, die wir hier aufzuzeigen versuchen.

Wir haben bereits erwähnt, daß Fløgstad ein eminent historischer Dichter ist. Doch er ist kein Traditionalist, der die Vergangenheit hütet und sich dem technischen oder geistigen Fortschritt entgegenstellt. Er ist ein Dichter der Moderne und arbeitet ständig an diesem - nach Habermas' Deutung - unvollendeten Projekt. Wenn überhaupt, so haben nur wenige norwegische Dichter das industrielle Norwegen mit soviel Begeisterung, Genius und innerer Einsicht beschrieben wie Kjartan Fløgstad. In dem Fall wäre es Kristofer Uppdals Schilderung des Wanderarbeiters, des Arbeiters und der Arbeiterorganisationen während der norwegischen industriellen Gründerzeit um die Jahrhundertwende, in dessen Romanzyklus *Dansen gjennom skuggeheimen I-X* (1910-1924), welche Fløgstad gewissermaßen mit seinem Werk fortführt. Auch er benutzt

Des Gelächters hoffnungsvolle Befreiung

den Naturhaushalt als Ausgangspunkt, Seite an Seite mit der Moderne bis weit in dieses Jahrhundert hinein. Eine vorwissenschaftliche Begegnung mit den norwegischen Anachronismen ist Hans Magnus Enzensbergers *Norsk utakt* (1984). Die Berührung mit diesen ungleichen Zeitperioden bildet auch einen Teil der Grundlage für die sprachlich-kulturelle Unzeitmäßigkeit, die Fløgstad in seine mehrstimmige historische Perspektive einbaut, gut dargestellt u.a. in *Dalen Portland* in der folgenden Beschreibung:

[...] ein müder und abgehetzter kleiner Junge, der durch eine pastorale norwegische Fjordlandschaft springt und dem ältesten Bruder seines Vaters sagen soll, daß er aus dem Naturhaushalt herausgerissen [d.h. Arbeit in der Fabrik bekommen, Anm.d.Verf.] und in die nationale und internationale Ökonomie integriert werden soll und daß seine ganze Zukunft, seine Arbeit, Liebe, Loyalität, die Entwicklung seiner Fähigkeiten und Kräfte und seines Klassenbewußtseins und seiner politischen Einsicht mit Expansion und Krisen des kapitalistischen ökonomischen Systems verknüpft sein werden. (S.22)

Vor allem in den Romanen *Rasmus* (1974), *Dalen Portland* und *Fyr og Flamme* (1980) mit dem zweideutigen Untertitel *Av handling* schildert Fløgstad u.a. den Industriearbeiter und den Wanderarbeiter. Letzterer hat mit seiner Wurzellosigkeit, seiner ungebundenen Besitzlosigkeit, seinem unsteten Leben, seinem harten Arbeitsalltag wie (nicht zuletzt) seiner Lust am Feiern, seiner Geringschätzung des ansässigen und ortsfesten Bauern und Kleinbürgers Fløgstads Phantasie besonders stark angeregt. In *Fyr og Flamme* ist der positive Held (der freilich im moralistischen Sinn des Sozialrealismus nicht sonderlich positiv ist) der Bauarbeiter Hans Attrå (= Verlangen), ein großzügiger Lebemann, dem der Autor in einzelnen Passagen die Dimension eines Rabelais'schen Gargantua gibt und dessen Wanderleben an einen modernen Pikaro erinnert. Ansonsten sprengt die Hauptfigur in *Dalen Portland*, in dem sie den Sprung vom norwegischen Industriearbeiter zum Seemann an der südamerikanischen Küste wagt, am deutlichsten den sozialrealisti-

Ole M. Høystad

schen Roman hin zum pikaresken Roman und zum grotesken Realismus. Letztgenannter zieht sich durch alle Romane Fløgstads.

Diese drei Werke geben im übrigen ein schlagendes Bild von der positiven Bedeutung, die die Arbeit, besonders die mit der Produktion verbundene körperliche Arbeit bei Fløgstad hat. Arbeit ist die Grundlage für Wertschöpfung und Entwicklung der Industriegesellschaft. Auch bildet die Arbeit und die Schinderei des Arbeiters die Grundlage der postindustriellen Gesellschaft. Das Materielle und Konkrete, Körperliche und Sinnliche sind die Grundlage für alles Menschliche sowohl im historischen wie anthropologischen Sinn. Diese grundlegenden Zusammenhänge sind jedoch schwieriger zu spüren und zu erkennen, wenn der Modernisierungsprozeß in seiner differenzierten Abstrahierung fortschreitet und der Industrialismus in den Postindustrialismus und die Kommunikationsgesellschaft übergeht. Kjartan Fløgstad ist der norwegische Dichter, der mit der klarsten und reichhaltigsten historischen Perspektive den komplexen und vieldeutigen Übergang von der Industriekultur zur Kulturindustrie - um die eigenen Bezeichnungen des Autors für die oben skizzierte Entwicklung zu gebrauchen - , aber auch alle Kosten, die dieser Prozeß nach sich zieht, z.B.verdinglichter Konsumismus aufgrund des sogenannten Spiels der ökonomischen Kräfte und der ideologischen Verführung (Reaktion) geschildert hat. Das menschlich gesehen ernsteste Ergebnis dieser Gesellschaftsentwicklung mit Einrichtung des sozialdemokratischen, allein auf materieller Befriedigung basierenden Wohlfahrtsstaates (Sozialbarbarei nach Fløgstads Schilderung) ist die Auflösung der sozialen Bande, der sozialen Gemeinschaft und der solidarischen sprachschöpferischen Arbeiterkultur. Vorläufiges Endprodukt dieser Entwicklung ist die Kernfamilie in ihrer Einfamilienwohnung, wo nun die horizontalen zwischenmenschlichen Kommunikationsbande gekappt und ersetzt sind durch eine vertikale Einwege-Kommunikation von oben per Satellit und Fernsehschirm, durch die die materiell satten, aber utopieleeren Lohnempfänger die

Des Gelächters hoffnungsvolle Befreiung

gesendeten und auf Video verfilmten Massenprodukte wie andere Verbrauchsgüter aufnehmen.

Damit entsteht ein anderes kontrapunktisches Bild von Fløgstads Verhältnis zur Massenkultur: das sozial zerstörerische steht unabänderlich dem kreativen Potential entgegen. Von *Dalen Portland* an werden beide Möglichkeiten repräsentativ gegeneinander gestellt. In diesem Roman reist der pikareske Held Rasmus Høysand hinaus in die Welt und versucht seine plastischen Träume zu verwirklichen. Als Gegenbild tritt sein langweiliger Verwandter Arnold Høysand auf, der sogleich in die durchregulierte Konsumdemokratie hineingleitet und auf sozialdeterministische Weise damit endet, daß er Monologe - Einbahnkommunikation - mit dem Fernsehschirm hält. Ebenso schildert *Fyr og Flamme* die Gegensätze zwischen dem kollektiv eingestellten Lebemann Hans Attrå, der gerade wegen seiner Wurzeln im Kollektiv und in einer lebendigen, volkstümlichen Gesprächskultur unter den Arbeitern schöpferische Kräfte freisetzen kann, und dem Gegenpol, Styrkår Bruhøl, der gemäß der neuen Konsumideale erzogen worden ist. Fløgstads ironische, saftig karikierende Schilderung der sozialdemokratischen Almosen läßt keinen Zweifel darüber, wie er die sozialdemokratischen Werte und die Dynamik in der neuen Mediengesellschaft sieht:

"[...] das Haus von Herrn und Frau Bruhøl erhebt sich wie eine uneinnehmbare Festung, wie ein Fort, wo alle horizontalen Kommunikationskanäle gekappt sind, abgeschlossen mit dem Gartentor und der Außentür wie das letzte uneinnehmbare Stadttor. Sie haben sich eingemauert, doch über die elektronischen Risse in der Mauer strömen die Nachrichten und die Reklame und der Konsumzwang auf sie ein. Während die anderen sicher und wirkungsvoll ausgeschlossen sind, strahlen die Leitungen und die Linien von den fernen ökonomischen Machtzentren hinein in Styrkår Bruhøls Einfamilienhaus. Es ist ein rein militärisches System, die wirkliche Kommunikation geht nur in eine Richtung, und die zeigt abwärts. Der Kontakt nach oben ist rein

Ole M. Høystad

theoretisch, während jeder Kontakt, der quer in diesem System verläuft, mit anderen in gleicher Position, praktisch unmöglich ist. [...] nun wird ihm auch noch seine Freiheit genommen. Auf dem Schirm flakkert das Fernsehbild, voller Lügen und Wirklichkeitsverfall."
(*Fyr og Flamme* , S.143)

So passen alle losen Stücke und unzeitgemäßen Brocken, monolithisch zementiert, ineinander in Herrn Bruhøls "Festung Norwegen" (vgl. S.141ff.). Es sind die Bruchstücke mit denen der im Werk reflektierte Erzähler die sozialdeterministischen Sklavenbindungen aufbrechen und neue plastische Zusammenhänge schaffen will.

Fløgstads Sympathie und Standpunkt gegenüber dieser Entwicklung liegt bei der Industriekultur, repräsentiert durch die Schwerindustrie mit ihren persönlichen und sozialen Erfahrungen, historischen Einsichten und Möglichkeiten. In der Industriekultur findet er nicht nur die Metaphern, die ihm die deftige Arbeitersprache liefert, sondern auch die unersetzlichen Werte der sozialen Gemeinschaft, Solidarität und Glaube an das Leben und an die Zukunft, d.h. Utopie. Fløgstads ganzes Werk wird von einer grundlegenden, von Bloch inspirierten Utopie getragen (nach *Das Prinzip Hoffnung 1-3* , 1959), einer hoffnungsvollen Grundhaltung, die er konkret aus persönlichen und historischen Erfahrungen und Einsichten zu bestimmen sucht, die durch wissenschaftliche Reflektion verschiedener Art erklärt und weitergeführt werden.
Ideologisch ist Fløgstads gesellschaftliche Utopie sozialistisch zu nennen. Doch sein Sozialismus steht in größerem Abstand sowohl zum dogmatisch geschlossenen Marxismus-Leninismus als auch zur pragmatischen (d.h. marktorientierten) Sozialdemokratie. Letztgenannte kritisiert er, weil sie Norwegen ökonomisch und politisch zu einem amerikanischen Satellitenstaat gemacht habe. Besonders beunruhigt ist er über die Rolle Norwegens im Kalten Krieg als der Musterschüler in der NATO-Klasse und über den Umfang, den die militärische und zivile Überwachung seiner Ansicht nach in der Demokratie Norwegens zu

Des Gelächters hoffnungsvolle Befreiung

Friedenszeiten angenommen hat. In *U3* (1983) ist diese Thematik zentral. Doch wie unrein Fløgstad ideologisch ist, zeigt sein Verhältnis zur amerikanischen komerzialisierten Pop- und Subkultur sehr gut.

Fløgstads Werk gewinnt eine spannungsgeladene Integrität dadurch, daß er an seinem sozialistischen Standpunkt (selbst)kritischer linksmarxistischer Prägung festhält, nachdem viele andere Linksintellektuelle aus persönlicher Überzeugung oder aus mehr opportunistischen Gründen im Zuge der politischen Klimaveränderungen in Osteuropa und im sogenannten progressiven Milieu Westeuropas während der letzten Jahre als Abtrünnige oder vereinzelt sogar als Renegaten auftreten. Die Letztgenannten werden übrigens in dem Essay "Intellektuelle i Ambivalencia" (*Norsk Litterær Årbok 1987*) gründlich durchgenommen.

Für Fløgstad ist es darum ein Paradoxon der Geschichte und Beispiel für den irrationalen und konjunkturbestimmten Charakter des Menschen, daß es ausgerechnet in den achtziger Jahren, da die rechtsgerichteten, kapitalistischen Kräfte in Norwegen und international freigesetzt werden, da die Börsenkultur der Yuppies im Verein mit der aalglatten Unterhaltungsindustrie und Gallup-Demokratie der Massenmedien sich ungehemmt ausbreiten kann, opportun wird, eine theoretisch und systematisch fundierte Gesellschaftskritik wie z.B. die marxistische abzuwerfen, die den ungezügelten Marktkräften, den Destruktivkräften, wie Fløgstad sie nennt, und deren Verbrauch der menschlichen und natürlichen Ressourcen Widerstand leisten könnte.

Vor diesem Hintergrund muß man auch Fløgstads Weigerung sehen, sich als Postmodernist bezeichnen zu lassen, so zeitgemäß seine Form sonst auch ist. Denn als Programm repräsentiert der Postmodernismus gerade die Tendenz zur politischen und kulturellen Enthistorisierung und zur Auflösung sozialer Bande und der Solidarität, gegen die Fløgstad sich in seinem Glauben wendet, daß es nötig ist, für soziale Gerechtigkeit, kollektiv bedeutsame Bezüge und Kontrolle über das "ökonomische

Ole M. Høystad

Sytem" zu arbeiten und dadurch persönliche Selbstdarstellung zu verwirklichen. Um eine solche Utopie zu realisieren, braucht es in der ungeheuer komplexen modernen Gesellschaft systematische Einsichten, den Willen, an ihnen festzuhalten und in der Ausführung die Strategien zu verfolgen, die die praktisch taugliche Vernunft vorgibt. In dieser Perspektive muß man Fløgstads philosophische und wissenschaftliche Reflexionen einordnen.

Aufklärung und Wissenschaft

Die Theorie wirkt auch im belletristischen Teil von Fløgstads Werk als treibender Gedankenimpuls. Fløgstads Schrifttum ist auf verschiedene Art und Weise in Gang gesetzt, geprägt und umgeben von Theorie und in die Theorie hineingeschrieben. Es hat zwei Hauptquellen: erstens das historisch gelebte Leben, wie es aus der natürlichen und geschichtlichen Grundlage der Lebenswelt entspringt; zweitens die Theorie, den systematisch ausgedachten Begriff. Theoretisch baut er neben der genannten Sprachwissenschaft vor allem auf die Sozialphilosophie. Ohne aufgesetzt zu wirken, gibt die wissenschaftliche Reflexion seinem Werk Perspektive und Richtung. Das Bemerkenswerte bei Fløgstads Gebrauch der Theorie ist, daß sie nie abstrakt erscheint, sondern stets an einen konkreten historischen Stoff geknüpft und benutzt wird, um den allmählich abgeschwächten utopischen Akzent zu verstärken und zu bestimmen, der dem gelebten Leben entspringt. Es besteht mit anderen Worten ein dialektisches Verhältnis zwischen Fløgstads epischen Erzählereinschüben und logischen Begriffen und der ausgedachte Begriff ist ebenso offen und dynamisch kreativ wie das erzählte Wort (in Übereinstimmung mit Paul de Mans hermeneutischem Prinzip, vgl. z.B. *Blindness and Insight* , 1971).

Was die Gesellschaftswissenschaft angeht, steht Fløgstad weit abseits und polemisiert gegen deren positivistische Methodik. Er ist ein Sozialphilosoph mit phänomenologischen Zügen und er erhellt am klarsten die

Des Gelächters hoffnungsvolle Befreiung

geistesgeschichtlichen, sozio-kulturellen und kapital-logischen Perspektiven. Es könnte verlockend sein, ihn Norwegens führenden Kultursoziologen zu nennen. Um eine lange Ideengeschichte abzukürzen, können wir sagen, daß er sich an eine kritische Tradition anschließt, insbesondere die links-marxistische Tradition der klassischen Frankfurter Schule bis zu den Neo-Frankfurtern, die (unter dem Druck der Postmoderne?) endlich begonnen haben, sich für Ästhetik und Rhetorik zu interessieren. Es gibt also Grund zu behaupten, wie es Helge Rønning im genannten Artikel tut, daß Fløgstad hineingehört in die vorherrschende europäische Aufklärungstradition seit dem 18. Jahrhundert. Wohlgemerkt fügen wir hinzu, daß Fløgstad sich "einer grundlegenden Kritik [von Renaissance und Barock zum Modernismus] an der Selbstzerstörung der westlichen Aufklärungsphilosophie, wie sie sich in den Weltkriegen ausdrückt" (*Ordlyden*, S.86) und an der destruktiven Instrumentalisierung der Vernunft abschließt (wiederum in Übereinstimmung mit der klassischen Haltung der Frankfurter Schule, z.B. seit Horkheimers und Adornos *Dialektik der Aufklärung*, 1947). Klargestellt werden muß auch, daß Fløgstad stark gegen die Tendenz angeht, einheitliche, geschlossene und monologische Gedankensysteme aufzubauen, wie sie gerade der europäischen Aufklärugstradition entspringen.

Unter den vielen Gesellschaftswissenschaftlern und Sozialphilosophen, auf denen Fløgstad aufbaut, nimmt Jürgen Habermas eine Sonderstellung ein. Von Habermas' Schriften wiederum ist die *Theorie des kommunikativen Handelns* (1981) zentral. Fløgstad stellt die Bedeutung dieses Werkes als bahnbrechend dar (z.B. in einer Rede beim Jahrestreffen der norwegischen Sprachgesellschaft 1984), weil es systematisch den Übergang von der Industrie- zur Kommunikationsgesellschaft, von der Arbeits- zur Sprachgesellschaft erklärt und aufzeigt, welche historischen Konsequenzen diese habe. Helge Rønning erklärt Fløgstads Dichtung aus Habermas' Begriffspaar "Lebenswelt - Systemwelt":
 "Fløgstads Werk läßt sich lesen als ein Versuch, die Bereiche zu zeigen, in denen der Widerstand gegen die instrumentale Vernunft der System-

Ole M. Høystad

welt und als Verteidigung der Lebenswelt erweist, wie sie im Alltagsleben, in der Kunst und den utopischen Ausdrucksformen der Massenkultur hervortritt. Das heißt: Gewicht legen auf das Widersprüchliche sowohl in Thematik wie Diskurs." (op.cit. S.36)

Ein besonderer Grund, warum das genannte Werk von Habermas eine so zentrale Stellung in Fløgstads Gedankenwelt einnimmt, ist, daß es die beiden hauptsächlichen Wissenschaftszweige, auf denen er aufbaut - Sprachwissenschaft/-philosphie und Gesellschaftswissenschaft/-philosophie -, in der Sprache als der grundlegenden, allumfassenden Kategorie zusammentreffen läßt. Wenn die Sprache somit den ersten Rang erhält (vor der Theorie, Ideologie und Ökonomie), erklärt sich auch, wie Fløgstad in seinem Werk der Rhetorik, Sprachwissenschaft und Poetik einen so zentralen Platz einräumen kann und warum viele darum neigen, Fløgstad als einen exklusiven Ästhetiker anzusehen.

Der Übergang von der Industrie- zur Kommunikationsgesellschaft muß notwendigerweise und konstitutiv Konsequenzen für Fløgstads literarisches Vorhaben haben. Die letzte Umdrehung am Rad der Geschichte fördert eine Reihe von Fragen über die Bedingungen der Schönen Literatur herauf: Ist die historische Grundlage für die gesellschaftliche Bedeutung der Dichtung verschwunden? Ist eine engagierte, gesellschaftskritische und utopische Dichtung à la Fløgstad zu einem anachronistischen Überrest aus einer Zeit geworden, in der es möglich war, eine Botschaft vom Autor zum Leser weiterzugeben, und in der die Botschaft individuelle und kollektive Bewußtseinsstrukturen und die Spuren sozialer und politischer Handlungen berührte? Ist Fløgstad selber mit seinen ideologischen Präferenzen und seinen ideologischen Aufklärungsvorhaben trotz aller komödiantischen Ausbrüche und phantastischen Paradoxa ein klassischer Tendenzdichter, an dem die historische Entwicklung vorbeigegangen ist? Und trägt sein gesuchter Gebrauch von Bezügen zur Massenkultur nur dazu bei, die Kluft zwischen den unreflektierten Massen und seine eingeweihten, gebildeten

Des Gelächters hoffnungsvolle Befreiung

Lesern zu vertiefen, so daß seine belletristischen Texte, z.B. *Det 7.klima*, seinen literarischen Prinzipien zuwiderlaufen?

Fløgstad ist sich natürlich im klaren über die Selbstwidersprüche in seinem eigenen Werk und im Verhältnis zwischen Kunst und Gesellschaft. Seine Essays sind eine zusammenhängende Reflexion über die Bedingungen aller kreativen Produktion und Reproduktion, sei es Ware oder Meinungen, Dienstleistungen oder Metaphern. Auch hat er keine Illusionen bezüglich der wirtschaftlich ausbeutenden und geistig verflachenden Kräfte, die hinter den quantitativ gesteuerten Massenmedien stehen. Wir haben gesehen, in wie weit sein Werk von *Dalen Portland* an eine zusammenhängende Kritik der Entwicklung in der Mediengesellschaft ist, die in *Det 7.klima* dieses ontologische Zeugnis ausgestellt bekommt: "Oberflächlich. Zutiefst und grundlegend oberflächlich."

Fløgstad weigert sich dennoch, sich den kulturpessimistischen Klageweibern (von den Liberalisten des Kulturlebens bis zu Adorno und den verführerischen postmodernen Flaneuren) anzuschließen, sondern will vielmehr aus seiner optimistischen Grundhaltung und seinen üppigen Phantasien heraus die Möglichkeiten erblicken, die positiven Bedingungen, um Bedeutung und Kommunikation, Erkenntnis und Gemeinschaft zu schaffen. Die Möglichkeiten finden sich faktisch in reichem Maß für diejenigen, die die ewigen Vorurteile über den Verfall der Zeiten abschütteln, so daß sie diese offensichtlichen Möglichkeiten ihrer Zeit entdecken und nutzen können. Auf jeden Fall gibt es keinen Grund zum Pessimismus für diejenigen, die gleich den Schriftstellern mit Sprache und Vermittlung, mit Zeichen und Bildern verschiedener Art arbeiten. Denn wenn es wirklich so ist, daß wir in einem Kommunikationszeitalter leben, muß dies doch ein goldenes Zeitalter für Poeten sein. Das ist eine logische Schlußfolgerung simpelster Art.

Der angebliche Tod der Dichterherrschaft und des Romans stellt einen rhetorischen Bluff oder einen begrifflichen Irrtum dar. Zu bedauern sind

Ole M. Høystad

jene, die sich von der Begriffsverwirrung täuschen lassen oder darunter leiden. Beide Kategorien werden zwangsläufig von der Zeitmaschine überholt werden. Doch nicht Fløgstad. Für ihn ist die Zeit wie geschaffen. Er ist Kind seiner Zeit, bekennt sich sowohl zur geistigen Patenschaft als auch zur körperlichen Vaterschaft echter und unechter Kinder seiner Zeit, feiert lebensbejahend die Vielfalt des Lebens, kolportiert die Gedanken, die die Zeitschriften ihm vorgeben, vermengt reine logische Gedanken und unreinen Kitsch, lacht diejenigen aus, die ohne Hoffnung gegen die Zeit gehen, lacht mit den anderen Mitläufern, die dagegen die Richtungspfeile der Zeit wenden und biegen - weg von den sich selbst erfüllenden Chaoserwartungen der Klageweiber. - Der Dichter drückt die Möglichkeiten der Dichtung in der Reproduktionsgesellschaft folgendermaßen aus (Fløgstad gibt selbst die beste Einführung in die Ideengrundlagen und Bedingungen seines Werkes):

"Für mich repräsentiert der Übergang von der Arbeits- zur Kommunikationsgesellschaft (oder die Überführung des utopischen Akzentes vom Arbeits- zum Kommunikationsbegriff) einen wirklichen Scheideprozeß. [...] Die Kultur verliert ihre politische Rolle als eigenständige kritische Instanz gegenüber den gesellschaftsbildenden Institutionen. [...] Doch im Gegensatz zu den Pariser Rien-ne-vas-plus-Thesen meine ich, daß es einen gewissen subversiven Spielraum auch innerhalb der Massenkommunikation gibt. Wenn die Gesellschaft mediengesteuert, d.h. sprachgesteuert ist, gibt dies der Literatur und der Literarizität eine ganz neue gesellschaftliche Position. Rhetorik und Sprachwissenschaft treten mehr und mehr als Schlüsselwissenschaften hervor, und der Dichter ist schon zum Kulturhelden der achtziger Jahre geworden. "
(Språkkritikk blir samfunnskritikk", *Tyrannosauros Text* , S.62f.)

Damit haben wir den Punkt erreicht, an dem alle Inspirationsquellen in Fløgstads Werk in einen Strom zusammenfließen, der sich - jedenfalls für ein Stück des dargestellten Weges - in verschiedene Schichten

Des Gelächters hoffnungsvolle Befreiung

mit einer gewissen inneren Rangordnung umverteilen läßt. Diese Unterteilung erhellt nicht die Selbstwidersprüche in seiner Dichtung, aber kann sie erklären als Teil eines unvorhersagbaren dynamischen Systems ohne feste innere Ordnung und ohne festes Ziel.

Kern von Fløgstads unlenkbarem literarischen Universum ist - philosophisch, poetisch, thematisch und metapoetisch die Sprache, oder besser die schriftlich fixierte Sprache. In der diskontinuierlichen Sprache schlägt sich die heterogene üppige Geschichte und das mehrdeutige Kulturerbe nieder, und die Sprache ist in sich selber vorwärtsgerichtet und schöpferisch. Sprache ist das erste, was gemeinschaftlich angenommen wird (nach Roman Jacobsons Sicht), und das Mittel zur Sozialisierung, Verführung oder Aufklärung des Menschen. Darum ist es in der postindustriellen Gesellschaft, in der der konkrete Zusammenhang zwischen Wort und Ding wegabstrahiert worden ist - was Entfremdung zur Folge hat -, wichtiger als je zuvor, die Sprache zu meistern und die grammatische Sprachregel wie die politischen Sprachspiele zu durchbrechen. Doch die Sprache kommt ohne pädagogische, sozialpsychologische und politische Appelle und ohne ästhetische Apologeten aus, denn die moderne Gesellschaft ist gänzlich sprachkonstituiert. Alles ist Sprache, und es entstehen ständig neue Sprachspiele und Sprachregeln im Zuge der gesellschaftlichen Entwicklung. In diesem intertextuellen Beziehungsuniversum, wo Wort und Ausdruck, Zeichen und Bedeutung, Bild und Begriff versteckt oder direkt aufeinander bezugnehmen und sich ineinander unauflöslich in immer neuen Konstellationen von alt und neu, bekannt und unbekannt, verflechten, dort ist der Dichter der Herrscher.

Solch eine Kunstauffassung ist nicht notwendigerweise ein Ausdruck von Postmodernismus. Es gibt einen Unterschied zwischen Postmodernität als unumgänglicher Bedingung und Postmodernismus als ideologischem oder ästhetischem Programm. Wenn es auch in der pluralistischen Gesellschaft keine allgemein akzeptierten Normen gibt, die entscheiden, was zulässig ist, und wenn auch alle Werte umgewertet werden müssen, bedeutet das nicht, daß der Versuch sinnlos ist, zu bestimmen, welche Werte wirklich hier und jetzt innerhalb eines gegebenen Rahmens gelten können. Im Gegenteil. Diese Überlegungen werden unter solchen Umständen unverzichtbar. Daß Sprache "nur" Funktion ohne einen festen, ewigen inneren Kern sei (nach Wittgenstein), heißt nicht, daß es egal ist, welche Sprachfunktion man wählt, oder welches Sprachspiel oder nach welchen Regeln man zu spielen beabsichtigt. Da die Sprache eine unauflösliche Polyphonie ist, in der viele Stimmen in Text und Rede zusammenklingen (nach Bachtin), kann der einzelne mit einstimmen und seine Redeweise (Diskurs) bestimmen, wo einzelne, z.B. Dichter, die anderen aufklärend überreden können. Die marktschreierische Kakophonie kann sogar in der Mediengesellschaft differenziert und geordnet werden (wenn die Differenzen nicht groß sind, um so einfacher), so daß die Unterschiede sich gegenseitig ergänzen und überhörte und unausgesprochene Gegen-Stimmen erweitert werden, z.B. eine poetische Widerstandssprache nach Fløgstads Muster. Solch eine positive Sicht von den Möglichkeiten der Sprache macht Fløgstad vielleicht zu einer modernen Kapazität, die die postmoderne Kakophonie zu einer kontrapunktischen Symphonie um-stimmen kann, die in einen begeisterten Ausdruckswillen die Hoffnung aller auf eine bessere und sinnvollere (Lebens-)Welt hinaussingt.

Wenn Fløgstads Dichtung Integrität besitzt - wie wir das behauptet und zusätzlich untermauert haben, durch die oben genannte Bejahung der Bedingungen sprachlicher Kommunikation - bedeutet das mit anderen Worten, daß seine Dichtung Zusammenhang und Ganzheit besitzt. Ist es so - im traditionellen Sinn?

Des Gelächters hoffnungsvolle Befreiung

Zusammenhang und Ganzheit

In Milan Kunderas *Udødeligheten* (norw.Übers.1990) heißt es:
"Derjenige, der noch verrückt genug ist, heutzutage Romane zu schreiben, muß, wenn er sie absichern will, sie so schreiben, daß sie sich nicht bearbeiten lassen, mit anderen Worten: daß sie sich nicht nacherzählen lassen."

Wenn man Kunderas Aussage als ästhetische Bedingung oder Programm auffaßt, hat Fløgstad mit *Det 7.klima* genau einen solchen Roman geschrieben. Denn dieses Werk läßt sich nicht als eine zusammenhängende Erzählung paraphrasieren. Nichts "stimmt" hier im traditionellen, realistischen Sinn: Die Chronologie ist aufgebrochen, die historische Zeit stimmt nicht mit der fiktiven historischen Zeit überein, aus der Geschichte werden Geschichten, die Entwicklung wird zur Einwicklung, es gibt haarsträubende Anachronismen, unzeitgemäße Brüche, unwahrscheinliche und unmögliche Zusammentreffen. Sogar Zeitrechnung und Zeitmaßstäbe sind zusammengebrochen. Es ist nicht klar, ob die Zeit - episch, historisch und evolutionistisch - vorwärts oder rückwärts geht oder zum Stillstand gekommen ist. Nominell befinden wir uns am Grenzposten der Zivilisation und der Natur, in Media Thule in einer nicht allzu fernen Zukunft, den neunziger Jahren, die merkwürdig an den im doppelten Sinn amerikanisierten Satellitenstaat Norwegen der achtziger Jahre erinnert, überbelichtet und mit zunehmendem Tempo auf den Jahrtausendwechsel ausgerichtet. Hier begegnet eine verwirrend große Zahl fiktiver und historischer Personen mit eigenen vergangenheitsschweren, gegenwarts- und zukunftsleeren Geschichten, die sich im positivistischen Sinn unerklärlich, aneinander knüpfen und an die Autorbiographie, die als Prisma die Geschichten bricht und mit einem unbestimmbaren und unergründlichen, seinen Standpunkt dauernd ändernden Erzähler, der raisonnierend Wahrscheinliches und Unwahrscheinliches vermittelt. Erzähltechnisch scheint somit *Det 7.klima* eine Entwicklung zu vollenden, die sich durch das ganze Werk seit *Dalen*

Ole M. Høystad

Portland verfolgen läßt: das Phantastische bricht deutlich den epischen Zusammenhang auf, hin auf eine immer stärkere Auflösung der traditionellen epischen oder narrativen Chronologie. Die Entwicklung umfaßt zugleich eine Verstärkung des logisch-raisonnierenden, essayistischen Stils, ohne daß allerdings der utopische Akzent oder die suggestive Phantasie und die Wortspielerei abgeschwächt würden. Die Frage ist, wie eine solche Entwicklung sich vereinbaren läßt mit unserer Behauptung, das Fløgstads Werk, einschließlich *Det 7.klima* , ein integriertes Ganzes bildet. Es gibt keinen Zusammenhang ideologischer Art oder ästhetisch grammatische Erklärungen über das Schaffen von Zusammenhang, wie der Oberflächentext diese Intentionalität mehrfach in Fløgstads Werken ausdrückt. Der raisonnierende Erzähler in *Fyr og flamme* , Wim Runar Leite, formuliert diese Intentionalität aus persönlichen Erfahrungen und der eigenen historischen Stellung:

"Etwas, das ganz war, ist [...] in Fetzen zersprengt und von Wind und Wetter in tausend Stücke zerstreut worden. Es tut weh, es tut weh, Teil von etwas gewesen zu sein und es jetzt nicht mehr zu sein und auch nicht Teil von etwas Neuem zu sein. Ja, das tut weh und vielleicht habe ich mich deshalb daran gemacht, die zerstreuten und scheinbar sinnlosen Stücke aufzusammeln, die Fetzen aufzusammeln, alles aufzusammeln, was ausgeschlossen ist, zerhauen, aus seinen Zusammenhängen gelöst, zersplittert und zermalmt, vernichtet, bedeutungslos, trivial und alltäglich gemacht durch das, war wir mit einer Nebelbank von Wort Entwicklung nennen. [...] Besonders schmerzlich, will ich sagen, wirkt diese Lage, weil die äußeren sozialen Umstände der obengenannten Bildunsgexplosion in jedem einzelnen von uns verlagert und unsichtbar gemacht werden."(S.17)

Diese Einlagerung ist der Hauptgrund dafür, daß die gesellschaftlichen Zusammenhänge und deren konkrete Grundlage abstrakt und nicht unmittelbar erkennbar geworden sind. Die auftretende Abstraktion eröffnet Möglichkeiten der gesellschaftlichen Manipulation und suggesti-

Des Gelächters hoffnungsvolle Befreiung

ven Verführung oder für flanierendes Maskenspiel. Um der Verführung und Ausbeutung unterschiedlicher Art zu entgehen, muß man also die Zusammenhänge erkennen und konkret wiedererkennen. Dazu dienen Fløgstad unterschiedliche Kunstgriffe vom unterschwellig verwendeten Bild bis zum konkret zupackenden Begriff.

Fløgstads utopischer Versuch, Zusammenhänge zu schaffen, ist jedoch nicht Ausdruck eines nostalgischen oder, noch schlimmer, reaktionären Wunsches, zu Lebensformen zurückzukehren oder diese neue zu schaffen, in denen die Menschen in einem überschaubaren und wahrnehmbaren Verhältnis zueinander und zu ihren gesellschaftlichen Funktionen stehen. Nach W.R. Leites Programm ist es das Unterdrückte und das noch nicht geschaffene Neue, worauf er abzielt. Gleichwohl wirkt es, als wenn er den psychologischen Bedarf oder den intellektuellen Drang nach Zusammenhang als etwas ursprünglich Gleichbleibendes und Primitives im anthropologischen Sinn auffaßt. Dieser anthropologische Wunsch nach Zusammenhang steckt tiefer als alle ideologischen und historischen Gründe. Es ist übrigens typisch für Fløgstads phänomenologische Anthropologie, daß er trotz aller ideologischen und intellektuellen Überbauten die geschichtliche Aktivität der Menschen aus einem primitiven, tiefen, undurchdringlichen und unterbewußten Dschungel entspringen läßt. Sein Interesse sucht nach den Außenwänden des Geschichtlichen, nach der "anderen Seite", wie er die Transzendenz bezeichnet. Doch Fløgstads Transzendenz hat nicht den klassisch metaphysischen Charakter. Gemeinsam haben Fløgstads und die traditionelle Transzendenz, daß beide üblicherweise als unergründlich, unnennbar dargestellt werden. Fløgstads Transzendenz ist jedoch immanent, nicht im Hegelschen, sondern im trivialen, ironischen Sinn. "Die andere Seite" ist die, die noch keine Sprache hat, die unter anderem sozial oder ideologisch tabu ist, z.B. was hinter dem Eisernen Vorhang geschieht (bzw. geschah), was sich dem öffentlichen Blick durch Verheimlichung und Überwachung entzieht, wie dies in *U3* dargestellt ist. "Die andere Seite" ist die total zeichengesättigte Mediengesellschaft, wo der Laut-

Ole M. Høystad

sprecherlärm so ohrenbetäubend, der Bilderstrom so blendend und die Druckerschwärze so dick ist, daß die Versuche des Bilderstürmers, die Schall- und Bildermauer im Tabloidformat zu durchbrechen, vom Schwarzen Loch aufgesogen zu werden, ohne die geringste Spur zu hinterlassen. Gegen einen solchen Gegner wählt Fløgstad die paradoxe Kommunikation als Strategie. Wenn der öffentliche Diskurs total gesättigt ist, sagt Schweigen am meisten aus. Darum schreibt Fløgstad aus Prinzip nicht in Zeitungen. Niemand kommt in seinem Werk so schlecht weg wie Zeitungsjournalisten. Statt dessen schreibt er Romane, die die Tagespresse mehr und mehr verwirren und in aggressive Frustration treiben, da sie u.a. nicht die Kunst versteht, "zu erzählen durch Schweigen und zu verstehen durch Erzählen, die Kunst, die er selber [Salim] bald zu Literatur machen wird." (*Det 7.Klima* , S.222)

"Schreiben heißt vermitteln zwischen Wahnsinn und Verstand. Nur das Schreiben kann beides umfassen. Darum ist der Schreiber die Schlüsselfigur, die die Gesellschaft zusammenhält." (op.cit. S.272)

Diese Kunst lernt Salim bei dem volkstümlichen Erzähler in der Provinz, der u.a. Anekdoten in einer Grenzsprache erzählt, dem Westland-Dialekt, mit einem Wortreichtum, der die selbstbezogene Mehrheit im Zentrum als Armut verleumdet, da sie selber in ihrer Sprache diese Worte nicht besitzt.

Der volkstümliche Erzähler in der Provinz erzählt von den Zusammenhängen des konkreten Lebens, und er weiß gemäß Walter Benjamin ("Der Erzähler" in *Über Literatur* ,1969) Rat für seine Zuhörer, auch für den postmodernen Salim Mahmood. In der volkstümlichen Erzähltradition bekommt Salim ein Lied zu hören, ein Gedicht des neunorwegischen Dichters Per Sivle, das dem Drang nach Zusammenhang auslöst, benennt und reflektiert, der Salim (und vielleicht auch Fløgstad) zum Dichter macht. Das Lied heißt "Der erste Gesang" - mit folgender Schlußstrophe:

Des Gelächters hoffnungsvolle Befreiung

"Und wenn ich erschöpft nachlasse"
Salim spitzt die Ohren und hört zu:
"Im Streit mit allem, was zerbricht,
Höre ich still von Mutters Grab
Den Gesang, der alles heilt."

Die letzte Zeile gibt vielleicht die Antwort "auf alles, wonach Salim selber, Lou und Garborg und Lacans ganze Psycho-Logie fragten? Warum diese Gier, alles heil zu machen, den Körper zu heilen und die Gesellschaft zu totalisieren?" (S.219) Ein Gesang also, ein Gedicht kann die Zusammenhänge wiederherstellen, die sich in der Gesellschaft aufgelöst haben. Es ist die Aufgabe der Kunst, die Menschen in einen Zusammenhang zu bringen mit sich selber, der Gesellschaft und der Geschichte und einen sprachlichen Zusammenhang zu schaffen, wo der äußere verlorengegangen ist.

Salim aber hegt sofort Gegenvorstellungen gegen eine solche Kunstphilosophie - wie auch W.R. Leite gegen Ende seines Schreibprojekts in bezug auf den Glauben an den großen Zusammenhang der Wahrheit (vgl. S.354 in *Fyr og flamme*). Unter anderem rühren Salims Bedenken aus Lacans psychologischer Theorie her: Der Drang, Zusammenhang herzustellen, ist in seinem unbewußten Triebcharakter totalitär. Blind und irrational treibt dieser somit auf ein konsequent geschlossenes Ideensystem, logischen und ideologischen Totalitarismus zu, der keine zusammenhangslosen Brüche duldet, wenn ein Rest fehlt oder nicht restlos in der Totalität aufgeht. Das wahre Gesicht, nicht nur die Rückseite dieser Geschichte, kennen alle, die ihre Lektion in Geschichte gelernt haben. Der erste Gesang hat seine historische Rolle ausgespielt; er ist passé. Er endet mit dem Tod und muß niedergeworfen werden, damit Platz ist für neues Leben unter neuen Bedingungen, spiegelverkehrt und auf andere Weise neu zusammengesetzt, wie Salim dies tut, als er den Namen Sivle rückwärts liest: elviS. Damit ist er an einer von Fløgstads modernen Quellen angelangt, der zweideutigen Popkultur:

Ole M. Høystad

"Sprache in der Entwicklung ist das Spiegelbild der Sprache im Zusammenbruch,. Vielleicht ist es nicht die Medizin und nicht die Politik, sondern ein Lied, das alles heilt. Das Lied, das still ist wie ein Grab?" (S.220)

Was übrig bleibt, ist der Trieb weg vom Tod, die Primalschrift (Fløgstads Begriff), die offene Ausdrucksbegierde der Sprache, nachdem die verborgenen Schaffenskräfte in ihr selbst, im Menschen und in der Geschichte freigesetzt sind. Doch wie dies nach Fløgstad sicher geschehen kann, ist noch ungeklärt.

Die analogische Denkweise

Trotz aller Widersprüche halten wir hartnäckig daran fest, daß Fløgstads Dichtung Zusammenhang und Ganzheit vermittelt. (Doch immerhin: mit Holismus und anderen Schwärmereien hat er nichts zu tun.) Doch geht es nicht um einen horizontalen, epischen Zusammenhang mit einer mehr oder minder linearen Chronologie, die vom Lebenslauf einer Hauptperson vorgezeichnet ist, die mit sich selber und der Umwelt in Zusammenhang steht. Auch ist es kein systemisch-logischer Zusammenhang von der Art, wie sie die halbgebildeten Helden in Fløgstads Romanen von ihren Dozenten an der Universität lernen, wenn sie für das Philosophieexamen Logik und Methodenlehre lesen; wenn sie über notwendige und hinreichende Prämissen für logisch haltbare Schlüsse lernen, daß diese explizit formuliert und die Begriffe präzise definiert werden müssen, daß die Argumentation Schritt für Schritt durch Ketten zwangsläufiger Schlußfolgerungen vorangehen muß, um logisch richtig zu sein, und daß Selbstwidersprüche, Inkonsequenzen und logische Kurzschlüsse die größte Todsünde sind: die größte Annäherung an den reinen Gedanken und den Menschen als Vernunftwesen. Von einer solchen Formallogik aus betrachtet, ist Fløgstads Denkweise sowohl unrein als auch in sich widersprüchlich - doch dies mit voller Überlegung und Systematik. Gleichwohl wird Fløgstad als ein Logos-Dichter charakterisiert. Seine Logik ist jedoch von anderer Art als die stringent formale nach mathematischem Prinzip. Letztere ist gut genug für ihre Zwecke (wohlgemerkt: Fløgstad ist kein Antiintellektueller), aber nicht wenn die Zielsetzung dahingeht, eine menschliche und historische, innere und äußere Ganzheit in ihrer heterogenen, überquellenden Mannigfaltigkeit einzufangen, wie es Fløgstad systematisch anstrebt. Dazu braucht es eine andere Methode als die stringent formallogische. Ich möchte Fløgstads methodische Logik analogisch nennen, von ana-logos, das hindeutet auf logos und die Vernunft und einen anderen Begriff (ana).

Konventionell wird die Bezeichnung Analogie für Schlüsse von gleich zu gleich gebraucht. Dies gilt gewöhnlich als unwissenschaftliche Denkweise. Denn Analogien gibt es überall. Im wissenschaftlichen Kontext ist darum das Analogiedenken suspekt. Es läßt sich nicht mit den obengenannten Folgerungsketten nachprüfen oder empirisch verifizieren. Das Analogiedenken gibt indessen den kreativen, unwissenschaftlichen Synthetikern einen Vorteil gegenüber den Spezialisten, die mit ihrer institutionalisierten, positivistischen Sprache ihr kleines Feld beackern und "objektive", d.h. verifizierbare Resultate servieren, während also das Analogiedenken als spekulativ, phantastisch, minderwertig abgetan wird. Kinderdenken so, z.B. wenn sie Verben falsch beugen. Der Punkt ist jedoch, daß die Kinder richtig denken, überall analoge Strukturen sehen (auch wenn sie zuweilen das falsche Paradigma wählen), denn so ist die Welt aufgebaut. So ist auch die Sprache aufgebaut. Die Sprache baut auf Analogien. In der Sprache schlägt sich eine Analogie zwischen Phänomenen und Worten/Begriffen nieder. Die Begriffe sind nicht die Phänomene, sondern sie referieren auf diese in Form einer impliziten Analogie. Wenn erst die Sprache mit einer solchen analogischen Tiefenstruktur im Verhältnis zur Welt etabliert ist, genügt sie sich gewissermaßen souverän selbst. Das heißt, es gibt in der Sprache Analogien, die wesentlich werden: zwischen Wort und Ausdruck, Begriff und Bild, zwischen Zeichen und Bedeutungen, zwischen deren

Ole M. Høystad

Denotationen und Konnotationen usw. Dies gilt auf allen Ebenen und in allen Zusammenhängen im Sprachsystem: lautlich und lexikalisch, morphologisch und syntaktisch. All diese Querbeziehungen eröffnen eine endlose Auswahl von möglichen Analogieschlüssen, die Fløgstad in seiner sprachlichen Spielbesessenheit ausnutzt, um begeistert neue Einsichten zu gewinnen.

Man denke nur an all die konnotationsreichen Analogien und Gegensätze, die Fløgstad in einen einzigen Namen hineinlegen kann: Robinson Freitag (*Det 7.klima*). Allein der Name umfaßt eine gesamte Kulturgeschichte oder Zivilisationskritik von der Prämoderne zur Postmoderne und erhält seine analogischen Strukturen durch seine quasidokumentarische Biographie, eine Geschichte, die sich unmöglich paraphrasieren läßt. Man muß sie lesen - und genießen!

Die gesamte poetische Bildersprache baut auf Analogien. Neue Metaphern entstehen, indem der Sprachschöpfer neue Analogien zwischen verschiedenen natürlichen oder, wie bei Fløgstad, historischen Phänomenen und Texten sieht, zwischen verschiedenen historischen und fiktiven Personen.

Das Ausschlaggebende bei der analogischen Methode ist, daß Gleiches und Gleiches zusammenkommen - und zwar unmittelbar und spontan. Wo der kausalistische Positivist oder der epische Chronist sich explizit durch alle dazwischenliegenden Etappen zu einem halbwegs voraussagbaren Resultat vorarbeiten müsse, dort hat der Analogiedenker längst die Zusammenhänge erkannt und sie durch ein treffendes und überraschendes Bild wahr-scheinlich werden lassen. Solche analogisch konstituierte Zusammenhänge und Metaphern gibt es bei Fløgstad zuhauf.

Ohne Analogie kein Verständnis. Wittgenstein zeigt dies. Er baut bekanntlich auf der Analogie von Spiel und Sprache auf (z.B. wie Kinder mit dem Ball verschiedene Spiele spielen), um das Wesen der Sprache zu

Des Gelächters hoffnungsvolle Befreiung

erläutern, sowie ihre Funktion und das Verhältnis von Regeln/Definitionen und konkretem Sprachgebrauch. Dieses analoge Modell hat sich außerordentlich anregend auf Fløgstads Sprachgebrauch und Denkweise durch die ganzen achtziger Jahre hindurch ausgewirkt (vgl. z.B. *Det 7.klima* , S.229f.).

Die analoge Methode ermöglicht es auch, einen Kosmos zu schaffen (anstatt auf postmoderne Art das Chaos zu feiern oder sich gleichsam selbstvergewissernd fest an voraussagbare und deterministische Forschungen zu binden):

"das analoge Verständnis spürt das Typische auf, das in den verschiedenen einzelnen Dingen wiederkehrt, und bei dieser Form der Erkenntnis hat man es mit einer anderen Form der Ordnung [als der kausalen] zu tun: diese setzt das Diskontinuierliche in Verbindung miteinander. Erst diese Form der Ordnung nach Typen macht die Welt zum Kosmos,"

schreibt der dänische Philosoph Mogens Pahuus: *Naturen og den menneskelige natur* (Aarhus 1988, S.180). Nach einer solchen Ordnung schafft Fløgstad einen unbeherrschbaren literarischen Kosmos aus diskontinuierlichen Einzelfällen und unauflöslichen Widersprüchen. Indem er sich der eigenen analogen Dialektik der Sprache öffnet und sich als ein katalytisches Objekt für das frei sprechende Sprachsubjekt benutzen läßt, entlockt Fløgstad der Sprache die Einsichten und Möglichkeiten, die die sprachgebundene Geschichte verdeckt und die nur darauf warten, in Rede und Schrift freigesetzt und verwirklicht zu werden.

Dieser Ausgangspunkt macht Fløgstad zu einem Sprachphänomenologen, aphoristisch ausgedrückt in *Tyrannosauros Text* :

"Mein ganzes Werk hindurch habe ich mich darin geübt, schlecht zu schreiben. Alles, was ich geschrieben habe, war schon vorher da. Man mußte es bloß aufschreiben." (S.8)

Synchronisch aber ist bei Fløgstad die Schrift der Rede übergeordnet. Glaubt man den Erzähler in *Fyr og flamme* (vgl. S.354), so ist Sprechen wirkungslos. Denn im Gegensatz zur Rede steht die Schrift vor dem Leser und schafft so Ver-ständnis . Auch ist die Schrift ebenso dialogisch wie die Rede, d.h. der Dialog ist tiefer in der Schrift. So gesehen ist es die Schrift an der Wand, die sowohl praktisch wie prinzipiell bei Fløgstad den Vorrang hat. Daher hat er, wie sein Sprachrohr W.R.Leite es ausdrückt

"[sich] vorgenommen, [...] eine Wand aus Worten zu errichten, auf der man die Schrift lesen kann; gegen die man laute Klagen rufen und von der man Antwort erhalten kann; die ich außerdem verziert habe [mit typischen, barocken Fløgstad-Kunstgriffen] wie Türen, die man öffnen kann und die durch diese Wand von Worten auf die andere Seite führen. Ja, ich habe die Tür aufgemacht und bin in der Stille und Dunkelheit vorgedrungen [...] " (op.cit., S.8)

Doch auf der anderen Seite gibt es, wie gesagt, nur neue Textmöglichkeiten (und bevor diese realisiert sind, herrscht die Dunkelheit) und nicht Gott oder das wahre Innerste der Sprache. Denn die Sprache hat keinen innersten Kern, lediglich historisch wandelbare und sich wandelnde Funktionen.

Das Analogiedenken birgt natürlich Gefahren. Es kann lose und assoziativ sein statt systematisch und dialektisch. Ein Einwand gegen Fløgstads letzten Roman ist darum auch, daß er nicht sparsam genug mit den ästhetischen Hilfsmitteln umgehe (vgl. Arne Melbergs Artikel in *Norsk Litterær Årbok 1986*), so daß die wesentlichen Erkenntnisse und Pers-

Des Gelächters hoffnungsvolle Befreiung

pektiven von dem kaleidoskopisch wechselnden Sprachstil erstickt werden.

Fløgstad ist sich der Versuchung bewußt, sich ungehemmt der Analogiedynamik hinzugeben und sich richtungslos und atomistisch den zufälligen Gedankensprüngen auszuliefern. Salim Mahmoods ausgesprochene Kritik solcher ästhetisierender Selbstgenügsamkeit ist nicht nur als Polemik gegen das Chaosfest der Postmoderne gemeint, sondern auch als Kritik an einer alten Liebe (die nicht rostet):

"er [...] begann sich von der Kunst zu entfernen, die nur Spiel war, Doppelspiel, Mehrfachspiel, Zauberei, Gaukelei, zufälliger verbaler Glückswurf, Kampf um den raffiniertesten und formvollendetsten Nicht-Standpunkt." (S.301)

Es ist leicht Belege dafür zu finden, daß das Analogiedenken Fløgstads Schreib- und Denkweise zugrundeliegt. Wenn er z.B. den sogenannten lateinamerikanischen magischen Realismus vorstellt, spricht er im Grunde zugleich über seine eigene Praxis:

"Erst wenn man mit den dualistischen Vorstellungen von Erzählung oder Verinnerlichung, Handlung oder Reflexion, konkret oder abstrakt, Geschichte oder Gegenwart, Neunorwegisch oder Stadtnorwegisch gebrochen hat, erst dann ist es möglich, das zu schaffen, was Barthes *gongoristische* Texte nennt, d.h. Texte, in denen der Reichtum der Sprache voll ausgenutzt werden kann, in allen doppelten und dreifachen Bedeutungen der Wörter und auf allen Ebenen, mit Anklängen aller Arten von Fachsprachen, Dialekten und Jargons. Erst dann wird der Text möglich, den weder der Erzähler noch der Stoff, sondern die Sprache selber erzeugt - in Fløgstads Fall mit der westnorwegischen Industriestadt, abgeschirmt durch ruhige Natur, ohne andere Spuren von Zivilisation, als wichtigste Metaphernquelle." (*Ordlyden*, S.16)

Ole M. Høystad

Es ist also nicht die Rede davon, Hoch und Tief, Häßliches und Schönes gegeneinander zu setzen nach einem Hegelschen dialektischen Muster (mit der Synthese als unabänderlichem Resultat), sondern die erlebte Wirklichkeit mit all ihren unausgeglichenen Gegensätzen, schiefen Bruchflächen und unauflöslichen Widersprüchen sich entfalten zu lassen - während der Verfasser durch seinen Erzähler die Perspektive steuert, in der sich die Widersprüche ausbreiten. Wenn der Erzähler in *Fyr og flamme* über Laurence Sterne schreibt, läßt sich das ebenfalls als direkte Darstellung der Ana-logik in Fløgstads eigenen Romanen auffassen,

"in denen er die unzusammenhängende Logik der Alltagssprache dazu bringt, leicht und ohne Anstrengung hin und her zu schwingen, zwischen Gedanke und Gefühl, zwischen Gespräch und Tristram Shandys [Kjartan Fløgstads] eigenen Gedanken und dem Gesagten, zwischen Vergangenheit und Gegenwart, zwischen Hoch und Tief, zwischen allem, zwischen Himmel und Erde, zwischen Newtons Apfel und Adams Apfel und dem Zankapfel." (*Fyr og flamme* , S.20)

Schließlich und endlich hängt auch in der postmodernen Gesellschaft alles zusammen. Doch die Zusammenhänge finden sich vor allem auf der vertikalen Ebene und nicht auf der horizontalen, chronologischen; deshalb müsse sie synchron, nicht diachron geschaffen werden. Dies ist eine historische Voraussetzung dafür, daß Fløgstads Genre- und Ideenentwicklung vom Epos zum Logos vorangeht und daß er analogisch seinen Kosmos erschafft, indem er alle historischen (Erzähl-)Linien in einem utopischen Hier und Jetzt zusammenführt, wo sich alle vertikalen und horizontalen Linien in einem verdichteten, spannungsgeladenen Punkt treffen; dies kann in einem kurzen Aufblitzen bewirken, daß der "syntaktische Boden der Gewalt unter den Füßen weggleitet und die Wahrheit hervorsteigt." (*Tyrannosauros Text* , S.30)

Aus dem Neunorwegischen von Stephan Schmidt

Literaturhinweise

(nur Texte, die im Artikel genannt sind. Texte von Kjartan Fløgstad s. S.101)

Andere Literatur
Theodor Adorno (Max Horkheimer): *Dialektik der Aufklärung*. Frankfurt a.M. 1969
Michail Bachtin: *Rabelais and his World*. London 1968
Walter Benjamin: "Der Erzähler". In: *Über Literatur*. Frankfurt a.M. 1969
Ernst Bloch: *Das Prinzip Hoffnung*. Frankfurt a.M. 1959
Hans Magnus Enzensberger: *Norsk utakt*. Oslo 1984
Jürgen Habermas: *Theorie des kommunikativen Handelns*. Frankfurt a.M. 1981
Ole M. Høystad: "Essayisten Kjartan Fløgstad". In: *Syn og Segn* 3/1989. Oslo
Milan Kundera: *Udødeligheten*. Olso 1990
Paul deMan: *Blindness and Insight. Essays in the Rhetoric of Contemporary Criticism*. New York 1971
Arne Melberg: "I Fløgstads marginaler". In: *Norsk Litterær Årbok 1986*
Mogens Pahuus: *Naturen og den menneskelige natur*. Aarhus 1988
Helge Rønning: "Individets lille og samfunnets store historie". In: *Samtiden* 5/1989. Oslo
Rolv Thesen: *Arne Garborg. Europearen*. Oslo 1936
Kristofer Uppdal: *Dansen gjennom skuggeheimen I-X*. Olso 1910-1924

Jan Kjærstad

Fressgelage über dem Werk eines Schriftstellers

INGRID *(plaziert ein kleines schwarzes Ding unter der Serviette, ohne daß es jemand sieht)* : Wie ihr wißt, ist unser Freund in Afrika...

SOLVEIG *(hellblondes Haar und Zöpfe, auffallend blaue Augen)* : Afrika? Das wußte ich nicht. Was macht er dort?

INGRID: Er wohnt zur Zeit dort. In Simbabwe, in Harare.

SOLVEIG: Aber was *macht* er? Sitzt er nur unter einem, wie heißt das ... Jacarandabaum herum und träumt?

INGRID *(zieht ihren Terminkalender zu Rate)* : Er hat am Telefon erzählt, daß er einen Roman über Norwegen schreibt. Er sagte, daß er die Chance nutzen müßte, Norwegen und das norwegische Wesen jetzt zu untersuchen, wo er eine gewisse Distanz hat.

SOLVEIG: Ich kan ihn mir vorstellen; mit Tropenhelm unter dem Jacarandabaum, mit der Geschichte Norwegens in fünfzehn Bänden neben sich.

Jan Kjærstad

DIE GRÜNGEKLEIDETE *(erwartungsvoll)* : Aber wo kommen wir ins Bild?

INGRID: Er hat den Auftrag bekommen, etwas über seine Arbeit als Schriftsteller zu schreiben, aber weil er mitten in einem Projekt steckt und nicht abgelenkt werden möchte, dachte er, daß wir - die ihn so gut kennen *(Gelächter in der Runde)* - ihm vielleicht helfen könnten; ein bißchen diskutieren und ein paar Gedanken niederschreiben.

ANITRA *(stark geschminkt, schwarzes Haar)* : Unverschämt! Typisch!

DREI SENNERINNEN *(sehen aus wie Drillinge, alle haben Brillen mit dicken Gläsern)* : Nein, warum denn? Laßt es uns als eine Herausforderung ansehen. Laßt uns versuchen, etwas herauszufinden, was selten von Kritikern erwähnt wird. *(Eifrig. Nehmen Notizbücher hervor.)* Wenn wir scharf nachdenken, können wir unseren guten Verfasser vielleicht sogar überraschen.

INGRID *(holt die fünf bereits erschienenen Bücher des Schriftstellers aus einer Tasche und verteilt sie über den Tisch)* : Ich fand, es würde gut passen, uns hier im Raj zu treffen, weil das Essen in allen seinen Büchern immer wieder vorkommt.

SOLVEIG: Es ist wirklich schön hier. *(Schaut sich um.)* Alle diese Stoffe von der Decke herab ... sie erinnern an Saris ... und das große Fenster zum Koch und zum Tandoori-Ofen hin.

ANITRA: Viele behaupten ja, daß unser Freund so verdammt intellektuell sein soll. Ich für meinen Teil habe immer die körperliche Seite in seinen Büchern am meisten geschätzt, das Sinnliche. Ich werde nie die Salate in *Homo Falsus* vergessen.

DREI SENNERINNEN: Wir für unseren Teil haben sehr über den kleinen Chinesen gelacht, der in *Det store eventyret* zwischen den Krematoriumsöfen ein Gericht nach dem anderen auftischt. Um nicht von all dem Fast-Food in *Rand* zu sprechen. Unser Freund muß ja jeden Würstchenstand in Oslo kennen.

Freßgelage über dem Werk eines Schriftstellers

INGRID: Wir dürfen nicht vergessen, daß das Essen immer die Personen charakterisieren soll. Der Mensch ist, was er ißt. Haben alle eine Speisekarte bekommen?

DIE GRÜNGEKLEIDETE *(großer zerzauster Haarschopf, Himmelfahrtsnase)*: Aber warum bittet er gerade uns um Hilfe? Weil er glaubt, daß er uns verführt hat?

ANITRA *(untersucht ihren Nagellack)* : Du meinst als Leser?

INGRID: Wie man es auch sieht, können wir uns wohl einig sein, daß Verführung ein Kernpunkt in seinem Werk ist, sowohl als thematischer Inhalt als auch als poetisches Ideal.

DREI SENNERINNEN: Wir verdächtigen ihn, Roland Barthes´ Buch *Le Plaisir du Texte* gründlich gelesen zu haben, mit all seinen Parallelen zwischen Literatur und Erotik.

DIE GRÜNGEKLEIDETE *(gleichsam vertraulich)* : Ich habe gehört, daß dieser Roman, an dem er arbeitet, eine moderne Version von *Peer Gynt* werden soll. Oder Peer Gynt trifft Faust, trifft Jason, den Helden der Argonautica. Der Arbeitstitel lautet sicherlich "Mein glückliches Leben als Verführer des norwegischen Volkes".

ANITRA *(betrachtet noch immer ihre Nägel)* : Er hat mir gegenüber erwähnt, daß der Held seine Lebenserfahrungen macht, indem er 23 Frauen verführt.

SOLVEIG *(bestürzt)* : Das sind aber viele. Warum gerade 23?

DREI SENNERINNEN: Wahrscheinlich, weil das die Anzahl der Chromosomenpaare ist. Wenn wir unseren Freund recht kennen, wird er sicher diese 23 Ereignisse zusammen die eigentliche Lebensgrundlage für den Helden bilden lassen.

ANITRA: Warum eigentlich nicht genauso gut 39, die Anzahl der Stellungen im *Kamasutra*. Ich erinnere mich, daß er einmal behauptet hat, daß es ungefähr genauso viele fundamentale dramatische Situationen gibt, wie Stellungen im *Kamasutra*.

Jan Kjærstad

SOLVEIG *(errötend)* : Du darfst nicht alles glauben, was er sagt.

DREI SENNERINNEN: Aber das sagt wieder etwas über das Gewicht, das er auf die Gleichheit von Verführungsakt und Schreibakt legt, von erotischem Genuß und Lesen.

INGRID: Laßt uns nicht eingebildet werden. *(Sie wedelt mit der Speisekarte in der Luft, um Aufmerksamkeit zu bekommen.)* Ich für meinen Teil glaube, daß er uns gebeten hat, gerade weil wir so unterschiedlich sind. Wir beschäftigen uns alle mit verschiedenen Sachen, und wir sind sicher nicht an den gleichen Aspekten seiner Bücher interessiert.

DIE GRÜNGEKLEIDETE: Das ist wohl logisch. Ich habe festgestellt, daß seine Romane ganz verschiedene Bereiche des Lebens umfassen. Ich glaube, das ist etwas, was er bewußt anstrebt. Ich habe herausgefunden, daß jedes der zwanzig Kapitel in *Speil* das behandelt, was man eine "grundlegende Lebenssituation" nennen könnte.

DREI SENNERINNEN *(skeptisch)* : Was meinst du denn damit?

DIE GRÜNGEKLEIDETE: Etwas, das für alle gleich ist, unabhängig von Zeit und Ort.

DREI SENNERINNEN: Könntest du ein Beispiel geben?

DIE GRÜNGEKLEIDETE *(blättert in dem Roman, den sie in der Hand hält)* : Ich erinnere mich, daß das erste Kapitel vom Verhältnis des Menschen zur Natur handelt. Das zweite beschäftigt sich mit dem Verhältnis zur Schule oder Erziehung. Dann folgen Problemgebiete wie ... *(sie legt das Gesicht in konzentrierte Falten)* der Tod, die Religion, die Kunst, die Gesellschaft ... die Liebe, der Krieg, der Traum, die Solidarität, der Protest und so weiter. Also Dinge, mit denen sich jede normale Person im Laufe ihres Lebens irgendwann einmal auseinandersetzen muß ...

INGRID: Ich schlage vor, daß wir dabei unterschiedliche Gerichte wählen, dann können wir teilen. So kann jeder jedes probieren.

DREI SENNERINNEN: Clever. Du hättest Pädagogin werden sollen.

Freßgelage über dem Werk eines Schriftstellers

INGRID *(an die Bedienung gewendet, man hört nur einzelne Wörter):* Fünf Pappadamus ... Samosas ... Murg Masala ... Naan. *(Sie wendet sich an die anderen.)* Und dazu trinken wir Wasser,

SOLVEIG: Weil das eines der Hauptsymbole in *Speil* ist!

INGRID: Weil unsere Aufgabe erfordert, daß wir nüchtern sind. *(Gelächter.)* Und weil man zu indischem Essen Wasser trinkt. Das ist wegen der scharfen Gewürze das beste.

SOLVEIG *(wendet sich an die Grüngekleidete)* : Ich habe verstanden, woran du bei *Speil* gedacht hast. Auch in *Homo Falsus* sieht man eine Aufteilung in Wirklichkeitssphären.*(Sie hält den Roman hoch.)* Greta, die Hauptperson, hat drei Phasen durchlaufen, die retrospektiv aufgerollt werden: Sie hatte eine akademische Karriere, sie war Rockmusikerin, und sie war politische oder feministische Aktivistin.

DREI SENNERINNEN: Man könnte also sagen, daß der Roman dem Kopf, dem Körper und den Beinen gleichgroße Aufmerksamkeit widmet?

INGRID *(nach einem Blick in ihren Terminkalender)*: Aber Anitra, du als Psychologin - erzähl uns, was dich an seinen Büchern, wenn ich so sagen darf, begeistert.

ANITRA: Laßt mich erst erzählen, wie ich ihn kennengelernt habe.

SOLVEIG: Eine Geschichte! Spannend, das erinnert an Scheherezade in *Tausendundeine Nacht* .

DIE GRÜNGEKLEIDETE: Sie ist ja eines der großen Vorbilder unseres Auftraggebers: Ein Mensch, der erzählt, um sein Leben zu retten.

ANITRA (mit einem Lächeln) : Sie soll wohl auch nicht schlecht geliebt haben?

DREI SENNERINNEN: Nicht zuletzt hat die Art und Weise, wie sie die Geschichten ineinander flicht, wie Verknüpfungen in einem computerprogramm, einen unauslöschlichen Eindruck auf ihn hinterlassen.

Jan Kjærstad

SOLVEIG: Er behauptet hartnäckig, daß "Die drei Damen aus Bagdad" und "Der bucklige Zwerg" die besten Geschichten der Welt sind.

ANITRA: Wollt ihr es jetzt hören oder nicht? *(Alle ermuntern sie, weiter zu erzählen.)* Ich traf ihn in der Rock-Szene in Oslo, in diesen kleinen Klubs, die bald alle miteinander zugemacht haben werden. Wir spielten beide in unseren Bands. Seine Band hielt sich hauptsächlich an Rythm and Blues. Er spielte Keyboard und sang auch ein wenig. Ich glaube, er hatte ein ziemlich lockeres Verhältnis zu der ganzen Sache. Bei einer Gelgenheit vetraute er mir an, daß er Rock und Blues spielte, weil es ihm Zugang zu unbekannten Seiten seiner Persönlichkeit ermögliche. Er bezog sich dabei auf die reptilische Schicht seines Zentralnervensystems. Es sei, wie in einen anderen Raum von sich selbst zu gehen, sagte er, fast wie in einen dunklen und teilweise beängstigenden Keller.

DIE GRÜNGEKLEIDETE: Das überrascht mich. Aber das erklärt die lange authentische Passage über Rock in *Homo Falsus* . Und ich dachte, er säße nur in seinem Stressless-Stuhl und hörte sich Bachs Cembalokonzerte an, diese Schichten von verzierten Tönen übereinander, die so sehr an seine Texte erinnern.

ANITRA: Plötzlich war er weg. Ich hörte, daß er seine ganze Ausrüstung verkauft hatte und angefangen hatte zu schreiben. Ich hatte ihn viele Jahre nicht gesehen, als ich ihn in einem ziemlich zweifelhaften Nachtklub in Oslo traf. *(Solveig zuckt zusammen.)* Er wirkte etwas verlegen, aber er erzählte, daß er Recherchen für *Homo Falsus* machte. Der Nachtklub sei eine Art Auge des Zyklons in bezug auf die Psychologie der Gesellschaft, behauptete er. Das Lokal sollte der Arbeitsplatz der Hauptperson sein. Ich glaubte ihm natürlich nicht, ich dachte, es wäre eine schlechte Entschuldigung - aber als ich das Buch las, sah ich, daß der Nachtklub und die Personen genau nachgezeichnet waren.

SOLVEIG *(erschrocken)* : Er gehört doch wohl nicht zu denen, die lebende Modelle für ihre Figuren benutzen?

ANITRA: Nur äußere Züge. Er betrachtet sich selbst wohl genauso gut als Modell. Er meint, daß jeder Mensch prinzipiell Anlagen für alle Menschentypen in sich hat, für tragische und komische, für normale und verrückte. Jeder Mensch ist ein Fall von multiplen Persönlichkeiten.

DIE GRÜNGEKLEIDETE: Sicher ist deshalb *Ulysses* von James Joyce sein Lieblingsbuch. Nicht wegen der virtuosen Technik des Buchs, sondern wegen der Grundidee: Jeder Mensch, selbst der gewöhnlichste, erlebt jeden Tag - selbst an einem ganz gewöhnlichen Tag - ein Abenteuer, das genauso dramatisch und inhaltsreich wie Homers gewaltiges Epos ist.

SOLVEIG: Kommt das Essen nicht bald? Wir sollen doch wohl nicht diese Bücher essen? *(Legt demonstrativ einen Roman auf ihren Teller.)*

DREI SENNERINNEN *(überhören sie)* : Aber es ist eindeutig, daß unser Freund sehr kritisch in bezug auf die Schulpsychologie ist. In *Det store eventyret* macht er sich unbarmherzig über Sigmund Freud lustig.

INGRID: Denkt ihr an die Sequenz "Der Schlangenmann"? *(Sie nicken.)*

ANITRA: Ich lese sie als Parodie auf Freuds Fallstudie "Der Wolfsmann". Unser Freund hat sozusagen nur andere Parameter gefunden und einen Komplex konstruiert, der strukturell mit dem Ödipuskomplex identisch ist.

INGRID: Möchte er damit nicht zeigen, wie zufällig der ganze psychologische Apparat und seine Terminologie sind? Daß du dir, wann immer du willst, ein ähnliches System machen kannst, das genauso konsistent ist ... genauso überzeugend?

DREI SENNERINNEN: Unser Schriftsteller meint zweifellos, daß der Mensch ein gigantisches Rätsel ist und bleibt, ein Enigma. Wir vermuten eigentlich, daß er den Menschen als eine unfertige Größe betrachtet.

ANITRA *(ärgerlich)* : Aber gleichzeitig benutzt er Freuds Idee vom dreigeteilten Menschen - Es, Ich, Überich - in der Novelle "Voldtatt", in der die Hauptperson in drei Personen erscheint.

DIE GRÜNGEKLEIDETE: Ich finde, das illustriert die Einstellung unseres Freundes zu allen Phänomenen: Wenn sie Bedeutung haben, dann vor allem als eine gute Geschichte.

INGRID *(schnipst mit den Fingern)* : Da haben wir es wieder! Wenn er an etwas einen Narren gefressen hat, dann sind es die guten Geschichten.

DREI SENNERINNEN: Aber das zeigt auch, daß eine gute Geschichte gut ist, weil sie wichtige Erkenntnisse übermittelt; weil sie versucht, ein ewig existentielles oder soziales Problem zu lösen.

SOLVEIG *(klatscht in die Hände)* : Da kommt die Vorspeise. Es riecht köstlich.

ANITRA: Apropos Geruch - ist euch aufgefallen, wie unser Autor in seinen Büchern die ganze Zeit versucht, alle fünf Sinne mit einzubeziehen?

(Niemand antwortet.)

ANITRA: Er scheint zu postulieren, daß alle fünf Sinne notwendig sind, um Erkenntnis zu erlangen. Sowohl in *Det store eventyret* als auch in *Rand* werden die Treffen der Hauptperson mit den Schlüsselfiguren mit einem bestimmten Sinn verknüpft. Die Erinnerungen an diese Sinneseindrücke tauchen in Situationen wieder auf, in der die Hauptperson versucht, die Fäden zu sammeln ...

INGRID: Hier sind Pappadamus, das sind Samoas - oh, die sind schön knusprig - diese hier sind mit Fleisch gefüllt, diese mit Gemüse ... und hier Pakoras. Bedient euch nur!

DIE GRÜNGEKLEIDETE *(hebt den Messingbecher wie zu einem Toast)* : Hier! Auf unseren Freund dort unten im "heart of darkness".

DREI SENNERINNEN *(unverblümt)* : Wir glauben, das heutige Sim-

Freßgelage über dem Werk eines Schriftstellers

babwe hat wenig mit dem "heart of darkness" zu tun, von dem Joseph Conrad schreibt.

INGRID *(versucht, die Gemüter zu beruhigen)* : Aber apropos Kurtz - das ist eine Frage, die in allen Büchern unseres Freundes wiederkehrt: Was ist ein Mensch? Hamlets Frage. Besonders in *Rand* , seinem letzten Roman, bildet diese Frage eine Achse, um die sich alle geschichten drehen wie die Planeten in einem Sonnensystem.

ANITRA: Ich sehe es so, daß er oft die beiden gleichen Einfallswinkel für ein Problem benutzt: Der erste ist, daß sich das Rätsel Mensch in der Liebe zwischen Mann und Frau enthüllt.

DREI SENNERINNEN: Denkst du an *Speil* ?

SOLVEIG *(schließt die Augen)* : Oh ja, denkt nur an das Kapitel, in dem er neun Entwürfe für den gleichen Brief nebeneinander setzt, die alle Versuche sind, ein Liebesproblem zu lösen.

ANITRA: Ich dachte vor allem an *Det store eventyret* , das im Grunde ein einziger langer Liebesbrief ist, 500 Seiten, in dem all die wahnwitzigen Dinge, die geschehen, alle Geschichten, am Ende als ein Argument in eine Liebesabrechnung hineingezogen werden. Phänomenal verwickelt und verzweigt, und gleichzeitig himmelschreiend banal.

INGRID: Mir fiel gerade diese Novelle ein, "Troen på en slott", in der der Held die Geschichte zurücklaufen läßt, weil er sich zugunsten der Liebe entscheidet.

DIE GRÜNGEKLEIDETE: Mmh, das schmeckt gut, wie heißt das noch mal?

INGRID: Pakoras - das ist aus Kartoffeln gemacht.

DREI SENNERINNEN *(sehen in ihre Notizbücher, danach auf Anitra)* : Du sagtest, es wären zwei Einfallswinkel - was ist der zweite?

ANITRA: Daß der Kern des Menschen in Extremen hervorkommt; sowohl in extremen Handlungen - Krieg, Mord, erotische Perversitä-

Jan Kjærstad

ten - als auch in extremen Menschen, die wir Exzentriker nennen. Es wimmelt in seinen Büchern ja nur so von Originalen.

DREI SENNERINNEN *(nicken sachlich)* : In *Det store eventyret* haben die Forscher in Wirklichkeit so ungewöhnliche Berufe wie Krematoriumsarbeiter, Neonreklamen-Designer, Leuchtturmwärter, Krankenwagenfahrer und Abrißexperte.

DIE GRÜNGEKLEIDETE: Und in *Rand* haben alle eine zeitaufwendige Freizeitbeschäftigung: einer ist Amateurzoologe mit dem Spezialgebiet Wale, einer ist Hamlet-Experte und hat über fünfzig verschiedene Schauspieler als Hamlet gesehen; einer ist Typograph und arbeitet an einem neuen revolutionierenden Alphabet; einer ist Teppichweber und beschäftigt sich fanatisch damit, die abstrakte Zeichnung des Tigers einzufangen; einer hat die Wohnung voll von Bonsai-Bäumen; und einer ist mit allen Arten von Eisenbahnen um die Welt gefahren.

INGRID: Und außerdem ist die Hauptperson ein Mörder, und zudem ein ganz unnormaler Mörder. *(Bricht ein Pappadum in zwei Teile.)* Das heißt, er ist ein ganz gewöhnlicher Durchschnittsmensch, der plötzlich, praktisch aus reiner Neugier, entdeckt, daß er einen Menschen erschlagen möchte. Um zu sehen, was dann passiert.

ANITRA: Sozusagen jenseits jeder moralischen Problemstellung ...

(Pause. Der Wasserkrug kreist.)

SOLVEIG: Was die Erotik betrifft ... Da ist wirklich einiges an verdrehter Erotik in seinem Werk. *(Zögert.)* Ich denke besonders an diese Novelle "I mørket", wo sich zwei praktisch fremde Menschen an einem Winterabend in einem Kino treffen, sich auf einen Pelzmantel legen und miteinander schlafen, während der makabre Film *Apokalypse Now* über die Leinwand läuft. Ohne ein Wort zu sagen. Da kommt der Mensch dem Tier gefährlich nahe.

ANITRA: Oder gerade nicht.

DIE GRÜNGEKLEIDETE: Aber nehmt eine Novelle wie "En egyptisk julefortelling". Hier hat die Erotik eine heilende Wirkung. Der Mann ist ruiniert, physisch und psychisch. Er kann nicht ein einziges Glied seines Körpers bewegen, außer einem. *(Sie macht eine Kunstpause und fährt sich mit der Hand durch das zerzauste Haar.)* Aber die Frau bekommt ihn wieder auf die Beine - indem sie ihn liebt. Physisch also. In meinen Augen wollte unser Freund den Mythos von Isis neu schreiben, die die Glieder des toten Osiris zusammenträgt.

ANITRA: Kann ich das letzte Samosa nehmen? *(Nimmt es.)*

SOLVEIG: Ich verstehe trotzdem nicht, was er mit dieser ... ich hätte fast gesagt anstößigen ... tantristischen Liebesspieltechnik in *Homo Falsus* will, mit diesen ... *(muß einen Schluck Wasser nehmen)* seltsamen Ritualen, die dazu führen, daß die Frau die Männer regelrecht von der Erdoberfläche fort liebt.

DIE GRÜNGEKLEIDETE: In diesem Fall deute ich den Geschlechtsverkehr als eine Metapher für die Vereinigung zweier Sprachen oder für die Absorption eines Vokabulars durch ein größeres, die Hauptperson erweitert sich, erobert Neuland.

DREI SENNERINNEN: Oder die Erotik wird zu einer Allegorie auf die analytischen Fähigkeiten des Menschen. Es ist merkwürdig, wie Erotik und Intellekt in den Büchern unseres Autors oft nebeneinander gestellt werden. Als ob es zwei Seiten der gleichen Medaille sind. Oder als ob die Erotik eine intellektuelle Waffe würde ,und der Intellekt eine erotische!

DIE GRÜNGEKLEIDETE *(nimmt sich noch ein Pakora)* : Aber sollten wir nicht auch die Sprache, die Kommunikation dazu nehmen, wenn wir von Anthropologie - was ist ein Mensch - sprechen? Wird hier nicht alles entschieden?

INGRID: Einverstanden. Ich habe mich darüber geärgert, daß die Titelnovelle in *Kloden dreier stille rundt* - der Rahmen ist ein großes Fest - immer als eine Geschichte über erotische Eskapaden gelesen wird.

Jan Kjærstad

Ich lese sie statt dessen als eine Geschichte über Mißkommunikation; ein Sprachnetz, in dem sich alle verfangen, ohne es zu wollen.

SOLVEIG: Das gleiche kannst du von der Novelle "Tirsdag i kirken" sagen. Vier Menschen, die alle die Möglichkeit haben, einander zu verstehen, ja zu helfen, reden statt dessen völlig aneinander vorbei.

DIE GRÜNGEKLEIDETE: So wie ich es sehe ... *(muß warten, bis sie zuende gekaut hat)* handelt der ganze *Homo Falsus* in Wirklichkeit von dem Kampf, eine Sprache zu erwerben, die die Hauptperson aus ihrer Lähmung befreit und sie wieder in die Welt hinaus bringt.

ANITRA: Und alle Wege in *Speil* führen zum vorletzen Kapitel hin. Zu einem Gespräch. *(Hält die Gabel in die Luft.)* All die vorhergehenden traumatischen und exzeptionellen Handlungen von Trondheim über Paris, Nürnberg, New York, London, Sao Paulo, Kalkutta und wieder zurück nach Trondheim, münden in eine ganz triviale Situation: den Kampf, eine ganz und gar traditionelle Familienfeier zu überstehen. Die Hauptperson muß ihre teuer erworbenen Erfahrungen aus den vorhergehenden dramatischen Kapiteln benutzen, um ganz alltägliche Fragen zu beantworten und ganz gewöhnliche Situationen zu bewältigen. Einfach um mit ihren Mitmenschen reden zu können.

DREI SENNERINNEN: Uns ist aufgefallen, daß die gleiche Struktur in mehreren seiner Bücher wiederkehrt *(schauen in ihre Notizbücher)* : Ein Mensch sammelt auf seinem Weg Dinge auf, die er dann in einer entscheidenden Schlußsituation benutzt. Also wie David in *Speil* . In *Homo Falsus* kann Greta am Ende ausbrechen, weil sie es geschafft hat, alle ihre vorausgegangenen Erfahrungen zu einem Rammbock umzubauen. Und in *Det store eventyret* benutzt Peter, die Hauptperson, was er mühsam von den anderen Forschern gelernt hat, um das Rätsel zu lösen, von dem er glaubt, daß es der Schlüssel zu der Frau ist, die er liebt.

SOLVEIG *(triumphierend)* : Die Struktur hat er aus einem Märchen gestohlen, "Prinsessen som ingen kunne målbinde", in dem Askeladd auf dem Weg scheinbar unnütze Dinge aufsammelt, die er am Ende auf eine originelle Art und Weise einsetzt, um die Prinzessin und das halbe Königreich zu gewinnen.

ANITRA *(langsam)* : Ich glaube auch, daß sich hier etwas anderes zeigt, von dem unser Freund fasziniert ist: die Verbindung zwischen entfernten Dingen, besonders in *Rand* hat er beim Schreiben versucht, versteckte Verbindungslinien zwischen offensichtlich nicht zusammenhängenden oder nicht verwandten Phänomenen aufzudecken.

DREI SENNERINNEN *(heben die Hände, wie ums Wort zu bitten)* : Das hat wahrscheinlich etwas mit einer Theorie über die Kreativität zu tun. Manche behaupten ja, daß Kreativität entsteht, wenn zwei sehr fremde Gedankenebenen aufeinander treffen, sich sozusagen überschneiden. Wir glauben, daß unser Autor absichtlich Inhaltselemente wählt, die auf dem Papier weit auseinander liegen, um sich dann mit Metaphern ein Verbindungsglied auszudenken, das eine Brücke zwischen ihnen bildet.

DIE GRÜNGEKLEIDETE: Oder meinst du, er versucht eine Sprache aufzubauen, die dem Leser ermöglicht, eine seltsame Verwandtschaft zwischen den Elementen der Geschichte zu erleben ...

ANITRA: Jedenfalls dem Leser, der es wagt, sich seiner eigenen Assoziationskraft zu öffnen.

INGRID: Da kommt das Hauptgericht. *(Kellner umschwärmen sie.)*

SOLVEIG: So viel. Das müssen mindestens hundert Schüsseln sein.

INGRID: Das hier ist Tandoori Chicken ... Das ist ein Murg Masala; Hähnchen in köstlicher Kräutersoße ... Was ist das hier? Das muß ein Kheema Matar sein ... Und da ist ein Bhuna Gosht, das ist Rindfleisch.

(Alle bedienen sich. Auf dem Tisch liegen die Bücher des Autors zwischen den Essensschüsseln.)

Jan Kjærstad

DIE GRÜNGEKLEIDETE *(während sie zu essen beginnt)* : Ingrid, erzähl', was du selbst von den Büchern unseres gemeinsamen Freundes hast.

INGRID: Als Vollzeitpolitikerin muß ich zugeben, daß ich eine Schwäche für die gesellschaftspolitischen Aspekte habe. Wir lernten uns, wie ihr vielleicht wißt, im Ortsverein der Sosialistisk Venstreparti kennen. *(Einzelne überraschte Ausrufe.)* Zu der Zeit ging es, wie jetzt, um ganz konkrete Sachen: Wir kämpften gegen die Bebauung von Freiflächen, gegen die Schließung von Schulen, für besseren öffentlichen Nahverkehr, für ein eigenes Gesundheitszentrum, für bessere Angebote für die Senioren im Stadtteil ... und solche Sachen. *(Fechtet mit dem Messer aggressiv in der Luft herum.)* So weit eine triste, prosaische Fußarbeit. Und etwas peinlich: Unser Freund mußte ständig an Haustüren klingeln und um Unterschriften oder andere Unterstützung bitten, in der U-Bahn-Station Flugblätter verteilen. Gelegentlich nahm er auch an größeren politischen Ereignissen teil. Er war auch bei ein paar Demonstrationen dabei, bei denen es ziemlich heiß herging.

DREI SENNERINNEN *(müssen ihre Brillen abnehmen)* : Apropos heiß - das Essen ist ordentlich scharf. *(Wischen sich die Stirn.)*

INGRID: Später hat er gerade das als die lehrreichste Erfahrung bezeichnet.

DIE GRÜNGEKLEIDETE: Was meinst du?

INGRID: Marschiert zu sein. Das Erleben der Masse. Die Masse als ein irrationales vielköpfiges Wesen. Ich glaube, er hat Angst bekommen. In dieser Beziehung zeigt er Verwandtschaft mit Elias Canetti.

SOLVEIG: Aber jetzt, wo steht er politisch?

INGRID: Auf der Linken, aber er ist in keiner Partei mehr. Er ist Ideologien gegenüber sehr skeptisch. *(Pause.)* Auf der anderen Seite sieht er das Dilemma: es ist schwer, Menschen ohne Unterstützung durch eine Ideologie, eine Vereinfachung, zu beeinflussen, durch ein pädagogisches Hilfsmittel sozusagen. Aber eine Ideologie kippt allzuleicht

Freßgelage über dem Werk eines Schriftstellers

in das Religiöse, das Absolute ab. Ich bin sicher, daß seine Skepsis, um nicht zu sagen Abscheu gegenüber Ideologien von einem Erlebnis in den siebziger Jahren in Norwegen herrührt, als eine kleine Gruppe Intellektueller plötzlich stalinistischer als Stalin und maoistischer als Mao war und durch einen Zaubertrick, zu dem sich heute niemand mehr bekennen möchte, sowohl die Gesellschafts- als auch die Literaturdebatte ein Jahrzehnt lang kontrollierte. *(Wedelt wenn möglich noch aggressiver mit dem Besteck in der Luft.)* Das Phänomen ist für einen Ausländer wahrscheinlich total unverständlich -; und enorm peinlich für uns. Die Nachwirkungen dieser Zeit hemmen noch immer die norwegische Literatur. Bestenfalls, hat unser Freund einmal gesagt, bestenfalls haben wir hier kolossale komische Reserven, von denen wir in der Zukunft zehren können.

SOLVEIG: Ein phantastisches Essen! Daß man norwegisches Fleisch so schmecken lassen kann ...

INGRID *(zeigt darauf)* : Das ist ein besonderer Reis, mit Nelken, Zimt und Röstzwiebeln. Er heißt Pilao-Reis. Und hier ist Naan, wenn ihr wollt, das ist Brot, das im Tandoori-Ofen gebacken wird.

DREI SENNERINNEN *(ungeduldig)*: Aber wenn du sagst, daß er Angst vor der Manipulierbarkeit der Masse hat - soll das heißen, daß er apolitisch geworden ist?

DIE GRÜNGEKLEIDETE *(schlagfertig)* : Wenn er in dieser Illusion lebte, ist es sicher heilsam, sich in Afrika aufzuhalten. In den Breiten ist die Tagespolitik unangenehm gegenwärtig.

ANITRA: Die haben andere Dinge zu tun, als zu verstehen, was Jacques Derrida eigentlich will.

INGRID *(zu den drei Sennerinnen)* : Man braucht nicht apolitisch zu sein, wenn man die politischen Schubladen scheut und versucht, selbständig zu denken. In meinen Augen ist unser Autor von dem polnischen Philosophen Leszek Kolakowski beeindruckt, der meint, daß das Linkssein ständig umdefiniert und durchdacht werden muß. Der außerdem glaubt, daß der Marxismus mit der europäischen humanistischen Tradition vereinigt werden muß, um zu überleben. Unser Freund meint noch immer, daß es möglich sein muß, ein Bündel von sozialen Werten - laßt uns sagen Freiheit, Toleranz, Gleichheit, Solidarität - zusammenzustellen, die es wert sind, dafür zu kämpfen, selbst wenn diese Werte zeitweise unvereinbar sind und Unsicherheit verursachen können; deshalb verlangt die Anwendung auch nach pragmatischer und flexibler Überlegung.

DIE GRÜNGEKLEIDETE: Das letzte Mal, als ich ihn traf, las er mit großem Interesse Richard Rorty. *(Die drei Sennerinnen notieren den Namen.)*

ANITRA: Er betrachtet noch immer Gandhis politische Ethik als ein Arsenal von fruchtbaren Idealen, nicht zuletzt seine positive Methode für das Verhalten in Konfliktsituationen, zum Beispiel, daß man sich immer bemühen soll, dem Gegner von Angesicht zu Angesicht zu begegnen.

SOLVEIG *(unsicher)* : Was du da über Gesichter sagst, erinnert mich an Emmanuel Lévinas, der auch zu den Lehrmeistern unseres Autors gehört. Lévinas sieht den Grund des Daseins in der Offenheit gegen den Nächsten, den Anderen. Er sagt, daß die Ursituation des Denkens ein Gesicht ist, das einem anderen Gesicht gegenüber gestellt wird. Damit wird das Gespräch, diese sprachliche Interaktion -, die in *Rand* zentral ist - mit seiner innewohnenden Kreativität und verwandelnden Kraft ein menschliches Wesensmerkmal.

DREI SENNERINNEN: Anitra, du magst es doch gerne scharf - probier' dieses Mutton Vindaloo!

INGRID: Ihr habt Gefühl erwähnt ... *Speil* hat ja als durchgängiges Thema ein fast utopisches Streben nach Frieden. Man kann den Roman auch aus einem anderen Blickwinkel als einen erschöpfenden Versuch lesen, die eigentlichen Mechanismen des Krieges aufzudecken. Nicht nur die offensichtlichen Zahnräder an der Oberfläche,

Freßgelage über dem Werk eines Schriftstellers

sondern alle diese kleinen und darunter liegenden Zahnräder und deren Zusammenwirken. Ich habe herausgefunden, daß unser Autor, in andere Textschichten eingefügt, unter anderem zwanzig verschiedene Arten von Kriegen und zwanzig verschiedene technologische Eroberungen aufnimmt - letztere in ihrer negativen und positiven Konsequenz aufgezeigt.

ANITRA: Ich glaube, damit hat er sich wohl ein bißchen die Finger verbrannt. Es ist nicht einfach, sich mit solchen Problemen abzumühen ohne ins Banale und Sentimentale abzurutschen. Nach und nach ist er etwas bescheidener geworden. Die politische oder soziale Botschaft ist nicht mehr so leicht zu erschließen.

INGRID (*heftig*) : Damit bin ich nicht einverstanden. Es ist nur subtiler geworden, oder besser gesagt: sie ist organischer in die eigentliche Erzählung eingeflochten. Von der Beschäftigung mit Megaproblemen wie Krieg, Waffenhandel, Umweltverschmutzung ist der Fokus jetzt eher auf die unsichtbaren Gesellschaftsmechanismen gerichtet, die uns beeinflussen.

DIE GRÜNGEKLEIDETE: Man könnte fast sagen: eine Poetik der Politik? Oder Rhetorik?

INGRID: Genau. *Rand* , das von einem Mörder handelt, der nicht versteht, daß er ein Mörder ist und der am Schluß als Schlüsselfigur in der Polizeiuntersuchung der Morde endet, die er selbst begangen hat, kann auf einer anderen Ebene als Erzählung über die heutigen Politiker gelesen werden. Auch die haben ein missing link in ihrer Denkweise. *(Spricht so laut, daß sich die Gäste an den Nachbartischen umdrehen.)* Nehmt zum Beispiel Gro Harlem Brundtland: Sie war jahrelang die oberste politische Verantwortliche für die zunehmende Verschmutzung in Norwegen. Gleichzeitig tritt sie in internationalem Zusammenhang - ich denke an die Brundtland-Kommission - als Fürsprecherin eines größeren ökologischen Bewußtseins auf. Sie untersucht sozusagen ihre eigenen Verbrechen.

SOLVEIG *(zeigt auf ein paar Schüsseln)* : Was ist denn all das andere hier?

INGRID: Oh, das hatte ich fast vergessen. Das ist Raita, um die Zunge zu kühlen. Probier' diesen Mango-Chutney, Solveig. Hier sind auch noch verschiedene Pickles ... Dieser Zitronenpickle ist eine Sensation.

DIE GRÜNGEKLEIDETE: Zurück zur Politik: Ist es richtig zu sagen, daß sich unser Freund besonders damit beschäftigt hat, wie Diktatoren auf die Kraft der Fiktion bauen?

DREI SENNERINNEN: Das glauben wir. Der Keim für *Det store eventyret* wurde gelegt, als er von den ersten positiven Biographien über Adolf Hitler las. Plötzlich beginnen Parallelen zu Personen wie Dschinghis Khan und Napoleon hervorzutreten. Auf sicheren historischen Abstand werden Massenmörder und Tyrannen zu farbenreichen Personen, beinahe zu Helden. So bewegt sich ein Großteil des Plots in *Det store eventyret* um eine gigantische Märchensammlung, die sich um den historischen Hitler herum gebildet hat, genauso wie sich *Tausendundeine Nacht* um die historische Gestalt Harun al-Raschid dreht. Die meisten sind phantastische Erzählungen, aber der aufmerksame Leser erkennt hoffentlich den tatsächlichen Kern, um den die kollektive Phantasie ein Märchen gesponnen hat.

DIE GRÜNGEKLEIDETE: Aber kann man das nicht irgendwie als etwas Positives sehen: der Mensch, der seine politischen Unglücke und Katastrophen zu guten Geschichten umdichtet?

DREI SENNERINNEN: Wir wissen es nicht. Es ist vielleicht eine notwendige menschliche Eigenschaft. Es liegt ohne Zweifel eine gute Geschichte in jeder politischen Gestalt. Oft komisch. Wie Chaplin zeigt.

INGRID *(zeigt mit der Gabel auf eines der Bücher, die auf dem Tisch liegen)* : In *Homo Falsus* ist Mao Tse-tung eine zentrale Figur. Mao war ja selbst von der klassischen chinesischen Literatur inspiriert, nicht zuletzt von einer Art von Robin-Hood-Romanen aus dem 14.

Jahrhundert. Ein wichtiger Teil seines einzigartigen Überzeugungsapparates war die Fähigkeit, alles auf leicht verständliche Schlagwörter zu reduzieren. Stell dir vor: Ein ganzes Volk dazu zu bringen, mit deiner eigenen Zitatensammlung zu wedeln! Sie dazu zu bringen, deine Worte auswendig zu lernen, an die Mythen zu glauben, die sich um dich herum aufbauen, dich Unser Strahlender Großer Führer, Unser Lehrer, Steuermann usw. zu nennen.

ANITRA: Kann mir noch jemand noch etwas Naan geben?

(Ingrid benutzt die Gelegenheit, das schwarze Ding unter der Serviette versteckt in den Schoß zu manövrieren. Sie fingert mit etwas unter dem Tisch herum und legt danach die Serviette, mit dem Ding darunter, auf den Tisch zurück.)

DREI SENNERINNEN: Ein anderes typisches Problem der heutigen Gesellschaft ist die wachsende Komplexität auf der politischen und ökonomischen Ebene. Das bietet den Nährboden für alle möglichen Konspirationstheorien.

DIE GRÜNGEKLEIDETE *(wirft ein)*: Rand macht von dieser Tendenz Gebrauch.

INGRID: Aber der Roman ist wohl auch undenkbar ohne all das, was im Kielwasser des Mordes an Olof Palme geschehen ist.

DREI SENNERINNEN: Ganz offensichtlich. Unser Freund war nahezu verhext davon, wie ein kleines Datenbündel - der Steckbrief eines Mannes, eine mögliche Waffe, ein Fluchtweg - zu so vielen phantastischen Theorien führen konnten. Und so tiefgreifende Konsequenzen für eine ganze Gesellschaft haben konnten.

DIE GRÜNGEKLEIDETE: Sehen wir hier nicht deutlich, daß die Phantasie oder Einbildungskraft des Menschen auch in der Politik der entscheidende Faktor ist?

(Stummer Beifall.)

Jan Kjærstad

INGRID: Was ist mit der Bürokratie? Warum stürzen sich nicht mehr Autoren auf dieses Phänomen? Und dabei denke ich daran nicht als ein persönliches Problem, eine Art Kafka-Erlebnis, sondern als ein politisches Problem, Machtproblem, Verantwortungsproblem.

DREI SENNERINNEN *(rücken die Brillen zurecht)* : So, wie wir *Homo Falsus* lesen, ist es auch ein Roman darüber, wie die traditionellen Machtgruppen, wie Juristen, Geistliche und das Militär unsichtbar geworden sind, indem sie sich in kleine Büros zurückgezogen haben und Das Bürokratische Problem geworden sind.

INGRID: Vielleicht ...

ANITRA. Dieser Zitronenpickle ist wirklich zu empfehlen.

SOLVEIG: Kann mir jemand noch etwas Tandoori Chicken geben?

DREI SENNERINNEN *(während die Schüsseln hin- und hergehen)* : Es wirkt wie eine Selbstverständlichkeit zu sagen, daß sich unsere Gesellschaft verändert, aber wenn man Gegenwartsliteratur liest, trifft man sehr oft auf die alte Gesellschaft. Heute sind wir indessen Zeugen eines fast unmerklichen Übergangs zu neuen Machtkonstellationen. In einer Novelle, die "Proletariatets diktatur" heißt, hat sich unser Freund diese nahezu unverständliche Metamorphose vorgenommen. Wir wissen, daß er sie nach einem Treffen mit ein paar ehemaligen revolutionären Fabrikarbeitern geschrieben hat, die plötzlich in Layout-Jobs gewechselt hatten und Designer geworden waren. Und glückliche Designer, sollten wir wohl hinzufügen.

DIE GRÜNGEKLEIDETE *(wischt sich den Mund mit der Serviette)* : Der ganze *Homo Falsus* basiert auf dem Übergang zur Informationsgesellschaft. Der Stil ist ein Bombardement durch mehr oder weniger losgelöste Information, oft in Form von Trivialitäten und Nonsenswissen. Und die Komposition ist von EDV-Gedankengängen durchsetzt.

INGRID: Mir fällt gerade ein ... in *Det store eventyret* hat unser Freund ein Pasticcio von Che Guevara hergestellt. Beziehungsweise: Che

Freßgelage über dem Werk eines Schriftstellers

Guevaras Tagebuch von den Kämpfen auf Kuba ist zu einem Tagebuch einer Kommandooperation in Tokios Kloaken geworden, die zum Ziel hat, das Computersystem einer Großbank zu sabotieren. Der blutige Guerillakampf im Dschungel ist zu einem labyrinthischen Untergrundmanöver geworden, Gewehre zu raffinierter Software.

DREI SENNERINNEN: Aber auch, wenn es um Politik geht, sieht unser Freund den Schlüssel in der Sprache. Das kommt besonders in der Novelle "Talkin' 'bout my g-g-generation" zum Vorschein. Die Sprache beinhaltet ein politisches Verständnis der Welt.

ANITRA: Deshalb hat er sich auch zum Ziel gesetzt, möglichst viele der Sprachen der Gesellschaft zu lernen.

DIE GRÜNGEKLEIDETE *(munter)* : Er hat das gleiche Motto wie die alten Griechen: nichts Menschliches sei mir fremd.

INGRID *(legt das Besteck gesittet weg)* : Trotzdem - wenn man sein politisches Credo in bezug auf die Literatur formuliert, müßte es lauten, daß die Form das wichtigste Kampfmittel eines Autors ist. Wenn er unterstreicht, daß Picasso ein revolutionärer Künstler ist, denkt er nicht an "Guernica", sondern an die frühen kubistischen Stilleben. Hier wird nämlich ein ganz anderer Gedankengang oder ein ganz anderes Wirklichkeitsverständnis signalisiert, das jedes Gewohnheitsdenken in Frage stellt und dadurch den Betrachter zu neuen Reflexionen über die Art und Weise zwingt, wie er das Dasein versteht. Die Diktatoren verbieten die abstrakte Kunst immer zuerst; das Nichtverständliche macht ihnen Angst.

SOLVEIG *(die durch all das Gerede über Politik verwirrt wirkt)* : Du meinst, daß die Form die eher fundamentalen Problemstellungen aufnimmt?

INGRID: Genau, und diese Fragestellungen sind immer die Prämissen für die oberflächlicheren politischen Gedanken.

ANITRA: Zusätzlich durchschneidet eine adäquate Form diesen falschen Gegensatz zwischen Kollektiv und Individuum, der so oft diskutiert wird; sie stellt sie als unlöslich verknüpft dar. In der Novelle "Sirkelens kvadratur" wird das Problem der Liebe und des Krieges als zwei Seiten der gleichen Sache dargestellt, nahezu mit den Mitteln der Geometrie miteinander verknüpft.

SOLVEIG: Möchte noch jemand mehr ... wie heißt es ... Mutton Vindaloo?

DIE GRÜNGEKLEIDETE: Ich möchte gerne etwas Bhuna Gosht probieren. Wo ist das Raita?

SOLVEIG: Indisches Essen ist eine gute Erfindung.

INGRID *(an die drei Sennerinnen gewandt)* : Da paßt es gut, über Wissenschaft zu sprechen.

DREI SENNERINNEN: Möglicherweise ist es auf unsere Tätigkeit als Hirnchirurgen zurückzuführen, daß wir nie genug von Museen bekommen. So sehen wir es als symptomatisch an, daß wir unseren besagten Freund zum erstenmal in einem Museum trafen, genauer gesagt in London, im Museum of Science. Es stellte sich heraus, daß er Vorarbeiten für ein Kapitel von *Speil* machte, ein Kapitel vom August 1945, in dem der deprimierte und desillusionierte Held David von einem englischen Mädchen durchs Museum geführt wird, das glaubt, daß ihn der Besuch aufmuntert und ihm den Glauben an die Menschheit zurückgibt. Wir können nur sagen, daß wir von der Gründlichkeit imponiert waren, die er an den Tag legte: Er ging in den Sälen hin und her, interviewte Museumsangestellte und schaffte sogar alte Kataloge herbei, so daß er genau beschreiben konnte, wo die einzelnen Sachen, jede Vitrine im Jahr 1945 waren. Ganz am Ende fragte er sicherheitshalber, ob das Museum im August 1945 geöffnet war. *(Sie lachen.)* Wir werden nie seine Verzweiflung vergessen, als der Direktor mitteilen mußte, daß gerade zu der Zeit das Museum ein paar Monate wegen eines Bombenschadens geschlossen bleiben mußte. Nach einem kurzen Nachdenken war es ihm indessen egal. Das ist

Freßgelage über dem Werk eines Schriftstellers

der einzige faktische Fehler, den wir in seinen Büchern aufspüren konnten.

ANITRA: Ja, ansonsten ist er wohl manisch genau, nahezu pedantisch.

INGRID: Er sucht immer die Originalschauplätze auf, wenn es möglich ist: alles von Windhundrennen, Striptease-Show und Fabriken bis zu Soldatenfriedhöfen, Gesundheitsfarmen und jüdischen Gottesdiensten.

DIE GRÜNGEKLEIDETE: Und er interviewt die Leute genau, wenn er meint, daß es Gedanken in Gang setzen kann: Stewardessen, Maler, Jura-Professoren, Polizisten, Meteorologen ...

DREI SENNERINNEN: Wir haben den Eindruck, daß er bei Beginn eines neuen Buches die Neigung hat, Stoffe, Themen zu wählen, von denen er nichts weiß, so daß er gezwungen wird, seinen eigenen Horizont zu erweitern. Es ist wohl nicht falsch zu behaupten, daß er das Schreiben als Forschung betrachtet. Er ist enorm ambitiös.

SOLVEIG: Kann das nicht gefährlich sein?

DIE GRÜNGEKLEIDETE: Er zitiert oft Italo Calvino: Auf vielen Gebieten muß man überambitionierte Projekte verurteilen, aber niemals in der Literatur. Dem stimme ich zu: Nur wenn die Autoren sich selbst Aufgaben stellen, von denen kein anderer zu träumen wagt, wird die Literatur noch eine Funktion haben.

SOLVEIG: Aber was kann er davon haben, verschiedene Wissenschaften zu studieren?

DREI SENNERINNEN (zerschneiden mit chirurgischer Genauigkeit ein Zitronenpickle) : Ein Verständnis für Metaphern. Wissenschaftler sind wild nach Metaphern, sie erklären im Grunde die Welt durch Bilder. Er zieht ständig das Buch *The Structure of Scientific Revolutions* hervor, in dem Thomas S. Kuhn seine Theorie vom Paradigmenwechsel vorstellt. Ein wissenschaftliches Paradigma ist für Kuhn eine große Metapher. Wenn man ein neues Paradigma, ein neues Bündel

Jan Kjærstad

von Metaphern akzeptiert, verwandelt sich auch die Welt langsam vor unseren Augen.

DIE GRÜNGEKLEIDETE: Unser Freund würde höchstwahrscheinlich Aristoteles zustimmen: Die Metapher ist die größte Gabe eines Autors.

ANITRA: Das gilt nicht nur für die großen, gebündelten Metaphern, sondern auch auf einfacherer Ebene. *(Wird geheimnisvoll.)* Einmal hielt er mir einen Vortrag über diesen Parasiten, der das Schaf angreift, so daß es nur noch im Kreis läuft und sich so von der Herde entfernt. So kann es der Wolf, der eigentliche Wirt, leichter fangen. Ist es nicht so ähnlich mit dem Parasit, der "unglückliche Liebe" oder "Eifersucht" heißt? sagte er. *(Muntere Reaktionen in der Runde.)*

INGRID: Ich habe mir notiert, daß in *Det store eventyret* Albert Einstein eine zentrale Figur, oder ein Modell, ist. Die Relativitätstheorie wird in der sogenannten "Theorie des Relationeneffektes" parodiert ...

DREI SENNERINNEN: ... und das ist im Grunde eine Demonstration von Metaphorik und Assoziationskraft.

DIE GRÜNGEKLEIDETE: Es gibt gar keinen Zweifel: dieses Kheema Mater ist am besten! Und am schärfsten! Ich werde ganz verrückt! *(Kneift Anitra in den Arm.)*

ANITRA: Du Troll!

INGRID: Zurück zur Tagesordnung. Leute! *(Nimmt ein Buch und klopft damit auf den Tisch. Gibt den drei Sennerinnen ein Zeichen, weiter zu sprechen.)*

DREI SENNERINNEN: Unser Autor tritt dafür ein, daß sich Humanisten nicht mehr von technologischen Neuerungen schrecken lassen sollen, wie sie es traditionell tun. Er hat sich selbst gezwungen, sich mit EDV zu beschäftigen, obwohl er dafür keine Begabung hat. Wir glauben, er hat sogar gelernt, auf einer elementaren Ebene zu programmieren.

Freßgelage über dem Werk eines Schriftstellers

DIE GRÜNGEKLEIDETE: Wahrscheinlich hauptsächlich, weil er es als eine neue Sprache betrachtet.

DREI SENNERINNEN: Und weil der Computer so oft als Metapher für das Gehirn benutzt wird. Er ist davon fasziniert, vom Gehirn, meinen wir. Er zitiert eifrig Bergson: Das menschliche Gehirn ist nicht, wie angenommen, ein Organ zum Begreifen der Wirklichkeit. Es wirkt im Gegenteil als Filter, der nur das durchläßt, was wir vertragen können.

INGRID: Aber es ist mir aufgefallen, daß er allem gegenüber skeptisch ist. Er ärgert sich über Kollegen, die die neuen wissenschaftlichen Theorien einfach schlucken, so daß sie Opportunisten werden, Opfer des Zeitgeistes.

DREI SENNERINNEN: Denkst du an all die neuen Theorien, die ihren Ausgangspunkt in Hologrammen und in der Chaosforschung haben, oder an Mandelbrot und seine fraktale Geometrie? *(Ingrid nickt.)* Natürlich kann man es benutzen, aber man muß es umdrehen, es in einem Zerrspiegel sehen, oder es sogar auf den Kopf stellen.

SOLVEIG *(abwesend)* : Ich verstehe immer noch nicht, was er davon haben kann?

DIE GRÜNGEKLEIDETE: Es ist wohl primär eine Forminspiration. Es gibt ihm Ideen, wie er mit Zeit, Raum und Kausalität jonglieren kann. Es kann zu einem Katalysator werden. Ich weiß, daß er sich gerade jetzt, in Zusammenhang mit dem neuen Buch, damit beschäftigt, zukünftige Ereignisse vergangene Ereignisse beeinflussen oder erklären zu lassen.

INGRID: Was ist mit all den anderen Wissenschaften? Er steckt seine Nase ja in alles, von Ethnologie bis zu Anatomie, von Paläontologie bis zu Bakteriologie, von Mathematik bis zu Botanik.

SOLVEIG: Ich habe gelesen, daß ihn jemand beschuldigt hat, enzyklopädisch zu schreiben.

Jan Kjærstad

DIE GRÜNGEKLEIDETE: Ich glaube eher, daß er von dem Schönen, dem nahezu Poetischen an einem wissenschaftlichen Detail angezogen wird. Ist euch nicht aufgefallen, daß ein richtig plaziertes wissenschaftliches Faktum ein mächtiges Phantasiepotential hat und eine Lawine von Gedanken auslösen kann? Es entsteht ein Vokabular, das erweitert, das ornamental wirkt und das dem Text mehrere Schichten gibt.

INGRID *(atmet schwer, an die Grüngekleidete gerichtet)* : Du hast recht, das Essen ist wirklich ordentlich "hot".

DREI SENNERINNEN: Wir möchten gern unterstreichen, daß es sich so auch mit den Büchern unseres Freundes verhält. Hinter der kühlen Fassade liegt einiges an Temperament und Wärme. Nicht jeder versteht, daß Leidenschaft oft durch Besonnenheit bedingt ist. *(Lehnen sich in ihren Stühlen zurück, sind deutlich mit sich selbst zufrieden.)*

INGRID: Solveig, wie beurteilst du, ich hätte fast gesagt als Geistliche, dieses Werk?

SOLVEIG *(hebt zunächst mit beiden Händen den Messingbecher und führt ihn zum Mund)* : Mich wundert, daß niemand sieht, wieviel Anteil er am Religiösen nimmt.

INGRID: Das mußt du näher erklären.

SOLVEIG: Ich lernte ihn kennen, als wir auf der Universität Theologie studierten. Wir haben im gleichen Jahr Examen gemacht.

INGRID: Aber du wußtest doch wohl die ganze Zeit, daß er kein Pastor werden wollte?

SOLVEIG: Ja , und gerade deshalb war ich überrascht, wieviel Ernst er beim Studium und in den Diskussionen an den Tag legte.

DIE GRÜNGEKLEIDETE: Ich habe es nie verstanden, aber er betont immer wieder, wieviel Nutzen ihm die Theologie gebracht hat, auch als Autor von Belletristik.

Freßgelage über dem Werk eines Schriftstellers

SOLVEIG: Das kann vielleicht damit zusammenhängen, daß er sich relativ viel mit den Randgebieten des Studiums beschäftigt hat, mit Sozialethik, Religionsphänomenologie und Wissenschaftsmethode. Und mit synkretistischen Phänomenen. Um nicht von Ketzern jeder Art zu sprechen. Auch ein Autor sollte ein Häretiker sein, sagte er einmal.

ANITRA: Du hast Synkretismus erwähnt ... Ich erinnere mich, daß er von einer seiner vielen Reisen erzählte, von einem "großen Erlebnis", wie er es nannte. Er war auf der kleinen Insel Mauritius im Indischen Ozean, der Insel, die das Modell für ein anderes Norwegen in *Det store eventyret* ist. Er war von der religiösen, fast utopischen Vielfalt gefesselt. Von einem Punkt in der Hauptstadt konnte man die katholische Kathedrale, den hinduistischen Tempel, die Moschee und die chinesiche Pagode sehen ...

INGRID: Womit hat er sich während seiner Studienzeit am meisten beschäftigt? Zeigen seine Bücher Spuren davon?

SOLVEIG: Er hat unter anderem eine Arbeit über Rudolf Bultmann geschrieben. man könnte wohl sagen, daß er von Bultmann die "Kunst der Entmythologisierung" gelernt hat. *(Nimmt sich ein Naan und zerbricht es.)* Das betrifft hauptsächlich die Methode ... der Ansatz, die kritische Einstellung. Ansonsten hat er ja den interessanten katholischen "Ketzer" Pierre Teilhard de Jardin in *Det store eventyret* in einer liebevoll parodistischen Form porträtiert.

DREI SENNERINNEN *(ziehen wieder ihre Notizen zu Rate)* : Uns gegenüber hat er Namen wie Jürgen Moltmann, den Begründer der Theologie der Hoffnung, und Gerhard Ebeling, mit seiner Gewichtung der Sprache, der Worte, erwähnt. In einem anderen Zusammenhang hat er sich auf Edward Schillebeeckx' humanistisch orientierte Christologie und auf Wolfhart Pannenbergs Betonung der Geschichte und der Anthropologie als ein rationales Fundament für die Theologie bezogen. Er hat, so weit uns bekannt ist, seine Anregungen auch durch Paul Tillich bekommen, durch dessen Spekulationen über "the ultimate

Jan Kjærstad

concern" und das Verständnis von Symbolen und Mythen. Und er hält Karl Barth, den Albert Einstein der Theologie, vielleicht für einen bedeutenderen Schriftsteller als Theologen.

DIE GRÜNGEKLEIDETE: Apropos Karl Barth - ich weiß, daß unser Autor auch den Donald Duck-Zeichner Carl Barks sehr schätzt. Das war seine erste Begegnung mit der guten Geschichte.

DREI SENNERINNEN *(ungeduldig)* :Wir waren mit Karl Barth noch nicht fertig. Unser Freund sagte einmal, daß die vielen Bände von *Die Kirchliche Dogmatik* einen langen Roman bilden, genauso wie Prousts *A la recherche du temps perdu* , nicht zuletzt was den Reichtum an Metaphern und Bildern angeht.

DIE GRÜNGEKLEIDETE: Unser Freund interessiert sich wohl insgesamt für die religiösen Grundtexte als Literatur.

ANITRA *(ironisch)* : Es muß ja erbaulich für einen Verfasser sein, zu sehen, daß das geschriebene Wort so ernst genommen wird.

DIE GRÜNGEKLEIDETE: Es ist aber in der Regel auch große Literatur. Unser Freund verheimlicht nicht, daß er hier viel gelernt hat. Wie von der Rahmenerzählung in *Mahabharata* , der Geschichte von der Entstehung dieses größten aller Epen. Oder um ein kürzeres literarisches Genre zu nehmen: das Zen-Koan. In dem Kalkutta-Kapitel von *Speil* versucht die Hauptperson die Not mit Hilfe eines Zen-Koan wegzudenken.

INGRID: Entschuldigt, daß ich unterbreche, aber wir sollten doch wohl noch etwas Nachtisch nehmen? *(Ruft einen Kellner und bestellt, während sie auf die Speisekarte deutet.)*

SOLVEIG: Wenn ich mich nicht irre, sind mehrere literarische Problemstellungen in *Det store eventyret* aus der Forschungsgeschichte des *Alten Testamentes* genommen. Solche Dinge wie mündliche und schriftliche Überlieferung, Quellenhypothesen, der Gattungsbegriff, "Sitz im Leben" ... Das kehrt alles in der Märchenforschung wieder, in die die Hauptperson involviert wird.

DIE GRÜNGEKLEIDETE: Ich habe auch den Eindruck, daß er seine Formideen hauptsächlich aus der Welt der Religion holt. In *Homo Falsus* steht das Mandala im Zentrum. Und *Det store eventyret* ist ganz auf die hinduistische Vorstellung von Zeitzyklen, verschiedenen Yugas, gegründet. Der Roman spielt in einem anderen Zeitalter, in dem "unser" Zeitalter, und besonders das 20. Jahrhundert, nur noch in losgelösten Namen und Fragmenten vorhanden ist.

ANITRA *(mit gedämpfter Stimme, als hätte sie Angst)*: Ich glaube, *Rand* ist sehr von den sogenannten schwarzen Kabbalisten beeinflußt, von deren Versuch, Gott hervorzuzwingen, ja fast hervorzuhandeln.

DREI SENNERINNEN: Auch wir können kaum vermeiden, *Rand* als ein metaphysisches Buch zu lesen.

SOLVEIG *(die blauen Augen leuchten)*: Ich sehe es so, daß Rudolf Otto und seine bahnbrechende Arbeit *Das Heilige* den wichtigsten Einfluß auf den Roman hatten. Otto faßt seine Analyse des Heiligen im Ausdruck "mysterium tremendum et fascinans" zusammen. Genauso dreht sich das ganze Buch *Rand* um einen dunklen Kern, ein schwarzes Loch, wenn ihr so wollt - das für die Hauptperson sowohl faszinierend als auch erschreckend ist. Er ist auf der Suche nach etwas Nichtrationalem, Nichterfaßbarem, das trotzdem, frustrierenderweise, in seiner Reichweite ist.

DREI SENNERINNEN *(fügen hinzu)*: Für die Hauptperson fallen alle Dinge zueinander, nicht auseinander, wie die Postmodernisten es sagen. Ihr Problem ist indessen, daß es kein Zentrum gibt.

SOLVEIG: Oder vielleicht, daß es das, was er im Zentrum findet, nicht benennen kann.

DIE GRÜNGEKLEIDETE: Unser Autor hat immer eine Schwäche für die Mystik gehabt, auch für die Sprachlosigkeit der Mystik.

SOLVEIG: Mir geht es ähnlich, wenn ich *Rand* beschreiben soll; ich tappe herum und greife zu hoffnungslosen Metaphern und Vergleichen. Es hat einen abstrakten Kern oder irgend etwas anderes, das einen in einen überschreitenden Gedankengang hinein zwingt.

INGRID: Ich würde ja behaupten, daß *Rand* auch andere Seiten hat. Für mich handelt es genauso von der Möglichkeit einer Ganzheitssicht heutzutage, in einer postmodernen Welt.

ANITRA: Und wie sieht unser Freund diese Möglichkeit?

INGRID: Ich weiß nicht ... Ich finde, er gibt eine eher zweideutige Antwort, gleichsam positiv und negativ. Oder er meint, daß nur ein grausames Verbrechen einen Zusammenhang im Dasein aufdecken kann.

SOLVEIG: Ich glaube auf jeden Fall, daß er gerade diesem Streben, einen Zusammenhang zu finden, huldigt, ich glaube, er sieht diese Frage als für die Menschheit unentbehrlich an. Gleichzeitig ist er allen autoritären Antworten gegenüber skeptisch.

DIE GRÜNGEKLEIDETE: Ist nicht diese Frage nach einer Synthese eigentlich die Voraussetzung für Kreativität?

SOLVEIG: So gesehen kann wohl jede Erzählung als ein Versuch betrachtet werden, die Dinge des Daseins zu erklären.

DREI SENNERINNEN: Wir glauben, das ist wichtig. Unser Freund betont bis zum Überdruß den Zusammenhang zwischen Lebensauffassung und Erzählkunst. Ihn zieht gerade der erzählende Charakter der Religionen an. Die beste Erzählung bekommt die meisten Jünger.

(Der Kellner kommt mit den Nachspeisen.)

INGRID: Wer möchte Kulfi - das ist eine Art Eiskrem mit Nüssen. Hier ist Gualb Jamum, gebackene Bällchen aus Milch und Grieß, mit Sirup. *(Sie verteilt die Nachspeisen.)*

ANITRA: Was wird denn da im Hintergrund gespielt?

DREI SENNERINNEN: Ein Raga.

Freßgelage über dem Werk eines Schriftstellers

ANITRA: Ich bekomme fast Lust zu tanzen. *(Klimpert mit den Ringen am Handgelenk.)*

INGRID *(schaut in ihren Terminkalender)* : Das erinnert mich daran, daß wir noch nicht von Musik und all den anderen Künsten gesprochen haben ...

DIE GRÜNGEKLEIDETE: Dann bin ich mit dem Erzählen an der Reihe. *(Nimmt erst ein paar Löffel Nachtisch.)* Als Architektin reise ich viel in der Welt umher, um mir Gebäude anzusehen. Auf so einer Reise traf ich unseren Freund, ganz zufällig, vor Adolf Loos' Steiner-Villa am Rande von Wien. Er hatte lange in der Gegend herumgesucht, bevor er das Haus fand. Und dann, gerade als ich kam, stand er dort und fluchte infernalisch. Ich habe noch nie einen so wütenden Menschen gesehen. Er hatte nämlich entdeckt, das der neue Besitzer das Haus umgebaut hatte und das berühmte, gewölbte Dach entfernt hatte. Vandalen! rief er. Das illustriert seinen Respekt vor der Kunst.

DREI SENNERINNEN: Wie endete das Treffen?

DIE GRÜNGEKLEIDETE: Ich konnte ihn beruhigen, indem ich ihn mit zu Otto Wagners Steinhof-Kirche nahm. Ich weiß noch, daß er fast in Trance über dieses schöne Jugendstilgebäude fiel. Ihr wißt vielleicht nicht, daß er ursprünglich Architekt werden wollte?

SOLVEIG: Ich wußte jedenfalls, daß er vom Kunstbetrachten nie genug bekommt. Er ist ein uneingeschränkter Anhänger der These von André Malraux: Das Rohmaterial der Kunst ist nicht das Leben. Kunst wird durch Kunst geboren.

ANITRA: Er hat im Grunde viel von einem Romantiker. *(Sie leckt verspielt an dem Löffel mit dem indischen Eis.)* Er hat immer, ohne es zugeben zu wollen, von einem Kastalien geträumt, wie es Hermann Hesse in *Das Glasperlenspiel* schildert.

INGRID: Sein Glaube an die Macht der Kunst ist fast rührend. Ich denke da an die Novelle "Midnatt", in der die Hauptperson das Rathaus in

Jan Kjærstad

Oslo ungefähr wie Jerichos Mauern zusammenstürzen läßt, indem sie auf der Hardangerfiedel spielt.

SOLVEIG *(zu Ingrid)* : Was hattest du mir gegeben?

INGRID: Ein Gajar Halwa, feingeriebene Karotten, Milch und Zucker, mit Nüssen. Lecker, nicht wahr?

DIE GRÜNGEKLEIDETE: Dieser Raga im Hintergrund, diese melodischen Formeln lassen mich daran denken, wieviel Wert unser Autor auf die Komposition eines Romans legt. Ich habe einmal, durch ein Versehen, glaube ich, ein paar Konzepte für eines seiner Bücher gesehen; riesige Bögen, auf denen alles Mögliche eingezeichnet war; Inhaltselemente, die sich wiederholten, die Entwicklung von metaphern, sprachliche Signalphasen, Symmetrien und Ornamentik. Es wirkte unglaublich kompliziert: Es ähnelte einer Partitur.

DREI SENNERINNEN: Wenn unsere Quellen korrekt sind, interessiert er sich auch für ein neues Phänomen in der populären und avantgardistischen Musik, das sogenannte "Sampling". Es eröffnet ungeahnte Möglichkeiten, um Brocken älterer Musik zu stehlen und sie auf eine neue Weise zusammenzusetzen, und um neue Laute herzustellen .

INGRID: Ja, er stiehlt ja wie ein Rabe. Man könnte sagen, daß er auch auf dem Gebiet der Literatur "Sampling" betreibt, loslöst, Stücke aus dem Kontext herausnimmt; er zeigt keinen Respekt.

ANITRA: Ich war bei ihm zu Hause, kurz bevor er nach Afrika reiste. *(Räuspert sich.)*

SOLVEIG: Habt ihr etwas ... Bestimmtes gemacht?

ANITRA: Wir haben Video geschaut. Das heißt, er studierte die Schnitte in einer Sequenz des Films *The Untouchables* . Er notierte die Anzahl der Schnitte und Winkel und verglich sie mit dem Modell für diese Sequenz, die Szene auf der Treppe in Odessa in *Panzerkreuzer Potemkin* . Er sagte, daß er versuchen wolle, eine ähnliche Technik in einer Schlüsselszene seines neuen Buches zu benutzen.

Freßgelage über dem Werk eines Schriftstellers

SOLVEIG: *Homo Falsus* ist ja mit Filmen gespickt. Und mit Greta Garbo.

ANITRA: In diesem neuen Buch, das von der Verführung des norwegischen Volkes handelt, soll er dem Vernehmen nach das Fernsehen viel benutzen. Die Hauptperson ist Programmacher.

DREI SENNERINNEN *(zu Ingrid)* : Was ist das hier?

INGRID: Zarda, in Safran gekochter Reis mit Pistazien.

ANITRA: Kann man denn sagen, was unseren Freund am meisten inspiriert?

DIE GRÜNGEKLEIDETE: Eins ist jedenfalls sicher: Nichts stimuliert ihn mehr, als über Avantgardisten dieses Jahrhunderts zu lesen: Picasso, Mondrian, Pollock, Schönberg, Ligeti, Xenakis, Brancusi, Moore, Le Corbusier ... Daher ist er von einer "Evolutionstheorie der Kunst" überzeugt, er glaubt an die Bewegung, an die ständige Veränderung.

SOLVEIG: Aber ungeachtet dessen muß doch wohl die Literatur die größte Inspirationsquelle sein? Gibt es etwas, dem er in einem Roman immer erliegt?

INGRID: Ich glaube, das ist durch seine Art zu schreiben offensichtlich: Eine gute Geschichte in einer erneuernden Komposition.

DIE GRÜNGEKLEIDETE: Ich stimme zu. Aber in der letzten Zeit hat er sich zusätzlich mit dem Stil beschäftigt, der eigentlichen Stimme des Romans, dieses Element, das auf den Leser oft magisch wirkt. Nimm zum Beispiel Céline. Oder J.D. Salinger. In *Rand* fällt das Formexperiment weniger ins Auge als in den anderen Büchern.

DREI SENNERINNEN: Vielleicht weil der Inhalt selbst experimentell ist.

DIE GRÜNGEKLEIDETE: Er hat sich in diesem Roman deutlich um die Stimme bemüht, darum, dem Unmöglichen, oder noch nicht Bekanntem eine Stimme zu geben. Die Hauptperson bewegt sich die ganze Zeit an der Grenze; in der Denkweise, den Handlungen, der Sprache, der Moral, der Erotik ...

ANITRA *(sucht etwas in ihrer Handtasche)* : Er hat *Mysterien* von Hamsun immer für einen bedeutenderen Roman als *Hunger* gehalten. Denn in *Hunger* kann die sonderbare Stimme durch einen psychologischen Grenzzustand erklärt werden. In *Mysterien* hingegen lernen wir die merkwürdigsten Gedankenkonstellationen bei einem normalen Menschen kennen.

DREI SENNERINNEN *(stolz)* : Wir kennen zufällig die Tradition, als deren Fortsetzung er *Rand* betrachtet. Sie beginnt mit *Aufzeichnungen aus einem Kellerloch* von Dostoevskij an, geht über *The Secret Agent* von Conrad, *Die Aufzeichnungen des Malte Laurids Brigge* von Rilke, *Der Ekel* von Sartre, *Der Fremde* von Camus und endet bei *Die Angst des Tormanns beim Elfmeter* von Handke.

DIE GRÜNGEKLEIDETE: Aber um zu dem zurückzukommen, was du über die gute Erzählung gesagt hast *(sie kratzt den Teller aus)* : Es fällt mir auf, wie verbissen unser Freund versucht zu zeigen, daß sich die ganze Wirklichkeit als eine Serie von Erzählungen verstehen läßt. Er meint offensichtlich, daß die Erzählung den Menschen konstituiert.

INGRID: Als er an *Det store eventyret* schrieb, erzählte er mir, daß, gleichgültig womit er sich beschäftigte, immer eine Erzählung auftauchte. *(Überlegt.)* Das Verhältnis zwischen Richard Burton und Elizabeth Taylor wurde zu einem Liebesmärchen, das sich auf Diamanten aufbaute, Thor Heyerdahls Expeditionen stellten sich als fast identisch mit dem Märchen von Sindbad dem Seefahrer heraus, die Erfindung der Atombombe zeigt Ähnlichkeit mit dem Märchen von Aladin und der Wunderlampe ... und D.H.Lawrence könnte genauso gut eine Figur aus *Tausendundeine Nacht* sein. Schließlich ließe sich sogar der Vietnamkrieg auf ein Computerspiel reduzieren.

DREI SENNERINNEN: Von daher sieht man deutlich, daß unser gemeinsamer Freund die Phantasie, die Fabulierkraft als die wichtigste Auszeichnung eines Autors betrachtet.

INGRID: Sogar die Lüge kann in dieser Sichtweise als etwas Positives betrachtet werden. Ein guter Autor muß gut lügen können. In *Homo Falsus* sind ein Viertel der Einzelinformationen Lügen, ohne daß es dem Leser irgendwelche Probleme bereitet hätte.

DREI SENNERINNEN: Was? Ein Viertel der Informationen in *Homo Falsus* sind erlogen?? *(Bekommen einen nachdenklichen Gesichtsausdruck.)*

DIE GRÜNGEKLEIDETE: Sind nicht Lüge und Phantasie zwei Seiten derselben Sache?

ANITRA *(findet endlich den Lippenstift)*: Aber in *Rand* erlebe ich es so, daß die Hauptperson die Grenze aufgrund ihrer eigenen Person überschreitet, sie wird sozusagen von ihrer eigenen Imagination verführt. *(Führt den Stift über die Lippen.)* Das ist immer eine Gefahr, eine Konsequenz jeder Art faustischen Handelns; man verliert die Seele an das Böse.

SOLVEIG: Lest ihr *Rand* als ein negatives Buch?

DIE GRÜNGEKLEIDETE: Ich glaube, wir müssen in diesem Zusammenhang auf das fast naive Vertrauen unseres Freundes in den Leser hinweisen. Er sieht es so, daß ein negativer Text in etwas Positives verwandelt werden kann, wenn er durch das Entwicklerbad geht, das wir den Kopf des Lesers nennen. Es sind die Erlebnisse und die eigenen Assoziationen des Lesers, die entscheiden, ob ein Buch positiv oder negativ ist, nicht der Text, der isoliert auf dem Papier steht.

INGRID: Ist es möglich, die Verfasser zu nennen, von denen er am meisten gelernt hat?

DIE GRÜNGEKLEIDETE: Nein. Es sind die traditionellen, von Homer und Sophokles bis zu Carlos Fuentes und Yasunari Kawabata. Er fühlt sich ansonsten mit neuen Namen verwandt wie Fernando del Paso, David Grossman, Gerold Späth, Luisa Valenzuela, Jens Smærup Sørensen, Kees Nooteboom, Graham Swift, Angela Carter, Shashi Tharoor, Kenzaburo Oë.

DREI SENNERINNEN: Wir glauben, wir sollten wohl auch Salman Rushdie hinzufügen. Wir wissen, daß unser Freund besonders *Die Satanischen Verse* sehr schätzt.

SOLVEIG *(ängstlich)* : Warum denn?

DREI SENNERINNEN: Das Buch läutet eine neue Epoche ein. Es überführt den Postmodernismus und die Dekonstruktion in etwas Positives. Beim ganzen unseligen Falschlesen dieses Romans hat man aus den Augen verloren, daß Rushdie nicht nur zerstört, sondern gleichzeitig etwas Neues aufbaut. Er zeigt auch, daß wir uns in eine neue Weltkultur hineinbewegen.

INGRID: Ist es nicht seltsam, daß wir hier in Oslo sitzen und indisch essen?

DIE GRÜNGEKLEIDETE: Das kann wohl gut als Parallele zu der Ansicht unseres Freundes betrachtet werden, daß Literatur immer weniger national und immer mehr global wird.

SOLVEIG *(besorgt)* : Aber wie sollen wir das jetzt alles aufschreiben?

INGRID: Beruhigt euch, ich habe alles auf Tonband aufgenommen. *(Sie entfernt die Serviette und enthüllt das Aufnahmegerät.)* Wir müssen nur noch alles abschreiben.

ANITRA *(applaudiert)* : Du bist schlau. Du erinnerst mich an eine gewisse Person, die nicht hier ist.

DIE GRÜNGEKLEIDETE: Ich habe gehört er will verreisen?

INGRID: Nach Tokio.

SOLVEIG *(noch besorgter)* : Was in aller Welt will er dort?

INGRID: Er soll von Tokios Spiralstruktur fasziniert sein. Und davon,

Freßgelage über dem Werk eines Schriftstellers

daß dieser Kaiserplatz in der Mitte der Stadt eine Ruine ist. So wird Tokio eine Stadt mit einem leeren Zentrum. *(Sammelt die fünf Bücher des Autors ein und legt sie zu einem Stapel zusammen.)*

DREI SENNERINNEN: Wenn wir ihn recht kennen, möchte er sich vor allem etwas aussetzen, was er nicht versteht.

ANITRA: Kommt es in einem neuen Buch vor?

INGRID: Wir werden sehen. Möchte noch jemand Nachtisch?

Aus dem Norwegischen von Elisabeth Weise.

Jan Kjærstad

Auswahlbibliographie

Kloden dreier stillle rundt (Die Erde dreht sich langsam). Novellen. Aschehoug 1980

Speil. Leseserie fra det 20.århundre (Spiegel. Lesereihe aus dem 20.Jahrhundert). Roman. Aschehoug 1982

Homo Falsus eller det perfekte mord (Homo Falsus oder der perfekte Mord). Roman. Aschehoug 1984

Det store eventyret (Das große Märchen). Roman. Aschehoug 1987

Menneskets matrise (Die Matrize des Menschen). Essays. Aschehoug 1989

Rand (Rand). Roman. Aschehoug 1990

weitere erwähnte Texte:

"Voldtatt" (Vergewaltigt), in: *Noveller i Samtiden*. Aschehoug 1981

"Program renessanse" (Programmrenaissance), in: Tron Jensen & Jan Kjærstad (Hg.) *Tekster 1984* (Texte 1984). Gyldendal 1983

"Marsbeboeren som ble menneske. Om David Bowie" (Der Marsbewohner, der zum Mensch wurde. Über David Bowie), in: Haakon Bull Hansen (Hg.). *Rock* (Rock). Cappelen 1984

"Proletariatets Diktatur" (Die Diktatur des Proletariats), in: *Banzai*. 1984

"En egyptisk julefortelling", in: *Dagbladet*. Weihnachten 1984

"Sirkelens kvadratur" (Die Quadratur des Kreises), in: Halfdan Freihow et al. (Hg.). *Ord for andre* (Worte für andere). Cappelen 1985

"Peer du lyver! - Ja!" (Peer, du lügst! - Ja!), in: *The Norseman*. September 1990

"Filmen som sted - filmen som bilde. Om Blade Runner" (Der Film als Ort - der Film als Bild. Über Blade Runner), in: Kjell Billing (Hg.) *Forfattere om film* (Autoren über Film). Cappelen 1991

sowie: Redakteur der literarischen Zeitschrift Vinduet 1985-89; Interviews mit Dag Solstad, Italo Calvino, John Fowles, Inger Christensen, Roy Jacobsen, Ole Robert Sunde, Artur Lundkvist, Malcolm Bradbury, in Vinduet 1984-89

Knut Brynhildsvoll

Die neo-manieristische ars combinatoria des Jan Kjærstad.
Am Beispiel des Romans *Rand*

Erstaunliches ist zu vermelden. Seitdem Jan Kjærstad vor zehn Jahren mit der Novellensammlung *Kloden dreier stille rundt* (*Der Planet dreht sich leise*) vor die literarische Öffentlichkeit trat, hat er sich mit den Romanen *Speil* (*Spiegel*), *Homo Falsus* (*Homo Falsus*) und *Det store eventyret* (*Das große Märchen*) bereits als einer der führenden Autoren der skandinavischen Gegenwartsliteratur etabliert. Aber nicht nur das. Wie eine Umfrage einer dänischen Wochenendzeitung jüngst ergab, wurde *Homo Falsus* zum fünftbesten ausländischen Roman der achtziger Jahre erkoren, noch vor den erfolgreichen Romanen von Umberto Eco und Milan Kundera.[1] Dies mag den Autor selbst am aller wenigsten überrascht haben, der nie aus seinen Ambitionen einen Hehl gemacht hat und der auch immer wieder bewiesen hat, daß er auf der Höhe seiner selbst gestellten Ansprüche ist. Gewiß mag es ihm - und den anderen Autoren dieses Bandes gleichermaßen - eine Genugtuung gewesen sein, auf heimischem Boden die allenthalben zu vernehmenden Unkenrufe vom Tod des Romans überzeugend widerlegt zu haben. Nicht der Roman war tot, sondern die hoffnungslos hinter ihrer Zeit herhinkenden Schreibstrategien.

Für Jan Kjærstad ist der literarische Fiktionstext heute wichtiger denn je. Der Roman ist der einzige Ort, an dem die auseinanderdriftende Welt zusammengehalten werden kann, an dem das alle fünf Jahre sich verdop-

Knut Brynhildsvoll

pelnde Wissen der Menschheit auf ihre Kohärenzfähigkeit überprüft werden kann und *neue* , mögliche Zusammenhänge fiktional erprobt werden können. Dem Selbstverständnis des literarischen Schreibansatzes Kjærstads enstprechend, hat die Fiktionsliteratur die frühere Funktion der Philosophie als Bindeglied zwischen den verfügbaren Wissensbereichen übernommen. In diesem Medium geht es zwar weniger um die Ermittlung der Wahrheit, dafür aber um so mehr um die Erkundung dessen, was die Welt - unter den Bedingungen ihrer ständigen Selbstüberschreitung - an möglichen Sinn- und Verstehenspotentialen bereithält. Die Vorzüge der Fiktionsprosa als kognitives Medium gegenüber den herkömmlichen epistemologischen Gattungen liegen darin, daß sie nicht so sehr einer Doktrin, einem ideologischen oder metaphysischen Wahrheitsanspruch verpflichtet sind, sondern im Spiel und Widerspiel ihrer Möglichkeitserwägungen gegenüber vorschnellen Sinnfestlegungen offen bleiben und sich einen Rest von Narrenfreiheit erhalten.

In seinem erst kürzlich ausgelieferten vierten Roman mit dem Titel *Rand* (*Rand*) [2] stellt Jan Kjærstad die uralte existential-ontologische Frage nach der Beschaffenheit des menschlichen Seins. Der ganze Text spielt vor dem Hintergrund der leitmotivisch wiederholten Frage: "Was ist der Mensch?" Eine endgültige Antwort auf diese Frage wird gar nicht erst angestrebt, denn der Mensch ist in den Augen des Autors ebenso unerschöpflich und rätselhaft wie die Geschichten, durch die er in Erscheinung tritt, was selbstverständlich nicht ausschließt, daß Teilantworten und vielversprechende Annäherungen an den erfragten Gegenstand, namentlich durch die Form der Darstellung, möglich erscheinen.

Ungeachtet seiner Affinität zum Systemdenken widerstrebt es offensichtlich dem Autor, seine Fiktionsgestalten in geschlossenen Systemen unterzubringen, denn - und das mag eine Erfahrung des Theologen Jan Kjærstad sein - der Mensch ist gleichzeitig beides: systemkonform und systemüberschreitend. In dieser Tatsache dürfte auch Kjærstads Skepsis

Die neo-manieristische ars combinatoria

gegenüber den großen Systemgründern ihre Ursache haben, angefangen von den Religionsstiftern bis hin zu Marx und Freud, die nach seinem eigenen Bekunden keine große Bedeutung für sein Schreiben gehabt haben. Diese Absage an den Marxismus und den Freudianismus ist nicht ideologisch bedingt, sondern leitet sich aus der inneren Logik seiner Schreibstrategie her, die alle Verstehensansätze ablehnt, die die Wirklichkeit und die Wirklichkeit des Schreibens an zu eng gefaßte Modelle festnageln und daher Kreativität und Innovation eher unterbinden als fördern.

Da es zu Jan Kjærstads literarischer Konzeption gehört, in einem fiktionalen Universum mit einer Informationsakkumulation sondergleichen systemübergreifende Zuordnungsmöglichkeiten von Teil und Ganzem implizit anzulegen, ohne diese explizit auszuführen, stellt er in ganz besonderer Weise den Leser bzw. den Literaturwissenschaftler vor die anregende Aufgabe, Mitarbeiter am Text zu werden. Der Autor geht sogar so weit zu behaupten, der Leser sei der wahre Held seiner Romane.[3] Wer sich als Literaturwissenschaftler an das komplexe Werk Kjærstads heranwagt, sieht sich demzufolge unversehens in die Heldenrolle gedrängt - eine Rolle, für die er aufgrund seines eher unheroischen Werdeganges als Akademiker nicht gerade gut gewappnet ist, denn Kjærstads Texte appellieren nicht nur an Tugenden wie Logik, rationales Denken, methodische Reflexion etc., sondern vielleicht mehr noch an Phantasie, Spieltrieb, Assoziationsfähigkeit, kurz: an das Vermögen, die im Text vorhandenen Sinnpotentiale in kreativer Mitarbeit zu rekonstruieren. Das alles hat zu bedenken, wer sich aufs Glatteis der Kjærstadschen Fiktionsprosa begibt, gelockt von der unwiderstehlichen Faszinationskraft seines Schreibens, der sich kaum jemand entziehen kann.

Der letzte Roman Kjærstads ist, wenn man so will, auch ein literaturgeschichtliches Ereignis. Genau hundert Jahre nach dem Erscheinen von Knut Hamsuns *Sult* (*Hunger*) ist wiederum ein monumentaler Christiania- bzw. Oslo-Roman entstanden, der genauso wie sein Vorgänger literaturrevolutionäre Ansätze enthält und alle Aussicht hat, genau so viel zu bewirken. Bei aller Unterschiedlichkeit der Konzeption sind die gemeinsamen Züge der beiden Romane nicht zu übersehen. Die Ich-Erzähler treiben sich beide in Christiania bzw. Oslo herum, legen immer wieder an markanten Stellen Pausen ein, blicken zum wiederholten Male dem Tod ins Gesicht, bewegen sich am äußersten Rande des Abgrundes. Bei alledem sind sie eisern darum bemüht, die Mängel abzustellen, die Defizite - sei es an Essen, sei es an Sinn - zu beheben, und ihren Fall in den Griff zu bekommen.[4] Auch die lapidare, viergraphemige Anknüpfung an Hamsuns Titel mit den entsprechenden semantischen Angleichungsimplikationen ("Sult" - "Rand") spricht dafür, daß man es mit einer bewußten intertextuellen Referenz zu tun hat, wenn auch Jan Kjærstad seinen Roman eher in der Nachfolge des Romans *Mysterier* (*Mysterien*) desselben Autors sieht.

Ohne die augenfälligen Ähnlichkeiten der beiden Romane überstrapazieren zu wollen, darf man wenigstens feststellen, daß es in den beiden Texten um das geht, was Jan Kjærstad "ein äußerstes Anliegen" nennt, d.h. um Leben und Tod - und um all das, was sich zwischen diesen beiden Eckdaten an Sinnmöglichkeiten und Sinnverweigerungen verbirgt. Vor dem literaturgeschichtlichen Horizont ontologischer Themenüberschneidungen rückt Jan Kjærstads Behauptung, daß Literatur immer zugleich Anthropologie ist, in eine medienhistorische Dimension. Mit seiner erneuten Hinwendung zur Frage: "Was ist der Mensch?" wird ein fast schon als altmodisch zu bezeichnendes Problem in beängstigender Weise wieder modern - und zwar nicht, weil der Autor sich an alten Modellen orientiert, sondern weil er diese modernisiert und den Erfordernissen der Gegenwart anpaßt. Wie in seinen übrigen Romanen läßt sich Jan Kjærstad von der postmodernen Einsicht leiten, daß, da alles bereits gesagt ist, es auf das *Wie* des Sagens ganz entscheidend ankommt - und in diesem Wie liegt die Differenz zur Tradition.

Die neo-manieristische ars combinatoria

In *Rand* kehrt Jan Kjærstad, wie im übrigen auch in dem mit ihm verwandten Roman *Homo Falsus*, zu jenem Schauplatz zurück, den er den Ort der klassischen Moderne nennt: die Großstadt. Oslo ist dem Ich-Erzähler des Romans einerseits eine bekannte und vertraute Umgebung, andererseits aber ein fremder, exotischer Ort am Rande des Kosmos, eine terra incognita, die nur teleskopisch erfaßbar ist. Die RAND-Lage diktiert die instrumentale Erkundung des Ortes, dessen Position an der Peripherie der Milchstraßen, des Sonnensystems, des Planeten Tellus, des Landes Norwegen anhand des den Text umrahmenden Bildmaterials anschaulich vor Augen geführt wird. Dieser ferne Ort ist zudem noch in eine geheime Schrift gehüllt, umgeben von unbekannten, spiegelbildlich gedrehten georgischen Schriftzeichen, die die Funktion haben, Fremdheit zu suggerieren - mit entsprechendem Nachholbedarf an Aufklärung. Dies alles nun stellt all jenen, die von Amts wegen das zu recherchieren haben, was sich in dieser fremden Nähe an Unverständlichem und Rätselhaftem abspielt, vor die Notwendigkeit, möglichst viel an detailliertem Wissen zusammenzutragen und mit Hilfe datenverarbeitender Anlagen zu systematisieren, um auf diese Weise den Ort in seiner semantischen Vielfalt nach allen Seiten hin möglichst effizient erkunden zu können, wobei sogar die Rand-om-Funktion der Zufallsgenerierung im Dienste der Fallauflösung mobilisiert wird.

Der Ort Oslo wird in Kjærstads Text zum Tatort, der Roman zu einem Kriminalroman. Dazu muß man wissen, daß der Autor in seinem bisherigen Schreiben stets eine der klassischen Romangattungen als Oberflächenstruktur beibehalten hat, damit der Leser etwas hat, woran er sich halten kann. In den Romanen *Homo Falsus* und *Rand* dient die Gattung des Kriminalromans dem Autor als Makrostruktur; diese wird nun aber den viel subtileren Intentionen Kjærstads entsprechend einer strukturellen Perestrojka unterworfen. Diesen dekonstruktiven Vorgang nennt der Autor eine Ornamentalisierung und versteht darunter Eingriffe, die darauf abzielen, die Oberflächenstruktur in substrukturelle Schichten zu zerlegen, die die ihnen zugrundeliegende Großform problematisiert, parodiert und je nach Bedarf für ontologische, epistemologische und sonstige Verstehensformen verfügbar machen.[5] Ein wesentlicher Bestandteil der Ornamentalisierung ist die Informationsanreicherung, mit deren Hilfe das makrostrukturelle Gefüge in einem polyvalenten Schwebezustand gehalten wird. Die Dekonstruktion des herkömmlichen Musters des Kriminalromans ermöglicht dann Fragestellungen, die es nicht vorrangig auf die Überführung und Ergreifung des Täters absehen, sondern z.B. auf Fragen nach der Beschaffenheit des Menschen oder den Erscheinungsformen von Kreativität. Das Grundschema des Kriminalromans erleichtert ohnehin diese semantische Verzweigung. Einerseits hat das Verbrechen durch seine Fallbezogenheit eine Sachreferenz, die in der Ermittlung, Spurensicherung, Zeugenvernehmung usw. besteht; andererseits weisen die kriminaltechnischen Auswertungen der eingesammelten Daten, die Entwürfe von Theorien und Gegentheorien sowie die ganzen Bemühungen um die Rekonstruktion des Tatherganges auf die Interpretationsvielfalt der Ermittlungsansätze hin. Diese autoreferentielle Ebene des Textes wird genauso wie die heteroreferentielle als Beispiele für fallfremde Intentionen aktiviert, zum einen, indem die Strukturen der polizeilichen Ermittlungsverfahren nach außen hin sichtbar gemacht und in den dekonstruierten Schichten des Textes zu Paradigmen des Schöpferischen gemacht werden, zum anderen, indem die ganzen Möglichkeiten, die mit dem schillernden semantischen Feld des Kriminalfalls verbunden sind, symbolisch ausgeschöpft werden.

Ehe ich mich auf partielle Aspekte des schier unerschöpflichen Kombinationsangebotes des Textes näher einlasse, ist es wichtig zu präzisieren, daß der anstehende, als Kriminalfall kaschierte Problemkomplex entsprechend dem implizit mitgestalteten Bedeutungsspektrum grundsätzlich als lösbar gedacht wird, wenn auch eine davon ablenkende Hypothese ins Spiel gebracht wird, wonach die Lösung des Falles in seiner Unlösbarkeit zu sehen wäre. Kohärente, vorläufige Lesarten sind nichtsdestoweniger möglich, vorausgesetzt, man stellt die richtigen Fragen an den Text - und hier ist wiederum der Leser als der Held des Romans

Die neo-manieristische ars combinatoria

in die Pflicht genommen. Freilich wird auch in der substrukturellen Reihe der Hamletmotive des Romans derselbe Anspruch an den Urheber des Textes gestellt. Mit einem Shakespearezitat wird zum Ausdruck gebracht, daß es an ihm ist, durch die Art der Komposition die Weichen für eine vom Leser zu leistende mögliche Vereinheitlichung des scheinbar Uneinheitlichen zu stellen:

"The time is out of joint: - O cursed spite
That ever I was born to set it right!"[6]

Ich möchte mich im folgenden vornehmlich auf das Aufzeigen einiger Muster der sehr viel komplexeren Gesamtstruktur des Romans beschränken und dabei jenen Textschichten eine besondere Aufmerksamkeit widmen, in denen unter dem Deckmantel eines möglicherweise nur vorgetäuschten Kriminalfalles Fragen der Ontologie und des Kreativen abgehandelt werden. Da die Veranschaulichung dieser Komplexe in enger Anlehnung an die epischen Konfigurationen erfolgt, ist zunächst einmal eine Präsentation der Aktantenstruktur des Romans unerläßlich.

Der Ich-Erzähler des Romans ist nach seinem eigenen Bekenntnis ein Massenmörder, der das nächtliche Oslo durch seine Greueltaten in Angst und Schrecken versetzt. Seine Kapitaldelikte scheinen ihm aber nicht weiter aufs Gemüt zu schlagen. Im Gegenteil; er bleibt gelassen, sogar fröhlich und nimmt regen Anteil an den Aufklärungsbemühungen der Ermittlungsinstanzen und an der Berichterstattung in den Medien. In seinen Reaktionen demonstriert er damit ein atypisches Verhalten - und bereits hier schöpft der Leser einen ersten Verdacht, der nicht geringer wird, wenn man von seinem Beruf erfährt. Er ist Computerspezialist und leitet zur Zeit der Mordanschläge "ein Pionierprojekt in Sachen Vernetzung" (S.65); wie es sich herausstellt, handelt es sich dabei u.a. um eine Führungsposition in der EDV-Abteilung der Kripo. In dieser Datenzentrale laufen alle Informationen über die Fälle zusammen und es ist nicht von der Hand zu weisen, daß sich der Ich-Erzähler als vernetzende Instanz so sehr mit den Fällen identifiziert, daß sie nach außen hin - in seinen Nacherzählungen - als seine eigenen erscheinen und daß somit eine Konstellation eintritt, in der der Täter seinen eigenen Taten nachforscht.

Wenn diese These stimmt, würden die authentischen Fälle ins Fiktionale umkippen und zum Gegenstand eines Romanplots werden. Die auf diese Weise erfolgte Verunsicherung des Lesers in bezug auf den ontischen Status des Dargestellten nutzt der Autor bzw. sein fiktionaler Beauftragter zu hintergründigen Manipulationen und Täuschungsmanövern aus. Diese mitunter schwer durchschaubaren Eingriffe bestehen häufig darin, daß ein Sachverhalt durch überraschende Kodewechsel von einer Bedeutungsebene auf eine andere transformiert wird. Dies scheint z.B der Fall zu sein bei den verübten Taten, die einen widersprüchlichen Stellenwert im Fiktionsganzen einnehmen. Einerseits wird durch die Makrostruktur und die Eingeständnisse des Ich-Erzählers suggeriert, daß es sich um Mord handelt; andererseits gerät der Mörder (norw. morderen) durch semantische Manipulation in die Nähe einer Mutter (norw. veraltet: moderen), wobei sich auf der hypothetischen Ebene die Todesfälle in Natalfälle verkehren. Der erzählende Mörder erweckt gewissermaßen die Toten aus ihrer bürgerlichen Anonymität und verhilft ihnen durch ihren Tod zu einem Nachleben als Fiktionsgestalten und zu einem Heldendasein in den öffentlichen Medien. Diese Umkehrbarkeit von Tod und Leben zeigt besonders deutlich der Fall des Dan Bergmann, der, nachdem er tödlich verletzt zu Boden fällt, in einer embryonalen Position liegen bleibt. Indem solchermaßen dem Tod die Ikonographie einer Geburt übergestülpt wird, ist ein einprägsamer Modellfall für die Übergänglichkeit des Daseins und die Entstehung einer Geschichte aus dem Tod einer anderen gefunden.

Kjærstads Roman ist voll von derartigen Schwellenzuständen, in denen der Mensch im Begriff ist, sich seiner Begrenzung zu entledigen und in die weiteren Zonen jenseits seiner Behausung vorzustoßen. Dieses Expansionsmotiv ist eng mit der metaphorischen Transformationsstruktur des Romans verknüpft, durch die dieser sich gleichsam von selbst einer im Prinzip endlosen Prolongierung unterwirft. Innerhalb dieses Strukturgefüges ist die enge Beziehung von Leben und Tod, Gut und Böse vielfältig auf metaphysische, existential-ontologische, sprachphilosophische Sachverhalte applizierbar. Man kann es auch so formulieren, daß Einblicke in die benachbarte, umfangreichere Seite der Wirklichkeit nur durch das Verbrechen möglich sind - oder wie es an einer Stelle des Romans mit deutlichen biblischen Anklängen heißt: "Wahrlich sage ich dir: Um heute den Sinn des Lebens zu finden, mußt du ein Verbrecher werden."(S.232) Die Mordtaten können vor diesem Horizont nur als auktoriale Provokationen verstanden werden, die dazu verhelfen sollen, an einer erweiterten Wirklichkeit zu partizipieren - ganz gleich wie man sie nennt. In einem Interview der Zeitung *Aftenposten* anläßlich des Erscheinens von *Rand* bekennt Kjærstad, daß ihn als Theologen jene Theorie der schwarzen Mystik stets beschäftigt hat, derzufolge man sündigen muß, um Gott zu begegnen: "Es gibt Sekten, deren Mitglieder zu jedem Verbrechen fähig sind, um das Ende der Zeiten herbeizuführen und Gott ins Auge zu schauen."[7] Mit diesem Hinweis motiviert Kjærstad auch die Rolle der Gesetzesübertretung in seinem Fiktionstext: Nur wer sich über das Gesetz hinwegsetzt, vermag das Gesetz zu erkennen bzw. erahnen, denn - wie es an einer Stelle heißt: "Wenn du erst die Regeln mißachtet hast, ist - buchstäblich gesprochen - alles möglich." (S.72) Unter diesem Vorzeichen dienen die konkreten Gesetzesübertretungen des Romans als Katalysatoren für Einsichten in jenseitige Welten. Folgerichtig stellt Kjærstad in dem erwähnten Interview fest, daß sein Roman außer einer Allegorie auf die Dichtung auch eine eben solche auf die Suche nach Gott sei.

Der Ermittlungsgegenstand des Textes ist die dem Täter zum Opfer fallenden Personen - vier Männer und zwei Frauen -, die nach Berufen, Interessen, Eigenschaften, Fähigkeiten usw. konvergierende und divergierende Merkmale aufweisen, die es dem Erzähler und dem Leser erlauben, eine fast unbegrenzte Anzahl interner, figural- und gruppendynamischer Beziehungen verschiedenster Art herzustellen. In der

Knut Brynhildsvoll

Konzeption und Darstellung der Opfergruppe zeigt sich besonders eindrucksvoll die poetische Kombinationsleistung des Autors, denn in ihrer wohldosierten Mischung aus Information und Verschleierung, Datenanreicherung und Verästelung bildet die Zusammensetzung gerade dieser Gruppe als einer Welt en miniature einen stetigen Anreiz zu Theoriebildungen, Spekulationen, Tatkonstruktionen, Motivanalysen, Reflexionen - gar Meditationen,[8] die zu einer umfassenden Erfassung der Fallmodalitäten führen.

In der gegenüberstehenden Synopsis sind, in sehr verkürzter Form, einige Lebensdaten der Opfer zusammengestellt. Es wäre zwar ohne weiteres möglich, die Bestandsaufnahme auf Zuordnungskoordinaten wie z.b. biblische Analogien [9] auszudehnen; hier sollen indes in erster Linie Kategorien berücksichtigt werden, die für die sich anschließende Funktionsanalyse der konfigurativen Gestaltungselemente von Bedeutung sind.

Hinter den Gitterstäben dieses paradigmatischen Drahtverhaus kauert ein gefährliches Raubtier; es ist der Tiger, der mit den Mustern seiner eigenen Begrenzung gezeichnet ist, die Embleme seiner Gefangenschaft sozusagen als Gitter am eigenen Körper mit sich trägt. Der solchermassen in seiner Bewegungsfreiheit Gehinderte und zu einem statischen Vegetieren Gezwungene hat es freilich in der Hand, sich aus seiner Lage selbst zu befreien, wenigstens aber sich seine Welt aus eigenem Hinzutun zu erweitern - denn: hinter dem Bild des Tigers verbirgt sich der Mensch, ein dumpfes Triebwesen voller Aggressionen und zu jeder kriminellen Schandtat bereit, aber gleichzeitig mit Fähigkeiten begabt, die ihm das Entkommen aus dem Käfig und das Kennenlernen einer jenseitigen Welt ermöglichen.

Jan Kjærstads Roman nun erzählt von den Mühen, diesen Käfig zu öffnen bzw. dem Eingesperrten einen Blick in eine größere Wirklichkeit zu gewähren. Dieses Ziel ist, wenn überhaupt, nur zu erreichen, wenn der

	Name	Beruf	Hobbys	Publikationen	Beschäftigungsschwerpunkte		Organe	Tatortopographie
A	Georg Becker	Architekt	Walstudien	Facharikel	öffentliche Bauten, Büros, Hotels Kunstmuseum	plastisch	Hand, Auge	Bibliothek
A	Tor Gross	Sozialanthropologe	Hamletaufführungen	Bücher: "Im Herz der Finsternis"	Slum-Studien, religionswiss. Studien	wissenschaftlich	Gehirn, Penis	Park
A	Eva Weiner	EDV-Angestellte	Typographie	Rockzeitung BREAK	Datenspeicherung, -distribution	digital	Fingerkuppe	Fluß
B	Dan Bergmann	Oberkellner	Weben		Teppichknüpfen	sinnlich	Mund, Gaumen	Synagoge
B	Magnus Davidsen	Veterinär	Bonsai-Bäume, Amateurschauspieler	Facharikel	Japanische Interieure	Körpersprache	Muskeln	Festung
B	Ruth Isaksen	Hornistin	Bahnreisen	Buchmanus: "Unterwegs", Kinetische Übungen		musikalisch-instrumental	Ohr	Altstadt

Knut Brynhildsvoll

Betroffene willens und in der Lage ist, sämtliche ihm zur Verfügung stehenden und ständig neu hinzukommenden Daten, unter Ablehnung aller konventionellen, ideologischen und sonstigen Sichtfestlegungen in origineller Weise neu miteinander zu kombinieren, ganz gleich ob das, was dabei herausspringt, mit den Gesetzen einer rationalen Logik vereinbar ist oder nicht. Wie die spielerische Neuordnung der Welt aus den Impulsen einer kontrollierten Phantasie im einzelnen aussehen könnte, läßt sich anhand von Beispielen aus dem eben aufgestellten Schema der figuralen Merkmalszuordnungen veranschaulichen. Das verkürzte Paradigma setzt sich aus einer Reihe von Einzelparzellen zusammen, die sich vom Leser bzw. den ermittelnden Instanzen des Textes horizontal, vertikal und diagonal in beliebiger Anordnung untereinander verbinden lassen. Freilich hat das System viele Tücken. Es ist über Jahre hinweg als ein "Meisterplot" geschmiedet worden, mit vielen Rafinessen und einer Menge Hinterlist. Parzellen und Reihen modifizieren sich gegenseitig, bilden Systeme, die die Flächenstruktur durchbrechen und für eine vieldimensionale Tranzparenz sorgen, mit überraschenden Ein-, Aus- und Durchblicken, so daß eine ständig sich selbst relativierende und in Frage stellende Ordnung entsteht, ohne die starre, symmetrische Proportionalität zentralperspektivisch gesteuerter Gestaltungsintentionen.

Wie wird nun dieses System in bezug auf den Faktor Kreativität, schöpferisches Verhalten aktualisiert? Das folgende Paradigma soll unter Rekurrenz auf das erste Schema über mögliche Beziehungen zwischen dem Roman als Ganzem und den ihm korrelierten wissenschaftlichen, ästhetisch-musischen und kommunikativen Subsystemen Aufschluß geben.

A: I - II - III B: I - II - III	Benachbarter Tätigkeitsbereich	Bevorzugte Freizeitgestaltung	Ästhetik	Affekte	Kommunikation
I Roman	Bauunternehmen	Meereszoologie	Skulptur, visuelle Zeichen	Lust, Begierde	ozeanisch, materiell
II Roman	soziologische Feldstudien	Theater	Maskierung, Variation, Permutation, Repetition	Lust, Orgasmus	monologisch, dialogisch, szenisch
III Roman	EDV	Graphemgestaltung	Kombination, Mischung	Opposition, Revolution	verbal, digital, emblematisch, symbolisch
I Roman	Gastronomie	Kunstgewerbe, Teppichknüpfen	Selektion, Kombination	Genuß, Leidenschaft	sensorisch
II Roman	Botanik	Baumkulturen	Konzentration, Verkrüppelung Beschneidung	Gewaltfetischismus	verzweigt, verwoben, labyrinthisch
III Roman	Orchestermusik	Reisen	tonale Zeichen Polyphonie, Metaphorik	Gruppensex	sphärisch, symphonisch

Knut Brynhildsvoll

An diesem Paradigma scheint sich die Behauptung Jan Kjærstads zu bestätigen, daß der Untergang der großen philosophischen, politischen und religiösen Systeme mit ihrer Wiedergeburt als große Erzählungen einhergeht. Der globale Anspruch ist in die Fiktionsliteratur ausgewandert, weil in ihr ohne jegliche Kohärenzzwänge Zusammenhänge erprobt werden können, die zwischen Wahrheit und Lüge, Gegenwart und Utopie, Sinn und Unsinn, Bewegung und Erstarrung hin und her oszillieren und in der die Imagination vorgreifend etwas von dem enthüllt, was die Welt im Innersten zusammenhält, ohne es nachträglich rational legitimieren zu müssen.

Wie das oben erstellte Paradigma zeigt, unterhält das ästhetische Makrosystem Roman zu zahlreichen Subsystemen enge Beziehungen. Es liegt am Leser, das darin enthaltene Programm so zu bedienen, daß es sich seiner Informationsfülle entsprechend nach allen Richtungen hin entfaltet. Dabei ist das System so konzipiert, daß es sich immer weiter verzweigt, sich selbst immer wieder überschreitet und sich hartnäckig gegen Lösungen und Abschlüsse zur Wehr setzt. In dieser Verweigerung bzw. Verzögerung des Endes, worauf ich an späterer Stelle noch zurückkommen werde, artikuliert sich das Mißtrauen gegenüber jeglichem Totalitätsanspruch - auch in der Kunst. Kjærstad vermeidet dadurch das Abgleiten seiner Texte in die falsche Verbindlichkeit geschlossener Modelle. Das erklärt, warum er gegen Ibsen Sturm läuft, dessen Modelle er als längst überholt kritisiert - auch indirekt, wenn sein Ich-Erzähler zu Beginn von *Rand* die Brücke über die "Henrik Ibsen-Straße" überquert - in abweichender Richtung, anderen Zielen zugewandt.

Die polyvalente Zusammenführung zum Teil entlegenster Wirklichkeitsbereiche kann hier lediglich anhand weniger Beispiele und Motivverknüpfungen aufgezeigt werden. Sucht man den Zugang zum Text über das Verhältnis Roman - Botanik, wird man schnell feststellen, daß diese Relation u.a. am Subsystem des Baumes veranschaulicht wird. Zwischen der Textur eines epischen Werkes und der eines Baumes gibt es viele

Die neo-manieristische ars combinatoria

Ähnlichkeiten, die die Assoziationsfähigkeit anregen. Namentlich der kahle Baum und der künstlich verstümmelte Minibaum lassen sich unschwer auf Strukturen vom Typus eines Fiktionstextes applizieren. Der entlaubte Baum mit seinen aufwärts gespreizten Zweigen und Ästen ist ein Gebilde sui generis, unvereinbar mit empirischer Erfahrung, ist er bei Kjærstad doch im Himmel verwurzelt, während er seine Zweige als Wurzelwerk in den erdenen Himmel schickt - zum Zeichen dessen, daß in der Kunst eine andere, verkehrte Ordnung herrscht. An der Kollektion der Bonsai-Bäume des 5.Opfers wird die Transformation der Natur in Kunstgebilde veranschaulicht und die hierbei unter Zuhilfenahme von Zwangsmaßnahmen wie Beschneidung und Eisendrahtumwicklung erzielte artifizielle Abwandlung von der Naturgesetzlichkeit demonstriert, derentwegen der Manipulator im Ruf steht, Schöpfer künstlicher Ordnungen zu sein. Somit wird unterstellt, daß Kunst stets von den Parametern der natürlichen Ordnung durch verschiedene Grade an "Verkrüppelung" abweicht. Verläßt man die horizontale Reihe der Baummotive und schweift auf gut Glück im System herum, trifft man überall auf Schritt und Tritt in stets neuen Metamophosen die Struktur verzweigter Bäume, sei es in den vernetzten Computerprogrammen der Ermittlungsbehörden, den anthropologischen Feldstudien des 2.Opfers, den typographischen Umbruchexperimenten des 3.Opfers, den mit hervorerzeugten Lautteppichen des 6.Opfers, den polychoralen Gesängen venezianisch-monteverdischer Madrigale, den ozeanischen Kommunikationsformen der Wale sowie nicht zuletzt im polyphonischen Ensemble des ganzes Systems. In jeder Teilsequenz des Systems liegen zahlreiche Möglichkeiten, Anschlüsse an andere Wissensparzellen zu finden und die Fragmente auf hierarchiehöheren Stufen untereinander zu vernetzen. Die hoffnungsvollen Ansätze zur Vernetzung der Subsysteme verkehren sich aber häufig in ihr Gegenteil: hinter den flickenteppichähnlichen Strukturen verbergen sich nicht nur die Muster der Befreiung, sondern auch die Patterns des Eingesperrtseins, so daß die Strukturen des Netzes in bezug auf ihren semantischen Stellenwert im jeweiligen Kontext ambivalent bleiben oder ironisch funktionieren, so z.B. wenn die Opfer häufig karierte Bekleidungsstücke tragen oder sich die Luft beim Nieselregen in einen Schleier voller Gitterstäbe verwandelt. Symptomatisch ist, daß in dem Augenblick, als das 4.Opfer, das zu Lebzeiten mit Leidenschaft seiner Tätigkeit als Teppichknüpfer am Webstuhl seiner Werkstatt nachgeht, vom Messer des Täters tödlich getroffen am Bürgersteig zusammensinkt, ein mitgeführter Teppich sich entrollt, auf dem der Täter den Tiger zu erkennen meint. So werden die Fiktionsgestalten bei ihren Welterschließungsversuchen immer wieder mit ihrer Begrenzung konfrontiert, gerade und ganz besonders auffallend in Fällen, in denen sie ihrer Beschränkung durch die Verübung schrankenloser Taten zu entrinnen suchen. Baum und Tiger vereinen sich im hell-dunklen Schattengeflecht der Bäume zu einem anthropomorphen Wesen mit den Zügen eines Raubtiers. Wie die Kapitalverbrechen zeigen, gibt es im Dschungel der Großstadt stets aufs Neue atavistische Rückfälle, die dem Ruf des Tatorts als "Tigerstadt"[10] gerecht werden.

Als übergreifendes Strukturelement des epischen Großtextes bildet das filigrane System des Baumes den symbolisch-emblematischen Hintergrund auch jeder kleinsten Parzelle. Seine Konturen zeichnen sich als produktive Folie hinter allen Verknüpfungsansätzen ab und beschwören als allegorische Korrelate das Bild des Weltenbaums und des Baumes der Erkenntnis herauf, in deren Zeichen alle Verführungen und Verlockungen des sich verzweigenden Textuniversums stehen. Der Baumcharakter des Romans kommt nicht zuletzt auch in der Dreiteilung seiner Makrostruktur zum Vorschein, die ihm den Charakter eines Triptychons verleiht. Der ganze Text könnte so gesehen der groß angelegte Versuch sein, jener Behauptung zu entsprechen, wonach derjenige, der in der Lage ist, "die deckende Metapher für einen Baum zu finden, die Welt beherrschen wird." (S.140)[11]

Zu den imperialen Unterwerfungskünsten des Romans gehört eben diese schöpferische Ausnutzung des Assoziationsvermögens, die den Textentwerfer befähigt, die vorstellungsmäßige Brücke vom Baum zum Al-

Die neo-manieristische ars combinatoria

tarbild zu schlagen. Die erzähltechnischen Griffe, die dafür geeignet sind, ergeben sich aus den Vernetzungsintentionen des Textes. Um die Zusammenhänge der Welt transparent zu machen, bedarf es einer möglichst komparablen Struktur. Als semantisches Scharnier zwischen ontologischer und dichterischer Struktur dienen die Metaphern. In Jan Kjærstads Roman zielt die metaphorische Textgenerierung darauf ab, die Welt beherrschbar zu machen und vor dem Zerfall in separate oder vor dem Verbleib in isolierten Parzellen zu bewahren Wenn der Erzähler sich "in Metaphorik übt"(S.100), überall nach "übertragbaren Bedeutungen"(S.127) sucht und mit Hilfe von Vergleichskonjunktionen und entsprechenden Kopulae "den vollendeten Vergleich"(S.140) finden möchte, nimmt er anscheinend die Gefahr in Kauf, im Leerlauf des hermeneutischen Zirkels zu verharren, aber das stört ihn nicht weiter, will er doch einstweilen durch sein analogisches Erzählverfahren nur den Leser auf die Similaritätsvielfalt seines Erzählkorpus einstimmen, ausgehend von der Erfahrung: "Man sieht viel, aber man sieht wenig."(S.33) Bei Kjærstad bleibt es aber - wie in *Homo Falsus* - nicht bei dieser ständigen, wenn auch niveauversetzten Repetition und Permutation analoger Bedeutungselemente, sondern es werden zwischendurch stets aufs Neue Schwachstellen des eingespielten Flächenmodells ertastet, die an den RAND des Durchbruchs in einen qualitativ anderen Bereich semantischer Ordnungen führen.

Im Falle des erwähnten Beispiels des Baumes und des Altarbildes funktioniert die semantische Umschaltung über das Zahlwort TRE (norw.: drei, Baum). Diese eher kuriose Verbindung mag einem auf den ersten Blick vielleicht weithergeholt erscheinen, aber sie entspricht der konzeptionellen Absicht des Romans, auch zwischen Erscheinungsformen, denen ein tertium comparationis zu fehlen scheint, mögliche Beziehungen zu ergründen.Im Rahmen dieses spielerischen Vorgehens überrascht es denn auch nicht weiter, wenn im Umkreis der Ermittlungsinstanzen der Hypothese ernsthaft nachgegangen wird, es könnte sich bei den Totschlägen um eine Verkörperung der Höllendarstellung in

Knut Brynhildsvoll

Hieronymus Boschs Triptychon im Madrider Prado handeln (vgl. S.244), möglicherweise von Geheimbünden oder Vertretern bestimmter Sekten in Auftrag gegeben, die der Ideologie des Ritualmordes anhängen.

Mit diesem Exkurs in die phantastische Welt des frühbarocken Manierismus wird textimmanent darauf hingewiesen, daß im Roman an entsprechende Darstellungspraktiken angeschlossen wird und die poetischen Verfahrensweisen eher über suggestiv-formale als über inhaltlich-realistische Lenkungsmechanismen gesteuert werden. Einmal als Gestaltungsprinzip etabliert, erweist sich die neo-manieristische Schreibweise im Sinne der kombinationspoetischen Intentionen des Werkes als äußerst ertragreich, weil sie dem Leser durch das Bewußtwerden überraschender, mitunter unheimlicher Nachbarschaften neue Einblicke in die existential-ontologischen Mixturen der Wirklichkeit vermittelt.

Die kunsthistorische Hypothese ist, wie sich herausstellt, nicht gänzlich aus der Luft gegriffen; sie wird durch Recherchen der Kripo teils erhärtet, teils entkräftet. Das 6.Opfer wird an der vermuteten Altarstelle der mittelalterlichen St.Halvardskathedrale in der Osloer Altstadt aufgefunden, die übrigen Leichen in der Nähe von religiösen Kultstätten, das 4.Opfer in Sichtweite der Synagoge. Über die Transformationsstellen Baum-Altarbild-Hieronymus Bosch-Geheimbünde-Ritualmorde-Synagoge gelangt der Leser - wiederum auf Umwegen - zum Thema des Judentums und des jüdischen Schicksals. Bereits die Makrostruktur des Aktantenmodells lenkt die Aufmerksamkeit auf dieses Thema. Die letzten drei Opfer tragen jüdische Namen, während die ersten drei deutsche bzw. germanische Namen haben. Obwohl alle sechs Toten als Juden bezeichnet werden, deren Namen am städtischen Denkmal für die jüdischen Opfer des Naziterrors stehen, macht es die manieristisch konstruierte Polarität der Opfergruppe dem Leser leicht, die dargestellten Vorgänge über das metaphorische Denken in Ähnlichkeiten und Unähnlichkeiten auf die Ritualmorde der SS an den Juden zu beziehen.

Die neo-manieristische ars combinatoria

Das wird im anstehenden Fall dadurch erleichtert, daß in der sukzessiven Theoriebildung über die Fälle eine Zeitlang von den "Deutschenmorden" die Rede ist, wodurch eine semantische Ambivalenz hineingetragen wird, die es ermöglicht, die Fälle in zweifacher Weise als die Morde an den Deutschen und die Mordtaten der Deutschen zu verstehen. Ich möchte diese semantische Ebene des Themas hier nicht weiter vertiefen, lediglich darauf hinweisen, daß die wiederholten Churchillzitate Konkretisationen dieser Art nahelegen und dazu ermuntern, den rezeptiven Möglichkeiten nachzugehen, die der Tatort in seiner Eigenschaft als "Tigerkäfig" bereithält.

Ausgehend von den religiösen Zeremonien der Jüdischen Gemeinde soll im folgenden eine erste Annäherung an das wichtige Motiv des Durchbruchs versucht werden. Die Frau des Ich-Erzählers wirft einmal diesem vor, er lebe am RANDE des Unsichtbaren. Diese Charakterisierung trifft insofern zu, als ihm vorrangig daran gelegen ist, benachbarte Räume der Existenz zu erschließen und das Nichtwahrnehmbare der Wahrnehmung zugänglich zu machen. Freilich geht es bei diesem Projekt nicht nur darum, durch Herbeiführung einer Durchlässigkeit zwischen den einzelnen Parzellen die Sicht auf das Vergleichbare zu öffnen, sondern nach Möglichkeit auch das beiseite zu räumen, was den Blick auf das Unvergleichbare und Unvergleichliche verstellt. Diese intentional erstrebte Jenseitsbemühung wird mit dem Begriff der "anderen Seite" verbunden und hat im Ansatz einen metaphysischen Charakter. Was den Ich-Erzähler beim Besuch der Synagoge in besonderem Maße bewegt, ist die Art und Weise, wie mit Hilfe der "Liturgie und einer magischen Choreographie" (S.146) diese andere Wirklichkeit des "verborgenen Gottes" (ebenda) im Zusammenspiel von Wort und Ritual gleichsam erzwungen wird. Dieses Erlebnis aktualisiert im nicht-jüdischen Beobachter die Frage, ob in den "mobilen Tabernakeln" profaner, außerritueller Räume Durchbrüche in heilige Enklaven ebenfalls möglich sind, die den "Alltag in ein neues Muster" (S.146) hineinzwängen könnten.[12]

Knut Brynhildsvoll

Als ein Unbeschnittener im Kreise lauter Umschnittener sucht der Synagogenbesucher eine umfassendere Antwort auf diese Frage, als dies die religiöse Tradition gutheißen könnte. Wie es den Anschein hat, wird nämlich die angestrebte Antwort gerade über jenen mehr oder weniger tabuisierten Körperteil gesucht, um den es hier geht. Was es damit im Einzelnen auf sich hat, möchte ich zunächst in Anlehnung an die Eskalationsreihe der MONTE-Motive erläutern. Eine Auswahl aus dieser auffälligen symbolisch-metaphorischen Reihe habe ich unten aufgelistet - zusammen mit ihren semantischen Korrelaten.

Semantisches Korrelat (Das "präzise" Wort)	Symbolisch-metaphorischer Ausdruck (Das "vage" Wort)
Höhe	Mont Blanc, Montana, Montparnasse
Himmel, Vogelperspektive	Montevideo
Spieltrieb	Monte Carlo
Barock, Musik	Monteverdi
Stadt	Montreal
Dichtung	Eugenio Montale
Mafia, Teufel	Montezuma
Tierbezwinger	Montgommery
Gesetz, Gesetzesübertretung	Montesquieu
Epikurëismus, Essayistik	Montaigne
Ironie, Sündenfall	Komikgruppe Monty Python
Gott	Graf von Monte-Christo

Die symbolisch-metaphorische Reihe ist offen gehalten, reizwortähnlich und erlaubt dem Leser vielfältige Assoziationsfluktuationen zwischen den einzelnen Textparzellen. Die MONTE-Motive schwappen zwischen metatextuellen, existentiellen und metaphysischen Referenzen hin und her. Die Motivgestaltung korrespondiert mit der Vorstellung von Dichtung als Gipfelbesteigung und Blickfelderweiterung sowie mit der Vorstellung des Lebens als Elevation und Annäherung an das Göttli-

Die neo-manieristische ars combinatoria

che. Die Schreibbewegung führt über den St.Johannes Hügel (norw.: Sankt-hanshaugen) in die heiligen Regionen des Monte-Christo. Der Chef-ermittler selbst wohnt am Monte Holmenkollen und ist der stolze Besitzer eines Füllers der Marke Montblanc.

Soweit bleibt alles im gewohnt Manieristischen stecken. Wer aber Augen hat zu sehen und Ohren zu hören, wird nicht übersehen und überhören können, daß sich an jeder Stelle der Eskalationsreihe semantische Transformationspunkte befinden, die den Text in andere Vorstellungsbereiche lenken, so daß man in der Diktion des Autors behaupten kann, die am häufigsten vertretene Lokalität des Textes sei der Ort "Vippetangen", ein Ort an dem man unversehens von einer Wirklichkeit in eine andere geschleudert wird. Ich möchte nun behaupten, daß es entlang dieser Eskalationsachse genügend Anhaltspunkte gibt, den ganzen Text als einen erigierten Penis zu betrachten und die ganzen entschleiernden und verschleiernden Theoriebildungen des Romans als einen silberfadenen Samenerguß. Dies mag zwar tollkühn klingen, ist aber nach meiner Lesart des Textes belegbar.

Die Kopplung an diese semantische Ebene des Motives erfolgt z.B. über Gegenstände von der Erscheinungsform der Schreibwerkzeuge, der Schraube, der Haarnadel oder über den Fallcharakter des Ganzen, der die Assoziationen durch phonetische Angleichung in den Anziehungsbereich des Phallus zieht. Man könnte nun in dieser metaphorischen Vergleichung religiöser und sexueller Vorstellungen eine unzulässige, provozierende Verquickung sehen, aber das wäre zu einfach. Das Erhabene und Heilige wird zwar durch die Berührung mit dem Niederen profaniert, andererseits wird aber das Niedere durch die Intentionen der Weltdurchdringung geläutert, vielleicht sogar geheiligt. Diese Einbeziehung von Eskalation, Elevation und Penetranz in einem einheitlichen Entwurf, der gleichzeitig Heiliges und Profanes umfaßt, ist nur realisierbar, weil die dem ganzen zugrundeliegenden Gestaltungselemente sehr geschickt aufeinander abgestimmt sind. Der sich erigierende Penis ist durch Füller, Stift, Kugelschreiber mit der Schrift verbunden und thematisiert das Verhältnis von Denken, Schreiben und Sexualität. Fallbezogen könnte man das so formulieren: Da ist einer am Werke, mit seinen Helfern und Helfershelfern, der mit seinen Aktivitäten die Wirklichkeit des Falles durchlöchern möchte. Auf der sexuellen Ebene wird das, was mit Hilfe phallischer Eskalation durchbrochen werden soll, anhand von Hindernissen veranschaulicht: an verschlossenen Türen, Membranen, Vorhängen usw. Die sexuelle Auflösung dieses Bildensembles ergibt sich nicht nur aus der metaphorischen Konzeption der betreffenden semantischen Reihe, sondern auch aus der nämlichen Konzeption des Ganzen, die danach verlangt, daß sich die in den angehäuften Vergleichspotentialen der Kopulae angelegten Spannungen in der erlösenden Kopulation befriedigt werden: Alles läuft demnach auf eine alles miteinschließende Defloration der Welt hinaus, die auch das Universum nicht ausläßt - etwa nach dem Motto: "Gib mir einen schwachen Punkt, und ich werde die Welt *öffnen*." (S.171)

Bereits im ersten Kapitel des Romans wird das Bildensemble der vielen direkten Beischlafdarstellungen in leicht verfremdeter Form eingeführt: Vulva - Penis (des Blauwals) - Pottwal (norw. spermasetthval). Der schwache Punkt, in den der Ich-Erzähler des öfteren eindringt, ist die Vagina seiner Lebensbegleiterin. Auf dem Weg zum erlösenden Orgasmus ist der Eindringling darauf angewiesen, die blütenähnlich geschichteten Geschlechtslippen der Partnerin zu durchdringen, um an die "andere Seite" zu gelangen. Durch das "wie" der metaphorischen Rede wird das Unaussprechliche dieses Jenseitserlebnisses eher konventionell mit der blauen Blume in der üppigen Vegetation des botanischen Gartens, der Perle in der Muschel oder auch mit dem Planeten Tellus im Lichtgeflimmer der Milchstraßen verglichen.

Der Autor führt in solchen Darstellungen den Leser an den RAND des Wort- und Sprachlosen. Das Erlebnis des Preziosen ist dennoch nicht gänzlich unkommunizierbar. Der *Höhe*-punkt wird mit Lauten unterhalb der semantischen Artikulationsebene begleitet, wobei Sprache ins

Die neo-manieristische ars combinatoria

Typographisch-Emblematische umschlägt, d.h. sich in phonetisch realisierten Äußerungen manifestiert, deren visuelle Transkription ironischerweise in umgekehrter Polarität die beteiligten Geschlechtsorgane wiederholt, z.B. in der Form des stabähnlich-ejakulativen j-j-j- der Frau und des ovalen o-o-o- des Mannes (S.219). Diese Existenz der Sprache am RANDE zu anderen Sprachen ist überhaupt typisch für das Schreiben Jan Kjærstads - man denke etwa an die jedes Kapitel einleitenden Legoiden aus der Gruppe der Tangramme in *Homo Falsus* oder das symbolträchtige initiale O jedes ersten Wortes der Kapitelanfänge in *Det store eventyret*.

Die sexuelle Schwelle zur "anderen Seite" ist durch runde oder ovale Zeichen markiert, die gleichzeitig auf mehreren Symbolebenen Bedeutung transportieren. Als Beispiel dafür mag die in der Rockzeitung BREAK erschienene Überschrift "Die glamourgirlhafte Madonna" (S.72, vgl. norw.: glamorøs) dienen, an der der Ich-Erzähler mit den Fingern eine Einbruchstelle ertastet, die mitten durch die Madonna verläuft und als mittelpunktbildendes Oval das Hohe mit dem Niederen (l'amour) verbindet. Dieses O der Mitte ist im Kontext des Romans mehr als ein einfaches Schriftzeichen, es gehört mehreren Kodes und Symbolsystemen zugleich an. Als graphisches Emblem ist es mit den vielen Ahnenportraits verwandt, die aus ihren ovalen Rahmen auf das Tun ihrer Nachfahren schauen oder mit dem Mond, der zu den begehrten Deflorationsobjekten der Erzählerwünsche zählt.[13] Ganz abgesehen von seinen sonstigen semantischen Möglichkeiten bildet es hier als Durchgangsstelle zwischen zwei Welten eine der zwölf Pforten zur Heiligen Stadt Jerusalem (vgl. S.1939. Wer sich durch das "wollene"[14] Eingangstor des madonnenhaften O's begibt, mag - wie der Ich-Erzähler - dahinter den ersten Zipfel des zunächst diffus anmutenden Erzählteppichs entdecken: "Ich weiß, wenn ich mit dem Finger in dieser Ritze anlgele, werde ich den Zipfel von etwas verspüren, riskiere ich, daß ich an einer Masche hängenbleibe, eine Masche, die nur den Anfang eines riesigen Netzes ist ..."(S.72).

Knut Brynhildsvoll

Die Affinität von Membrane und Schrift ist im Roman auffallend. Am Beispiel des ikonischen Ensembles Ohr - Stift - Haarnadel wird das Motiv des Durchbruchs auf semantische Bereiche wie Kunst, Tod, Sexualität bezogen. So stellt z.B. die Darstellung der Ermordung des 6. Opfers die doppelt exponierte Szenerie eines Kunstgenusses und eines kaschierten Beischlafs vor den Kulissen eines möglicherweise nur simulierten Kriminalfalles dar. Das Kapitel stellt den Tod der Hornistin als ein Ereignis dar, das in einer Simultaneität anstrebende Aufeinanderfolge abwechselnd am Tatort der mittelalterlichen St. Halvardkathedrale und in der Osloer Konzerthalle stattfindet, in der gerade Mahlers 7.Symphonie gespielt wird, wobei die bildsprachlichen Komponenten (Ich-Erzähler - Frau - intime Annäherung - Blasinstrument - Strahl - Tränen - Nadel) so aufeinander abgestimmt sind, daß das Ganze in etwas gipfelt, was ich als ein orgiastisches, Kunst und Sexualität mit einschließendes Erlebnis bezeichnen möchte. Der vorgespiegelte Täter und Ich-Erzähler legt einem eine solche übertragene, metaphorische Lesart auch durch die offen ausgesprochene Ironie der Falldarstellung nahe, dadurch nämlich, daß er eine Musikerin mit einem Haarnadelstich durchs Ohr ins Jenseits befördern läßt.

Diese ambivalenten Kopplungen beruhen auf der Fähigkeit der vermittelnden Instanz, die Wirklichkeit unter dem Aspekt einer doppelten oder mehrfach gebrochenen Perspektive zu betrachten, darauf, daß sich der Erzähler gleichzeitig an zwei oder mehreren Orten aufhält - irgendwo an einer sich verschiebenden Radialachse zwischen Zentrum und RAND-lage. Als Schreibstrategie entspricht dies den weltaufschließenden Absichten des Buches, an denen sich alle Fiktionsgestalten - Täter, Opfer und Ermittlungsbeamte gleichermaßen - beteiligen. Zu diesem aufklärerischen Experiment trägt das 3.Opfer mit dem dionysisch-verführerischen Namen Eva Weiner u.a. als "Buchstabenarchitektin"(S.71) bei. Ihre typographischen Umbauarbeiten setzen an der architektonischen Neugestaltung der Schriftzeichen den Hebel an, indem sie, wie schon am Beispiel der "glamourgirlhaften Madonna" erläutert, die Gra-

Die neo-manieristische ars combinatoria

pheme unter Einbeziehung von Mustern und Schablonen aus anderen Ausdruckssystemen erweitert und dadurch die Kombinationsvielfalt des Alphabets auf Bereiche ausdehnt, die der herkömmlichen Schriftbildgestaltung unzugänglich sind. Ihre bis zur Abstraktion verfremdeten Schriftzeichen lassen sich nur in der Kombination mit anderen verstehen; sie wollen etwas leisten, wozu die eingespielte Zeichendistribution nicht in der Lage ist: anfällig zu machen für die durchlässigen Stellen der Wirklichkeit, mit Hilfe von Buchstaben, die das Papier zerkratzen und etwas von dem verraten, "was unter, jenseits der Schrift" (S.79) liegt.

Weil das ganze Buch eine Baustelle ist, ist es unvermeidlich, daß hin und wieder - wie auf der Titelseite der Originalausgabe - ein Bauelement, vielleicht sogar durch geplante "Sabotage" aus der vorgesehenen Zeile rutscht und den Blick auf eine Wirklichkeit freigibt, die verheerend ist. Hinter dem ausgerutschten A verbirgt sich das Bild einer Masse insektenähnlicher Menschen, ausgestattet mit Gasmasken, das die Vorstellung von vorgängigen Gasangriffen, Atomexplosionen oder Atomisierung heraufbeschwört und jene in der Reihe der Hamlet-Motive implizit mitschwingende Feststellung wieder zu einer Überlebensfrage werden läßt: "To be or not to be, that is the question now." Die Konsequenz, die sich aus dieser entscheidenden Frage ziehen läßt, ist dieselbe wie in allen bisherigen Romanen Kjærstads: Damit die Menschheit überleben soll, ist es erforderlich, die Zeichen neu zu mischen, die Kodes zu wechseln und auf allen Niveaus eine tragfähigere Ordnung der Dinge zu finden.[15] Das setzt auf der politischen Ebene voraus, daß man wie in *Speil* den Tiger zähmt und sich selbst als einen Bestandteil der Lösung in den Blick bekommt oder auf der dichterischen, daß man sich des blutigen Ernstes des Erzählens wieder bewußt wird, daß es darum gehen muß, wie in *Det store eventyret* , daß der Dichter um den Preis des eigenen Lebenserhaltes erzählt, daß gute Geschichten belohnt und schlechte mit dem Tode bestraft werden.

Mit dieser Einbeziehung der Dichtung in den Überlebenskampf der Menschheit hängen auch die elitären Anforderungen Kjærstads an das

Knut Brynhildsvoll

Erzählen zusammen: Fiktionen zu schreiben habe nur dann einen Sinn, wenn diese nicht hinter den Ansprüchen ihrer Zeit zurückbleiben. Diese Position hat bei Kjærstad zu einer Renaissance für die große Erzählung geführt, aber diese verkümmert bei ihm nicht zu einem monolithischen Block, verschließt sich nicht, obwohl sie Ganzheit erstrebt, zu einem totalen System mit einem endgültigen, messianisch verkündeten Wahrheitsanspruch; statt dessen bleibt sie gegenüber fiktionalen Ergänzungen offen, stets revisions-, an- und ausbaufähig, immer bereit, sich selbst zu überschreiten. In Rand kann man z.B. in der architektonischen Reihe beobachten, wie diese Ausweitung in Form einer Aufstockung traditioneller Bauten erfolgt. Die Altbauten werden, wie in den Konstruktionen des 1.Opfers, durch moderne Anbauten zu einer synkretistischen neuen Einheit ergänzt.[16] Die so betriebene Eingliederung des Neuen in das Alte hat aus der Perspektive der sexuellen Reihe den Charakter einer Revitalisierung des Ganzen: Die Integration von Tradition und Moderne hat dem Gebäude sein Geschlecht zurückgegeben. Diese unter ästhetischen Gesichtspunkten erfolgte Ausstattung architektonischer Entwürfe mit den Attributen sexueller Anziehungskraft geht bei Kjærstad stellenweise so weit, daß sich sogar die schmalen, vertikalen, hell erleuchteten Fenster am Regierungsgebäude vor der Kulisse eines verregneten Abends zu einem ikonischen Ensemble vereinigen, die zu sexuellen Vorstellungen einladen.

Hinter den zahlreichen Durchbruchsbemühungen des Romans, die ich im Vorangehenden in einigen ihrer sexuellen Manifestationen gesichtet habe, steckt die Absicht, an den Erfahrungen der "anderen Seite" zu partizipieren und sie nach Möglichkeit kommunizierbar zu machen. Woran erkennt man sie nun und wie sind sie beschaffen? Da es sich um Grenzerfahrungen handelt, am RANDE des Erfahrbaren gewonnen, sind sie nur demjenigen zugänglich, der sich dem "äußersten Anliegen" öffnet. Nur wer bereit ist, sich durch die Sinnlichkeit der Welt verführen zu lassen, wird an dem Erlebnis des Durchbruchs teilhaben und jene Duft-, Licht- und Lautmanifestationen wahrnehmen, die durch die Ritzen und Spalten der sich eröffnenden Welt durchsickern. Ob das, was dabei herauskommt, tatsächlich für eine Versprachlichung verfügbar ist, ob mit anderen Worten der Abgrund im Medium der Sprache benennbar ist, auf diese Frage bleibt der Autor dem Leser eine Antwort schuldig, wenn auch die Palette der angebotenen Lösungen von der Mystik und der Universalienproblematik des Mittelalters über die Wittgensteinsche Sprachphilosophie bis hin zu einer Theorie des Schweigens als Sprache reicht. Freilich verbirgt sich hinter dieser Offenhaltung einer endgültigen Festlegung ein System - nämlich das System der metaphorischen Generierung des Textes, das sich gegen die Fertigstellung des Romans sträubt und sich allen Anstrengungen widersetzt, das Erzählen zum Abschluß zu bringen.

So wird dem Autor die Beendigung des Erzählens zum Problem, weil die Vollendung nur schwer mit der Vorstellung des Öffnens und der Transparenz vereinbar ist. Die dialektische Spannung zwischen dem fertigen und dem Unfertigen wiederholt die Beziehung zwischen dem präzisen und dem vagen Wort, wobei der Roman sich für eine Option ausspricht, derzufolge in der Dichtung - entsprechend ihrer Logik - der vage Ausdruck der präzisere ist. Die Vorläufigkeit des vagen Ausdrucks regt die Phantasie und den Spieltrieb an und bleibt eine dauernde Herausforderung an die kreative Potenz. Weil das Unfertige in der Regel mehr verspricht, als das Vollendete halten kann, wird bei Kjærstad dementsprechend die Hinhaltetaktik, die Verzögerung und die künstliche Verschleppung der Vorspiele zum schöpferischen Prinzip. Das gern geübte Verweilen im Präliminaren könnte auch darin begründet sein, daß das in Angriff genommene "Pionierprojekt" die Leistungsfähigkeit des menschlichen Gehirns übersteigt (vgl. S. 249) und eine Fallösung daher in der Tat nur als etwas Halbfertiges denkbar sei - als "eine ewige Hypothese, ein ewiges Ratespiel"[17] (S.153), schlimmstenfalls als etwas, was lediglich dazu da ist, die Denkfähigkeit des Lesers zu trainieren. Präzise Worte sind unter diesem Aspekt "Brücken", die nur halbwegs hinübertragen und weil sie das sind, sind sie auch nicht präzise. Nicht von

Knut Brynhildsvoll

Ungefähr kommt es, daß die Jagd nach dem richtigen Wort zumeist auf halbem Wege im Nichts bzw. im Schweigen stocken bleibt. Von den vergeblichen Mühen zeugen die zahlreichen Anakoluthen des Romans, unterbrochene, halbfertige Sätze - Bauruinen eines work in progress, aber als solche wiederum anregend, weil sie die Neugier anstacheln und die Bemühungen nicht erlahmen lassen. Da der Ich-Erzähler der Ansicht ist, daß die genaue Bezeichnung - wenn schon - das Bezeichnete eher verschleiert als erhellt, vertraut er auf die suggestive Kraft der Metapher, auf ungewöhnliche, überraschende Kombinationen und auf jene hierarchiehöheren Kontextanordnungen, die man vielleicht am ehesten am Begriff des verbalen Designs fassen könnte.

Mittelfristig stehen indes die Aussichten für eine Fallösung nicht schlecht. Das kann man daraus schließen, daß bereits Federn an die Innenseite der verschlossenen Tür im Hause des Chefermittlers kratzen. Da sind anscheinend welche am Werk, die sich die Geheimnisse der "anderen Seite" erschreiben wollen, aber ihr Jenseits wird sich beim Durchbruch dann als unser Diesseits erweisen.[18] Diese Verkehrung der Perspektive zeigt sich auch darin, daß das Teleskop des Chefermittlers nicht mehr auf die metaphysische Ferne des Universums gerichtet ist, sondern auf den Tatort selbst.

Gemäß der Bildlichkeit der Durchbruchsmetaphorik zeichnet sich die Lösung als eine Geburt dar, die sich mindestens auf drei Ebenen gleichzeitig vollzieht. Zum einen wird ein Schuldiger gesucht; es geht darum, den Täter, "den dunklen Mann" oder "The Stranger in the Night" zu ermitteln. Aufgrund von Phantomzeichnungen wird dieser von der Öffentlichkeit mal mit dem "Premierminister", mal mit "Charles Darwin" identifiziert, wodurch ironischerweise der Staat bzw. die Natur in die Rolle des Schuldigen gerät. Zum zweiten soll entsprechend den anthropologischen Grundsätzen des Kjærstadschen Schreibens das, was letztendlich als Folge der vielen Kopulationen dem schwangeren Roman-

Die neo-manieristische ars combinatoria

körper entschlüpft, die erkennbaren Züge des Menschen als eines göttlichen Wesens haben. Aufgrund der pränatalen Diagnose muß man aber mit dem Ich-Erzähler vermuten, daß sich die anthropomorphen Züge der fälligen Spätgeburt hinter einem Geflecht abstrakter Runzeln verlieren werden, die wiederum in ironisch-distanzierender Verdoppelung die Zeichnungen der Hoden- und Gehirnwindungen erkennen lassen und somit auf den Embryo als eine Synthese aus Sexualität und Denken zurückverweisen.

Zum dritten ist der ganze Roman die Geschichte der Geburt eines Romans. In einer doch wohl zu flotten Vereinfachung behauptet Jan Kjærstad in einem Essay, daß die klassische Moderne nach dem Puzzleprinzip verfährt und die Postmoderne nach dem Modulprinzip.[19] Diese Modelle genügen ihm aber nicht mehr. Er versteht seine Romane nicht als postmoderne Fiktionsformen, sondern als schöpferische Antworten auf die postmoderne Situation. So sucht er in *Rand* nach formalen Strukturen, die vor dem Horizont der Postmoderne der Frage nach dem Menschen als dem "Unfaßbaren"(vgl. S.231) gerecht werden können. Als Modell dient ihm dabei die dreidimensionale Matrix, die es ihm erlaubt, dem Phänomen des Komplexen beizukommen. Diese Verfahrensweise wurde bereits in *Speil* erprobt, wo die 20 Kapitel des Buches in der Form aufeinandergeschichteter Folien ein transparentes Bild des 20.Jahrhunderts ergeben sollen. Dadurch, daß das Wort Matrix auch die Bedeutung "Gebärmutter" hat, betont Kjærstad den Entstehungscharakter seines Romans, an dem der Leser als Geburtshelfer entscheidenden Anteil hat. Der Leser muß sich dabei mit einem Werk in statu scribendi auseinandersetzen. Der Baucharakter des Romans kommt auch dadurch analogisch zum Ausdruck, daß er parallel zu den Bauarbeiten im Sanierungsviertel des Osloer Statdteils Vaterland entsteht. Fast an jedem Kapitelende blickt der Ich-Erzähler von seiner Panoramawohnung auf die fortschreitenden Arbeiten an dem Pionierprojekt Oslo City mit dem ebenfalls im Bau befindlichen Großhotel Oslo Plaza. Was ihn daran fasziniert, ist die Schönheit des Gerüsts, die Durchlässigkeit eines Baus

Knut Brynhildsvoll

im Werden, den ästhetischen Reiz der offenen Struktur, an der im Blochschen Sinne nur der Vorscheincharakter des abgeschlossenen Projektes vernehmbar ist. Analog dazu strebt Kjærstad an, die Bauweise seines Romans nicht hinter dessen Verkleidung verschwinden zu lassen, sondern die Strukturen mehr oder weniger augenfällig hinter transparenten oder reflektierenden Baustoffen wie Glas und Marmor in Erscheinung treten zu lassen - mit dem Effekt, daß das Skelett des Romangebäudes immer an seiner Außenseite wahrnehmbar ist. Auf die Form des Fiktionstextes appliziert heißt dies, daß die im Prozeß des rezeptiven Nachvollzugs unternommene Aufeinanderschichtung der folienbildenden Erzählparzellen abstrakte, rational ineinander verwobene Strukturen an den Tag fördern, in denen sich die Kombinationsmöglichkeiten des Textangebots in ihren inhaltlichen und formalen Aspekten vielfältig und multidimensional spiegeln. Die auf diese Weise auch ihre eigenen Strukturen widerspiegelnde Wirklichkeit des Romans hat nichts Befremdliches mehr an sich - und deshalb kann der Autor mit Bezug auf sein Werk in Abwandlung einer Zeile von Sigbjørn Obstfelder feststellen: "Ich sehe. Ich sehe genau. Es ist unendlich schön!" (S.253)

Ich konnte in diesem Aufsatz nur einige wenige Aspekte des - ich muß es noch einmal wiederholen - schier unerschöpflichen Textes aufgreifen. Sollte ich dabei, verführt von der ästhetischen Attraktion des Romans, stellenweise Gefahr gelaufen sein, den Text zu überstrapazieren, mag es tröstlich sein zu wissen, daß ich - da der Roman nicht auf eine abschließende Kohärenzfindung abzielt - im Sinne der Werkkonzeption den Text eigenständig fortgeschrieben und erweitert habe, und damit meiner Heldenrolle als Leser Genüge getan habe.

Die neo-manieristische ars combinatoria

Anmerkungen

1 Vgl. *Aftenposten* . Oslo 18.7.1990, S.17
2 *Rand* wurde am 1.8.1990 ausgeliefert; der hier abgedruckte Beitrag wurde am 31.8.1990 abgeschlossen.
3 Vgl. Jan Kjærstad: Romanen som menneskets matrise. In: *Menneskets matrise. Litteratur i 80-årene* . Oslo 1989, S.224
4 Das Verlangen, dem Menschen seine Vermummungen zu entreißen, um an sein wahres Gesicht heranzukommen, umschreibt Kjærstad an einer Stelle mit dem Wort "sult" (S.20). Zwischen Hamsuns Allegorie auf die defizitäre Situation des Menschen und Kjærstads Allegorie auf die Suche nach einer Überwindung dieser das Wahre zudeckenden Mängel gibt es noch mehr Parallelen. Zu Hamsuns *Sult* als Allegorie, vgl. K.Brynhildsvoll: Hamsun auf den Kopf gestellt. Plädoyer für eine neue Lesart des Romans *Sult* . In: *Arbeiten zur Skandinavistik*. Frankfurt M. 1985, S.21-43. Die beiden Romane verbindet nicht zuletzt auch das Motiv des nie zu Ende geführten Anfangs (vgl. Kjærstad, S.11), das sich bei Hamsun in den immer wieder unterbrochenen Schreibansätzen des Hungerhelden manifestiert. Bei Kjærstad überwiegt freilich die Hoffnung: Das Ende des Romans ist nicht der Anfang vom Ende, sondern das Ende des Anfangs, wie es in Anlehnung an ein Churchillzitat formuliert wird.
5 Vgl. Jan Kjærstad: Romanen som menneskets matrise. Ebenda, S.222f.
6 Bei Kjærstad in der norwegischen Fassung zitiert.
7 *Aftenposten*. Oslo 18.7.1990, S.17
8 In Kjærstads Romanen gibt es zahllose Beispiele dafür, wie sich alte Vokabeln zur Bezeichnung neuer Erfahrungen einschleichen - mangels anderer. Sehr häufig stehen sich Vokabeln aus dem philosophischen und dem religiösen Erfahrungsbereich unvermittelt gegenüber - z.B. "Furcht" - "Ehrfurcht"
9 Ein nach biblischem Muster eingeteiltes Paradigma wäre ohne weiteres vorstellbar. Würde man die Vertikalachse einheitlich von 1-6 durchnumerieren und die Horizontalachse von 1 bis x, könnte man

sich beispielsweise über das Verhältnis von Roman und Reise in Ruths Buch unter 6.2 informieren (s. Paradigma 2).

10 Vgl.: "Tigerstaden", alte Metapher für die norwegische Hauptstadt.

11 Die metaphorischen Annäherungen an den Baum sind Annäherungen an die Wurzeln des Schreibens, denn "das Wort 'Buch' [ist] von dem Wort 'Buche' [abgeleitet]", vgl. S.168.

12 Die weißen, größtenteils unmöblierten Räume des bürgerlichen Raumes haben in den unbenutzten, für die Bewältigung neuer Aufgaben frei stehenden "Gedankenräume" des Menschen ihre Entsprechung.

13 Ähnliches in Ebbe Kløvedal Reich: Erindringer fra defloreringen af et himmellegeme . In: Tor Nørretranders (Hrsg.): *Månen i Manden. En bog om dét, der er anderledes.* København 1983, S.15-25

14 Norw.: ullen - wollen, diffus, unübersichtlich

15 Vgl. dazu den noch nicht veröffentlichten Beitrag: Jan Kjærstads *Homo Falsus .En analyse* von Per Thomas Andersen, in dem der Autor überzeugend die diesbezüglichen Strukturen am Beispiel des Romans *Homo Falsus* nachweist. Der Beitrag ist für die Publikation in den Akten der diesjährigen IASS-Konferenz in Trondheim vorgesehen.

16 Dieses Verfahren wird mit dem Terminus "architektonische Alchymie" (S.93) umschrieben.

17 Der Titel des Romans dürfte u.a. auf dieses ewige Weiterspinnen der Erzählfäden anspielen, denn das englische Wort rand heißt laut Websters Dictionary auch: "a course of simple weaving in basketmaking".

18 Wie es sich überhaupt bei der ganzen Geburtsmetaphorik meist um Geburten aus dem Unsichtbaren in die Welt handelt, wenn es auch, wie im Falle der Revitalisierung alter Gebäude, Geburten gibt, die nach Analogie von Wiedergeburten stattfinden.

19 Vgl. Jan Kjærstad: Romanen som menneskets matrise. Ebenda, S.220

Die Autoren dieses Bandes

TOR ÅGE BRINGSVÆRD - geboren 1939 in Skien (in derselben Stadt wie Henrik Ibsen!), cand.mag.-Examen mit den Fächern Religionsgeschichte, Christentumslehre und Volkskunde. Er hat als Redakteur bei Verlagen und Rundfunk gearbeitet. Über die ganze Zeit seit seinem Debüt 1967 Schriftsteller. Entgegennahme mehrerer Literaturpreise sowohl in Norwegen wie in Schweden. Bücher und Schauspiele sind in viele Sprachen übersetzt. In Deutschland sind zwei seiner Romane im Suhrkamp-Verlag herausgegeben worden (vgl. Auswahlbibliographie S.36). Darüber hinaus ist der Verfasser in einigen Anthologien repräsentiert. Der hier veröffentlichte Beitrag wurde in dieser Form eigens für dieses Buch geschieben.

KJARTAN FLØGSTAD - geboren 1944. Nach akademischen Studien und einer breiten Berufserfahrung als Seemann und Fabrikarbeiter seit 1968 als freiberuflicher Autor tätig. Zahlreiche Literaturpreise, darunter 1977 der Literaturpreis des Nordischen Rates für den Roman *Dalen Portland* . Fløgstad schreibt Romane, Erzählungen, Kriminalromane, Biographien, Gedichte, Essays. Zwei seiner Romane sind bislang ins Deutsche übersetzt worden (vgl. Auswahlbibliographie S.101). Er ist Mitherausgeber einer umfangreichen Anthologie surrealistischer Texte. 1978-1981 Redakteur der inzwischen eingestellten Literaturzeitschrift *Basar* . Er betätigt sich auch als Übersetzer schöngeistiger Literatur - vornehmlich aus dem Spanischen. Seine Bücher sind in mehrere Sprachen übersetzt worden. Der hier veröffentlichte Beitrag wurde in dieser Form eigens für dieses Buch geschrieben.

JAN KJÆRSTAD - geboren 1953. Nach dem Studium der Theologie nur kurze Zeit im Pastoraldienst tätig. Einschlägige Erfahrungen als Pop–, Rock- und Jazzmusiker. Seit seinem Debüt 1980 hat er u.a. vier große Romane und eine Essaysammlung herausgegeben. 1984 bekam er für *Homo Falsus* den norwegischen Kritikerpreis. 1985-1989 Redakteur der Literaturzeitschrift *Vinduet*. Seine Bücher sind bereits in mehrere Sprachen übersetzt worden. Er wohnt zur Zeit als freischaffender Autor in Harare, Zimbabwe. Der hier veröffentlichte Beitrag wurde eigens für dieses Buch geschrieben.

OLE M. HØYSTAD - geboren 1947. 1989 dr.philos. an der Universität in Bergen. Zur Zeit førsteamanuensis an der Telemark Distriktshøgskole. Verfasser der Monographie *Odin i Juvikfolke. Olav Duuns språk og menneskesyn* (Oslo 1987) und zahlreicher Beiträge u.a. in *Norsk Litterær Årbok* und *Syn og Segn* über Autoren wie Olav Duun, Kjartan Fløgstad, Tarjei Vesaas, Edvard Hoem, Sigurd Christiansen, Per Højholt.

KAJ BERSETH NILSEN - geboren 1951. 1984 Staatsexamen an der Universität Oslo mit Schwerpunkt Nordische Philologie. Studienrat in Oslo. Autor der Monographie: *Tid, menneske og natur. En analyse av Tor Åge Bringsværds romaner 'Pinocchio-papirene' og 'Minotauros'* (Oslo 1986) sowie von Beiträgen in *Norsk Litterær Årbok* , *Edda* und *Vinduet* u.a. über Tor Åge Bringsværd und norwegische Lyrik der achtziger Jahre.

KNUT BRYNHILDSVOLL - geboren 1939. 1980 dr.philos. an der Universität Oslo, 1982 Habilitation an der Universität zu Köln. Professor am Institut für Nordische Philologie der Universität zu Köln. Autor der Monographien: *Dokumentarteater* (Oslo 1973) *Hans Henny Jahnn und Henrik Ibsen. Eine Studie zu Hans Henny Jahnns Roman 'Perrudja'* (Bonn 1982) *Studien zum Werk und Werkeinfluß Henrik Ibsens* (Leverkusen 1988) sowie von Beiträgen in in- und ausländischen Fachzeitschriften, Lexika, Festschriften, Sammelwerken etc.

UNIVERSITÄT FREIBURG I. BR.
Institut für Vergleichende
Germanische Philologie
und Skandinavistik

Werthmannplatz 3
D-7800 FREIBURG I. BR.

Kjartan Fløgstad
Dalen Portland

Kjartan Fløgstad zählt zu den führenden norwegischen Autoren der Gegenwart und erhielt für DALEN PORTLAND, das bereits als moderner Klassiker gilt, den großen Literaturpreis des Nordischen Rates 1978. Zehn Jahre später wurde DALEN PORTLAND als bestes literarisches Werk der letzten zwölf Jahre in Norwegen mit dem *Pegasus*-Preis ausgezeichnet.

„Fløgstads Roman ist ein Kaleidoskop, ein Karneval, halb *Bildungsroman*, halb alternative Geschichte einer sozialdemokratischen Gesellschaft vom skandinavischen Typus; die Mischung aus ätzender Satire und Poesie ist einzigartig. Er benutzt alle Möglichkeiten volkstümlichen und dialektalen Erzählens ..."
(Aus dem Votum der Jury für den Pegasus-Preis 1988)

„In der Tat handelt es sich um eine - bei außerordentlich modulationsfähiger Sprache - harte Fügung von Heimatroman und Literatur der Arbeitswelt, von Montageroman, Liederbuch und Epos. /.../ Es müßte dieses Buch - ginge es noch nach Qualitäten - weit heftiger diskutiert werden als viele der matten Saisonfliegen, die uns bestimmt werden als Adler, die übers Ende des Jahrhunderts hinausflögen. Fløgstads Roman ist, bis in seine Form hinein, nichts weniger als die äußerste Komplexion dessen, was die industrialisierte Nordhälfte sich und dem ganzen Globus versprochen und angetan hat."
(Erhard Schütz in der Frankfurter Rundschau)

Wolfgang Butt Verlag
Kaistraße 33
Eckmann-Speicher
2300 Kiel

Kjartan Fløgstad
Dalen Portland
Roman
Aus dem Norwegischen
von Alken Bruns
Broschur m. Schutzumschlag, 240 S.
Format 20,8 x 13,8 cm
29,- DM
ISBN 3-926099-10-0

ARTES ET LITTERAE SEPTENTRIONALES

Kölner Studien
zur
Literatur-, Kunst- und Theaterwissenschaft

Herausgegeben
von
KNUT BRYNHILDSVOLL

Band 1   Wilhelm Friese - "... am Ende der Welt".
              Zur skandinavischen Literatur der frühen Neuzeit
              IV, 223 S., 10 Abb., 24,- DM Ebr./ 62,- DM geb.

Band 2   Knut Brynhildsvoll - Studien zum Werk und
              Werkeinfluß Henrik Ibsens
              176 S., 1 Abb., 19,80 DM Ebr./ 49,90 DM geb.

"Brynhildsvolls styrke som Ibsen-forsker ligger i at han kombinerer nordmannens fortrolighet med dikterens nasjonale bakgrunn og den tyske universitetstradisjonens brede kjennskap til den delen av Europas åndsliv som i så mange år utgjorde dikterens kulturelle kontekst. [...] Knut Brynhildsvoll skriver alltid veloverveid og tar de nødvendige forbehold. Hans språkføring er jevnt komplisert. Den metodiske profilen er helst tradisjonell; det er god gammel komparatisme i arbeidene om Ibsens tyske innflytelse. Hans omfattende kunnskaper om sitt emne gjør at det ikke er så mange innvendinger en kan komme med."
Asbjørn Aarseth

"Insgesamt bieten Brynhildsvolls Studien eine Fülle praktikabler Erkenntnisse über Stil- und Strukturqualitäten Ibsenscher Dramatik und ihrer Rezeptionsfähigkeit.
[...] eine[r] gewinnbringende[n] Lektüre für Nordisten, Literatur- und Theaterwissenschaftler."
Horst Bien

Band 3	Péter Mádl - Wohltäter der Menschheit. Eine Untersuchung der Kurzprosa Sven Delblancs nach 1975 *173 S., 22,- DM Ebr./ 52,- DM geb.*
Band 4	Julia Zernack et al. (Hrsg.) - AUF-BRÜCHE. Uppbrott och uppbrytningar i skandinavistisk metoddiskussion *XXXVIII, 241 S., 3 Abb., 28,- DM Ebr.*
Band 6	Horst Bien - Werke und Wirkungen Knut Hamsuns. Eine Bestandsaufnahme *VIII, 88 S., 6 Abb., 19,80 DM Ebr./ 49,- DM geb.*

Zu beziehen über den Buchhandel oder direkt vom Verlag:
Literaturverlag Norden Mark Reinhardt
Postfach 100801 - Hardenbergstr. 27
D 5090 Leverkusen 1, BRD
+49 - (0)214 - 63656
Zugreifen!